Marx · Engels
Mit gewandter Feder

KARL MARX
FRIEDRICH ENGELS

Mit gewandter Feder

Publizistische Kostbarkeiten
aus fünf Jahrzehnten

DIETZ VERLAG BERLIN

Zusammengestellt und eingeleitet
von Heinrich und Hilde Gemkow

Vorbemerkung

Als Egon Erwin Kisch im Jahre 1923 seine Sammlung »Klassischer Journalismus« mit dem Untertitel »Die Meisterwerke der Zeitung« herausgab, war es für ihn selbstverständlich, in die Galerie von 76 Großen aus vier Jahrhunderten internationalen Journalismus' auch Karl Marx und Friedrich Engels aufzunehmen. In der Tat waren die Begründer des wissenschaftlichen Sozialismus nicht nur ihr schöpferisches Leben lang der Presse aufs engste verbunden, sondern setzten auch bis heute gültige Maßstäbe als Tagespublizisten.

Marx erlebte an seinem 24. Geburtstag die erste Veröffentlichung eines Zeitungsartikels von ihm in der »Rheinischen Zeitung«, seinen letzten Beitrag schickte er im Frühjahr 1881, also zweiundsechzigjährig, an die »Daily News«. Engels war kaum mehr als achtzehn Lenze alt, als er mit seinen »Briefen aus dem Wuppertal« seine publizistische Laufbahn gleichsam mit einem Paukenschlag begann, und vollendete als Vierundsiebzigjähriger seine letzte journalistische Arbeit für eine österreichische Zeitung. Zwischen diesen Eckpunkten ihres publizistischen Wirkens schrieben beide Hunderte und aber Hunderte Zeitungs- und Zeitschriftenartikel, die heute viele Bände der Marx-Engels-Werkausgabe und der Marx-Engels-Gesamtausgabe (MEGA) füllen: Artikel und Aufsätze in deutscher und englischer, in französischer, spanischer und italienischer Sprache, ungemein vielfältig in der Thematik, variantenreich in der Form, brillant im Stil – Perlen der internationalen politischen und wissenschaftlichen Publizistik. Eine Auswahl von ihnen will der vorliegende Band den Freunden journalistischer Kostbarkeiten nahebringen.

Die Tagespublizistik war für Marx und Engels nie nur Broterwerb oder lästige Pflicht. Sie war ihnen Teil ihres wissenschaftlichen und öffentlichen Wirkens, war ein Lebenselement für sie. Kisch sprach in der erwähnten Anthologie von einer »beinahe unglückliche[n] Liebe« * Marxens zur Zeitung und meinte damit wohl das so häufige Scheitern der von Marx mitgegründeten oder mitgestalteten Blätter. Doch war dieses Scheitern nicht auf Marx angedichtete Eigenschaften wie Sektierertum, Lebensfremdheit oder Egozentrismus zurückzuführen, was uns heutige »Marxologen« nicht selten weismachen wollen, sondern auf die Ungunst der Verhältnisse, die Niedertracht der feudalen Reaktion, die jämmerliche Feigheit der Bourgeoisie, die Schwachherzigkeit so mancher zeitweiligen Verbündeten.

Kaum war der junge Doktor von Berlin in seine rheinische Heimat zurückgekehrt, da drängte ihn die politische Auseinandersetzung auf das Gebiet, das zu jener Zeit zum wichtigsten Kampfplatz zwischen bürgerlichem Fortschritt und feudaler Reaktion geworden war: die politische Publizistik. Im Herbst 1841 gehörte er, damals noch Junghegelianer, zu den Ratgebern der geplanten »Rheinischen Zeitung«, ab Frühjahr 1842 schrieb er für sie, von Oktober 1842 bis März 1843 war er der leitende Redakteur dieses führenden Blattes des progressiven deutschen Bürgertums im Vormärz. Hier gab Marx sein Debüt als Journalist, offenbarte und entwickelte er sein hervorragendes publizistisches Talent.

Zu den ersten Themen seiner Aufsätze gehörte der Kampf für die Pressefreiheit. In dieser Auseinandersetzung schrieb Marx den berühmt gewordenen Satz: *»Die erste Freiheit der Presse besteht darin, kein Gewerbe zu sein.«* * Die Presse dürfe sich nicht auf Nachrichtenübermittlung und schon gar nicht auf das Anzeigengeschäft beschränken; die demokratische Presse müsse vielmehr das politische Bewußtsein wecken und fördern, sie habe die Aufgabe, als »junge Volkspresse« * die geschichtliche Entwicklung zu fördern. Politisch erziehen könne sie aber nur, wenn sie frei sei.

Nach diesen von ihm entwickelten Grundsätzen des demokratischen Journalismus gestaltete Marx die »Rheinische Zeitung«, machte sie vor allem durch seine eigenen Artikel zur Vorkämpferin der antifeudalen Bewegung nicht nur im Rheinland, sondern auch in ganz Deutschland und zum Anwalt für »die arme politisch und sozial besitzlose Menge« *. Kein Wunder, daß diese kämpferische Haltung zu ständigen Zusammenstößen mit der Zensur führte und, was den preußischen König betraf, »Allerhöchstdero ernstliches Mißfallen« * erregte. Am 20. Januar 1843 verfügten die für die preußische Zensur verantwortlichen Minister das Verbot der »Rheinischen Zeitung« per 1. April, doch zuvor schon, am 18. März, erklärte Marx öffentlich, »daß er der *jetzigen Zensurverhältnisse* wegen aus der Redaktion der ›Rheinischen Zeitung‹ [...] ausgetreten« * sei.

Aus Preußen vertrieben, bereitete Karl Marx in Paris gemeinsam mit Arnold Ruge die Herausgabe einer Zeitschrift, der »Deutsch-Französischen Jahrbücher«, vor. Von ihnen erschien im Februar 1844 nur eine Doppelnummer. Doch in deren Spalten, in den von Marx und Engels dort publizierten Aufsätzen (S. 29–39), manifestierte sich öffentlich der Übergang beider vom revolutionären Demokratismus zum Kommunismus, vom philosophischen Idealismus zum dialektischen Materialismus. Wie ein Fanfarenstoß klang Marx' Wort: »*Krieg* den deutschen Zuständen!« *, das – nun schon im Namen der Klasse der Zukunft, der Arbeiterklasse, ausgesprochen – gleichermaßen dem geistigen wie politischen Dunkelmännertum den Kampf ansagte.

Früher als Karl Marx hatte Friedrich Engels seine journalistischen Fähigkeiten erprobt. Von Bremen aus hatte er als Handlungsgehilfe, von Berlin aus als Einjährig-Freiwilliger der preußischen Armee verschiedene fortschrittliche deutsche Zeitungen mit geistreichen und darum bald gefragten literaturkritischen und politischen

Artikeln sowie mit informationsreichen Reportagen versorgt, nicht zuletzt die von Marx geleitete »Rheinische Zeitung«. Stets waren – direkt oder indirekt – der preußische Staat, seine Unterdrückungspolitik und seine volksfeindliche Ideologie das Ziel der Engelsschen Attacken.

Auch als Engels im Herbst 1842 in Manchester in der väterlichen Fabrik seine Tätigkeit als General Assistent (was etwa unserem heutigen Betriebsassistenten entspricht) aufnahm, setzte er seine journalistische Arbeit ohne Unterbrechung fort. Er schrieb weiter für deutschsprachige Blätter auf dem Kontinent, bald auch für »The New Moral World«, das Organ der englischen utopischen Sozialisten, und um die Jahreswende 1843/1844 dann für die schon genannten »Deutsch-Französischen Jahrbücher«. Ihre in dieser Zeitschrift nebeneinander publizierten Aufsätze mit übereinstimmenden kommunistischen Schlußfolgerungen waren für Marx und Engels der Anlaß zu ihrem nun systematischen Gedankenaustausch, aus dem bald ein enger, lebenslanger Freundschaftsbund erwuchs. Fortan arbeiteten beide häufig als Autoren oder gar als Redakteure gemeinsam an deutschen, französischen, englischen oder nordamerikanischen Zeitungen oder Zeitschriften mit – einander anregend, ergänzend und helfend.

Zum Höhepunkt im journalistischen Wirken von Marx und Engels wurde die »Neue Rheinische Zeitung«, von ihnen gegründet im Zentrum der Rheinprovinz, in Köln, im Revolutionsjahr 1848. 301 Nummern, die erste am 1. Juni 1848, die letzte, rotgedruckte, am 19. Mai 1849, erschienen von diesem – wie es im Untertitel hieß – »Organ der Demokratie«. Die »Neue Rheinische Zeitung« verfocht den Standpunkt einer Demokratie, »die überall den spezifisch proletarischen Charakter im einzelnen hervorhob, den sie noch nicht ein für allemal aufs Banner schreiben konnte« *. In ihren Spalten wandten Marx als Chefredakteur, Engels als sein Stellvertreter und an ihrer Seite Gesinnungsgenossen wie Wilhelm Wolff, Georg Weerth oder Ferdinand Freiligrath das politische Programm der Kommunisten – niedergelegt im »Manifest der Kommunistischen Partei« und in den 17 »Forderungen der Kommunistischen Partei in Deutschland« – erstmals auf den politischen Tageskampf an.

»Die Verfassung der Redaktion«, so schrieb Engels später im Rückblick, »war die einfache Diktatur von Marx. Ein großes Tageblatt, das zur bestimmten Stunde fertig sein muß, kann bei keiner anderen Verfassung eine folgerechte Haltung bewahren. Hier aber war noch dazu Marx' Diktatur selbstverständlich, unbestritten, von uns allen gern anerkannt. Es war in erster Linie sein klarer Blick und seine sichere Haltung, die das Blatt zur berühmtesten deutschen Zeitung der Revolutionsjahre gemacht haben.« * Marx war es vor allem, der die Konzeption des Blattes und jeder einzelnen Nummer entwickelte, die strategische und taktische Linie in allen internationalen und innenpolitischen Fragen gab und dadurch der Zeitung von der ersten bis zur letzten Seite eine einzigartige innere Geschlossenheit verlieh. Engels, vornehmlich Spezialist für außenpolitische und militärische Probleme, schrieb die meisten Leitartikel, nicht selten gemeinsam mit Marx. Hier in der Redaktion der »Neuen Rheinischen Zeitung« bestand das Zusammenwirken von Marx und Engels als Journalisten seine Bewährungsprobe (S. 80–112).

Die »Neue Rheinische Zeitung« war ein überaus streitbares Blatt. Nahezu jeder ihrer Artikel, jede ihrer Korrespondenzen war erfüllt von feuriger Polemik mit der feudalen Konterrevolution und mit der feige schwankenden Bourgeoisie, aber auch von Kritik an den unentschiedenen kleinbürgerlichen Demokraten. Lenin nannte die »Neue Rheinische Zeitung« »eine höchst revolutionäre Zeitung der Arbeiterpartei« *, und in der Tat setzten die in ihren Spalten von Marx und Engels angewandten politisch-ideologischen und journalistischen Prinzipien bleibende Maßstäbe für die sozialistische Presse.

In den Jahrzehnten nach der Niederlage der europäischen Revolution von 1848/49 beteiligten sich Marx und Engels nur noch dreimal unmittelbar an der Herausgabe oder Leitung eines Presseorgans: beide 1850 als Herausgeber der »Neuen Rheinischen Zeitung. Politisch-ökonomische Revue«, Marx allein 1859 an der Leitung der Londoner Zeitung »Das Volk« (S. 154) und 1866 an der Londoner Wochenschrift »The Commonwealth«. Doch die Zahl der Arbeiter- und bürgerlich-demokratischen Zeitungen, an denen sie als Autoren mitarbeiteten oder deren Redaktionsführung sie zumindest zeitweise stark beeinflußten, wuchs von Jahrzehnt zu Jahrzehnt mit dem Erstarken der internationalen Arbeiterbewegung.

Das Presseorgan, an dem Marx und Engels die längste Zeit kontinuierlich mitarbeiteten, war die »New-York Tribune«. Von 1851 beziehungsweise 1852 bis 1861 beziehungsweise 1862 schrieben sie für diese nordamerikanische bürgerlich-demokratische Zeitung, damals die auflagenstärkste in der Welt, weit über 500 Artikel — jeder von ihnen ein hervorragendes Beispiel für die Anwendung des historischen Materialismus auf die Untersuchung der zeitgenössischen internationalen Wirtschaft und Politik (S. 128—131 und 136—139).

Die Möglichkeit, mit Hilfe bürgerlich-demokratischer oder liberaler Blätter ihre Auffassungen zu verbreiten, nutzten sie auch in der Folgezeit, so in der in Breslau (Wrocław) erscheinenden »Neuen Oder-Zeitung« (S. 142—151), in der Wiener Tageszeitung »Die Presse« und in der Berliner »Zukunft«. Friedrich Engels, der sich in den fünfziger Jahren gründliche militärwissenschaftliche Kenntnisse aneignete, veröffentlichte zahlreiche seiner militärgeschichtlichen und -theoretischen Analysen, zumeist anonym, in deutschen und englischen Fachorganen wie der »Allgemeinen Militär-Zeitung« und der Wochenzeitschrift »The Volunteer Journal, for Lancashire and Cheshire«. 1870/71 stand ihm sogar die bekannte Londoner Zeitung »The Pall Mall Gazette« für seine 59 Beiträge umfassende glänzende militärstrategische Analyse des Deutsch-Französischen Krieges offen (S. 181–187).

Ungleich lieber nutzten Marx und Engels alle Möglichkeiten, direkt zu Arbeitern zu sprechen, indem sie für Arbeiterzeitungen schrieben. In den fünfziger Jahren war das allerdings nur begrenzt möglich, so in der New-Yorker Zeitschrift »Die Reform« und in den linken Chartisten-Zeitungen »The Democratic Review«, »The Red Republican«, »Notes to the People« und »The People's Paper«, deren Herausgeber George Julian Harney und Ernest Jones Marx und Engels sehr nahestanden (S. 131–135, 139–142 und 151–153).

Mit der 1864 erfolgten Gründung und alsbaldigen Festigung der Internationalen Arbeiterassoziation, mit dem Erstarken der revolutionären Arbeiterbewegung in Deutschland, Frankreich und anderen Ländern und mit der schrittweisen Herausbildung nationaler Arbeiterparteien auf marxistischer Grundlage verbreiterten sich die Publikationsmöglichkeiten für die beiden Freunde bedeutend. Ein Überblick zeigt, daß Marx und Engels in der Zeit ab Mitte der sechziger Jahre für über dreißig sozialdemokratische oder sozialistische Zeitungen und Zeitschriften schrieben – deutsche und englische, französische und schweizerische, belgische und spanische, italienische und russische, österreichische, ungarische und nordamerikanische. Nur eine Auswahl dieser Journale kann in der vorliegenden Sammlung vertreten sein, so »Der Social-Demokrat« des Allgemeinen Deutschen

Arbeitervereins (S. 155–160), die englischen Blätter »The Bee-Hive Newspaper«, »The Labour Standard« und »The Labour Elector« (S. 163–165, 231–235 und 250), das belgische Journal »La Liberté«, die französische Wochenzeitung »Le Socialiste« oder die italienische theoretische Zeitschrift »Critica Sociale« (S. 207–211, 241–243 und 258–261).

Einen besonderen Platz hinsichtlich Dauer und Intensität der Mitarbeit von Marx und Engels nahmen die Zentralorgane der deutschen Sozialdemokratie ein, vor allem »Der Volksstaat« von 1870 bis 1876, der »Vorwärts« von 1876 bis 1878 und »Der Sozialdemokrat« von 1879 bis 1890. An ihnen wirkten sie, namentlich Engels, nicht nur als gelegentliche Autoren, sondern als fast ständige Berater, Kritiker, Vermittler und selbstverständlich auch als Verfasser richtungweisender theoretischer, historischer und politischer Beiträge mit (zum Beispiel S. 187–207, 235–241 und 251–257). Auch die theoretische Zeitschrift der deutschen Arbeiterpartei, »Die Neue Zeit«, zählte Friedrich Engels zu ihren jahrelangen Beratern, Förderern und Autoren und verdankt, ebenso wie »Der Sozialdemokrat«, ihr beispielgebendes Niveau in erheblichem Maße seinem Einfluß.

Mannigfaltig wie die Bereiche des theoretischen Schaffens und wissenschaftlichen Forschens von Marx und Engels waren auch die Themen ihrer journalistischen Arbeiten. Da standen beispielsweise tagespolitische Kommentare neben historischen Untersuchungen, ökonomische Analysen neben militärwissenschaftlichen Abhandlungen, soziale Studien neben Literaturkritiken, Glossen neben biographischen Skizzen, Offene Briefe neben Nekrologen. Die außerordentliche Interessenvielfalt, Belesenheit und weitgefächerte Allgemeinbildung der Begründer des wissenschaftlichen Sozialismus widerspiegelte sich selbstverständlich in ihrer Publizistik und so auch in der vorliegenden Auswahl.

Marx und Engels haben nicht nur als Autoren, als Herausgeber oder Redakteure von Zeitungen oder Zeitschriften bis in die Gegenwart gültige und wirksame Maßstäbe für die sozialistische Journalistik gesetzt, sie haben sich auch, von ihren frühen schriftstellerischen Versuchen an, immer wieder theoretisch mit der Funktion der Presse im allgemeinen und mit den Aufgaben der revolutionären Arbeiterpresse im besonderen beschäftigt. Marx' erste tagespublizistische Arbeiten galten bekanntlich der Pressefreiheit. Sein Aufsatz »Bemerkungen über die neueste preußische Zensurinstruktion« mündete in die Feststellung: »Die eigentliche *Radikalkur der Zensur* wäre ihre *Abschaffung* « *.

Schon damals verfolgte er das erstrebenswerte Ziel einer den Interessen des Volkes verpflichteten Zeitung, die er »das verkörperte Vertrauen eines Volkes zu sich selbst« * nannte. Noch revolutionärer Demokrat und Hegels Philosophie tief verpflichtet, charakterisierte er den Auftrag der demokratischen Presse mit den schwungvollen Worten: »Sie steht im Volke und fühlt all sein Hoffen und sein Fürchten, sein Lieben und sein Hassen, seine Freuden und seine Leiden ehrlich mit. Was sie hoffend und fürchtend erlauscht, verkündet sie laut und urteilt darüber heftig, leidenschaftlich, einseitig, wie ihr Gemüt und Gedanken eben im Augenblicke bewegt sind. Das Irrige in Tatsachen und Urteilen, was sie heute brachte, wird sie morgen widerlegen. Sie ist die eigentliche ›naturwüchsige‹ Politik« *. Marx selbst verfuhr nach diesen programmatisch vorgetragenen Grundsätzen mit bewundernswerter Konsequenz.

Von Beginn ihrer journalistischen Tätigkeit an vertraten Marx und Engels die Forderung, daß der Journalist oder Publizist seinen Beruf als einen anspruchsvollen gesellschaftlichen Auftrag erkennen müsse, der von ihm ebenso Charakterstärke wie Überzeugungstreue, ebenso Volksverbundenheit wie wissenschaftliche Arbeitsmethoden verlange. Beide Freunde verwirklichten diese Maximen vorbildlich, zunächst noch auf getrennten Wegen. Marx tadelte als Redakteur der »Rheinischen Zeitung« scharf jene Publizisten, die ohne gründliche Kenntnis eines Gegenstandes oberflächliche Urteile abgaben und verbreiteten. Engels, obgleich mit 21 Jahren bereits ein erfolgreicher Tagesschriftsteller, erklärte im Sommer 1842 Arnold Ruge gegenüber entschieden: »Ich habe den Entschluß gefaßt, für einige Zeit aller literarischen Tätigkeit zu entsagen und dafür desto mehr zu studieren«, um »durch ein Studium [...] mir auch das immer mehr anzueignen, was einem nicht angeboren wird« *. Und so handelte er.

Nach ihrem offenen Übergang auf die Seite des Proletariats, nach ihrem Bekenntnis zum Kommunismus, dessen wissenschaftliche Grundlagen sie ab 1844 nunmehr gemeinsam ausarbeiteten, konzentrierten sich Marx und Engels darauf, durch die Presse ihre neu gewonnenen Erkenntnisse zu verbreiten. In diesem Zusammenhang entwickelten sie auch ihre Ansichten über Rolle, Aufgaben und Profil der Arbeiterpresse. In Journalen wie dem Pariser »Vorwärts!«, dem »Northern Star«, der »Deutschen-Brüsseler-Zeitung« und »La Réforme« präzisierten sie aufgrund fortschreitender theoretischer Einsichten und praktischer Erfahrungen das strategische und taktische Programm des Bundes der Kommunisten für die heraufziehende europäische Revolution. In diesen täglichen politisch-ideologischen Auseinandersetzungen wandten sie immer erfolgreicher das Prinzip an, das Friedrich Engels in einer Polemik mit dem kleinbürgerlichen Sozialisten Karl Heinzen am Vorabend der Revolution so formuliert hatte: »Was hat die Presse einer Partei zu tun? Zu diskutieren vor allen Dingen, die Forderungen der Partei zu begründen, zu entwickeln, zu verteidigen, die Ansprüche und Behauptungen der Gegenpartei zurückzuweisen und zu wider-

legen. Was hat die deutsche demokratische Presse zu tun? Die Notwendigkeit der Demokratie nachzuweisen aus der Nichtswürdigkeit der bestehenden Regierung, die mehr oder weniger den Adel repräsentiert, aus der Unzulänglichkeit des konstitutionellen Systems, das die Bourgeoisie ans Ruder bringt, aus der Unmöglichkeit für das Volk, sich zu helfen, solange es nicht die politische Gewalt hat.« *

Neben Volksverbundenheit und Lebensnähe, neben Wissenschaftlichkeit und Sachlichkeit trat die offene Parteinahme für die Klasseninteressen des Proletariats nun immer beherrschender als weiterer unverrückbarer Grundsatz sozialistischer Journalistik. Und noch ein Merkmal zeichnete sich immer sichtbarer in der von Marx und Engels ausgeübten journalistischen Arbeit ab: die polemische Note. Sie ergab sich aus dem politisch-ideologischen Kräfteverhältnis; mußten die Begründer der neuen Wissenschaft des historischen und dialektischen Materialismus doch unablässig gegen eine Welt von Feinden, gegen die Verteidiger und Nutznießer der Ausbeutergesellschaft ankämpfen.

Zwar findet sich im Briefwechsel zwischen Marx und Engels manch Stoßseufzer über die oft zeitraubenden, drängenden tagespublizistischen Pflichten, über »dies verfluchte abstrakte Schreibertum mit seinem abstrakten Publikum vor den ›Augen des Geistes‹ « *, aber in der Praxis war journalistische Arbeit für die beiden Freunde stets direkte und höchst verantwortungsvolle Parteiarbeit. Es gab Zeiten, so in den fünfziger Jahren, wo sie sogar die wichtigste Form ihrer Parteiarbeit war.

Schon über den leitenden Redakteur der bürgerlich-demokratischen »Rheinischen Zeitung« hatte der preußische Zensor in einem Bericht an die Berliner Regierung geurteilt: »Dr. Marx ist [...] der lebendige Quell der Theorien des Blattes; ich habe ihn kennengelernt, er stirbt auf seine Ansichten, die ihm zur Überzeugung geworden sind« *. Um wieviel mehr galt das für den späteren kommunistischen Journalisten Karl Marx und für seinen Kampfgefährten Friedrich Engels! Die Überzeugungskraft in ihren Artikeln beruht nicht auf klingenden Worten, nicht auf stilistischen Finessen, sondern auf gediegener Sachkenntnis, wissenschaftlich fundierter Argumentation, leidenschaftlichem Verfechten der historischen Mission der Arbeiterklasse und weltanschaulicher Prinzipienfestigkeit. Im mutigen Bekenntnis zu dem als wahr Erkannten und in der Einheit von Wort und Tat wurzelte die journalistische Meisterschaft von Marx und Engels.

»›Phraseur‹ war in seinem Mund das härteste Tadelwort«, berichtete einer der bedeutendsten Schüler von Marx, Wilhelm Liebknecht, über seinen Lehrer, »und wen er einmal als ›Phraseur‹ erkannt hatte, mit dem war er auf immer fertig. Logisch denken und die Gedanken klar ausdrücken — das schärfte er uns ›Jungen‹ bei jeder Gelegenheit ein und zwang uns zum Studieren.« *

Hinzu kam eine weitere Erfahrung, die der alte Engels später an jüngere sozialistische Publizisten weitergab: »Die Journalistik ist namentlich für uns Deutsche, die wir doch alle etwas unbeholfen veranlagt sind [...], eine sehr nützliche Schule, man wird nach allen Seiten hin gelenkiger, man lernt seine eignen Kräfte besser kennen und abwägen und vor allem ein gegebnes Stück Arbeit in einer gegebnen Zeit fertigmachen.« *

Diesen Zwang und dieses Erfolgserlebnis erfuhren Marx und Engels tagtäglich in den Zeiten der »Neuen Rheinischen Zeitung«, Engels später noch einmal in abgeschwächter Form während seiner Mitarbeit am »Sozialdemokrat«. In jenen Schaffensphasen genossen sie »die beiden günstigsten Bedingungen [...], unter welchen man überhaupt in der Presse wirken kann: erstens unbedingte Preßfreiheit und zweitens die Gewißheit, von grade dem Publikum gehört zu werden, von dem man gehört sein will. [...] Man sieht die Wirkung jedes Worts vor Augen, man sieht, wie die Artikel förmlich einschlagen, als wären sie Granaten, und wie die Sprengladung platzt.« * Als Kampfplatz betrachteten Marx und Engels zeitlebens die revolutionäre Arbeiterpresse, als Kämpfer fühlten sie sich in ihrer journalistischen Tätigkeit.

Daraus leiteten sie auch ihre Pflicht ab, jederlei arbeiterfeindliche Einflüsse von der proletarischen Presse fernzuhalten. Sobald sich bürgerliche oder kleinbürgerliche Auffassungen in den von ihnen gelesenen Arbeiterzeitungen breitmachten, erhoben sie warnend ihre Stimme, berieten die verantwortlichen Redakteure oder Parteiführer und griffen notfalls selbst polemisch in die Diskussion ein. So geschah es 1877/1878 in der Auseinandersetzung mit dem kleinbürgerlichen Sozialisten Eugen Dühring in den Spalten des Zentralorgans der deutschen Arbeiterpartei »Vorwärts«. So wiederholte es sich zu Beginn des Bismarckschen Sozialistengesetzes, als in mehreren im Ausland erscheinenden deutschen Arbeiterblättern unwissenschaftliche, parteifremde und -schädliche Ansichten und Empfehlungen propagiert wurden. In ihrem berühmt gewordenen »Zirkularbrief« an die deutschen Parteiführer erklärten Marx und Engels unter ausdrücklichem Hinweis auf ihre im jahrzehntelangen ideologischen Klassenkampf gesammelten Erfahrungen unmißverständlich: »Wird das neue Parteiorgan eine Haltung annehmen, die [...] bürgerlich ist und nicht proletarisch, so bleibt uns nichts übrig, so leid es uns tun würde, als uns öffentlich dagegen zu erklären und die Solidarität zu lösen, mit der wir bisher die deutsche Partei dem Ausland gegenüber vertreten haben. Doch *dahin* kommt's hoffentlich nicht.« *

Es kam nicht dazu, vielmehr standen Marx und vor allem Engels dem neuen Zentralorgan, dem illegal verbreiteten »Sozialdemokrat«, mit Rat und Tat zur Seite, nachdem sich die Redaktion zum revolutionären Kampf und proletarischen Klassenstandpunkt bekannt hatte. Nicht nur, daß Engels zahlreiche Artikel im »Sozialdemokrat« publizierte; er versorgte den Redakteur Eduard Bernstein jahrelang mit Informationen aus der internationalen Arbeiterbewegung und wichtigen Materialien für künftige redaktionelle Aufsätze, er beschaffte Autoren und half, finanzielle Probleme zu lösen. Besonders drängte Engels darauf, im Zentralorgan stets eine offensive Taktik zu verfolgen. Er empfahl Bernstein: »Nicht sich drehen und winden unter den Schlägen des Gegners, heulen, winseln und Entschuldigungen stammeln [...]. Wiederhauen muß man, für jeden feindlichen Hieb zwei, drei zurück. Das war unsre Taktik von jeher, und wir haben bis jetzt, glaub' ich, noch so ziemlich jeden Gegner untergekriegt.« *

Solche Taktik erfordere, »daß der Gegner mit Verachtung behandelt, verhöhnt wird. Wenn die Leute erst wieder über Bismarck & Co. lachen lernen, ist viel gewonnen.« * In diesem Zusammenhang verwies Engels den jungen Bernstein auf die »Neue Rheinische Zeitung« von 1848/49. Er werde »gut tun, zuweilen darin zu lesen. Es war grade die Verachtung und der Spott, mit dem wir die Gegner behandelten, die uns in den 6 Monaten bis zum Belagerungszustand fast 6000 Abonnenten einbrachte.« *

Engels' Ratschläge an Bernstein sind nur *ein* Zeugnis für die häufigen Bemühungen von Marx und Engels, möglichst viele ihrer Kampfgefährten an die journalistische Arbeit heranzuführen oder sie dabei zu unterstützen. Johann Georg Eccarius und Wilhelm Liebknecht, Adolf Hepner und Karl Kautsky und manch andere erhielten über Jahre hinweg von den Begründern des wissenschaftlichen Sozialismus zumeist bis heute gültige Ratschläge für ihr publizistisches Wirken im Dienst des gesellschaftlichen Fortschritts. Aber auch untereinander sparten Marx und Engels keineswegs mit Anregungen und kritischen Hinweisen, die der inhaltlichen und formalen Verbesserung ihrer eigenen journalistischen Arbeiten dienten. Für beide galt, was Engels wenige Jahre vor seinem Tode einem Mitstreiter anläßlich einer Kritik an überheblichen jungen Parteijournalisten schrieb: »Wenn diese Herren wüßten, wie Marx seine besten Sachen noch immer nicht gut genug für die Arbeiter hielt, wie er es für ein Verbrechen ansah, den Arbeitern etwas Geringeres als das Allerbeste zu bieten!« *

Bereits der vierundzwanzigjährige Marx stieß in seinen »Bemerkungen über die neueste preußische Zensurinstruktion« zu der Erkenntnis vor, daß die sprachliche Form einer Aussage unmittelbar vom Charakter des behandelten Gegenstandes bestimmt sein muß und außerdem von der geistigen Individualität des Schreibenden beeinflußt wird. Von dieser Einsicht ließen er wie Engels sich in ihren Urteilen über die Leistungen anderer Schriftsteller leiten, von dieser Maxime gingen sie aber auch in ihrem eigenen publizistischen Wirken aus. An die sprachliche Gestaltung ihrer Schriften — ob journalistische Arbeiten oder umfangreiche wissenschaftliche Werke — legten sie strenge Maßstäbe an. Wenn Karl Marx im Zusammenhang mit der Schlußredaktion des Manuskripts vom ersten Band des »Kapitals« von seiner Freude schrieb, »das Kind glattzulecken nach so vielen Geburtswehn« *, so sprach er hier einen Grundsatz des verantwortungsbewußten Publizisten aus, nach dem beide Freunde bei nahezu allen ihren Schriften handelten.

Die Überzeugungskraft und tiefe intellektuelle wie oft auch emotionale Wirkung, die von den Werken der Begründer des wissenschaftlichen Sozialismus ausgeht, beruht nicht zuletzt darauf, daß sie mit höchster sprachlicher Sorgfalt abgefaßt sind. Marx und Engels verfügten über außerordentlich reiche sprachliche Ausdrucksmittel und verstanden es, sie bei der Abfassung eines Zeitungsartikels, eines Aufrufs, einer Streitschrift oder eines theoretischen Werkes je nach Charakter und spezifischen Aufgaben einer Publikation zielbewußt anzuwenden. Diese Fähigkeit erregte schon die Bewunderung vieler ihrer Zeitgenossen und Kampfgefährten.

»Wenn je von einem Menschen das Buffonsche Wort gegolten hat, dann von Marx: *Der Stil ist der Mann* — Marx' Stil ist Marx«, schrieb Wilhelm Liebknecht in seinen Erinnerungen und fuhr fort: »Unfähig der Heuchelei, unfähig der Verstellung und der Pose, war er stets *er selbst*, in seinen Schriften wie in seinem Leben. [...]

Marx legte außerordentlichen Wert auf reinen, korrekten Ausdruck. Und in Goethe, Lessing, Shakespeare, Dante, Cervantes, in denen er fast täglich las, hatte er sich die höchsten Meister erwählt. [...]

Marx war ein strenger Purist — er suchte oft mühsam und lange nach dem richtigen Ausdruck. [...] Aber welche unendliche Fülle originaler echt deutscher Wortbildungen und Wortfügungen finden wir bei Marx, der trotzdem, daß er zwei Drittel seines Lebens im Auslande war, um unsere deutsche Sprache sich hohe Verdienste erworben hat und zu den vornehmsten deutschen Sprachmeistern und Sprachschöpfern gehört.« *

Und als Friedrich Engels 1895 für immer die Augen schloß, schrieb ein ungenannter Autor in der Wiener »Neuen Revue« rückblickend: Engels verfügte über »eine wunderbare Ruhe und Klarheit des Geistes, eine Ordnung und Übersichtlichkeit des Gedächtnisses, die ihm für jede Behauptung stets die passendsten Argumente zur Hand gab, eine wohldisziplinierte und durchgebildete Sprache, die ihm für jede Gedankennuance das treffendste Wort bot — kurz, er besaß alles, was den großen Publizisten macht. Es gibt wenige deutsche Schriftsteller, die so präzis und dabei so verständlich, so gehaltreich und dabei so volkstümlich geschrieben haben wie Engels. Sein Stil ist der denkbar korrekteste, nicht im Sinne der Schule, aber im Sinne der Logik.« *

Marx und Engels haßten schwülstige Übertreibungen und jederlei Sprachschludereien. Engels nannte seinen besten Freund einmal einen Mann, »der jedes Wort auf die Goldwaage legte« *, und kennzeichnete damit ebenfalls seine eigene Arbeitsweise. Beide verfuhren so, weil ihnen ihr ästhetisches Empfinden und ihr literarischer Geschmack das geboten, vor allem aber aufgrund ihres hohen politischen Verantwortungsbewußtseins gegenüber ihren Lesern — den revolutionären Arbeitern und fortschrittlichen Intellektuellen vieler Länder und Sprachen.

Sie handelten nach dem Prinzip, daß Inhalt und Form eine dialektische Einheit bilden, daß die Form stets vom Inhalt bestimmt wird, der Inhalt, seine Aussage- und Überzeugungskraft aber erheblich von der Form beeinflußt werden. Und welche Vielfalt der Genres und Stilmittel beherrschten sie! Da steht neben der fast lyrischen Schilderung der rheinländischen Landschaft und ihrer lebensfrohen Menschen (S. 26—29) die auch im Ton männlich-kraftvolle Ansprache an die englischen Arbeiter (S. 43—47), neben der von dialektisch zugespitzten Formulierungen funkelnden Analyse der verkehrenden Macht des Geldes (S. 39—43) die von flammender Empörung erfüllte Anklage gegen die Schlächter der Pariser Arbeiter (S. 81—85 und 201—207). Da zeichnet der alternde Engels geradezu liebevoll ein Bild seines dahingegangenen Kriegs- und Revolutionskameraden Johann Philipp Becker (S. 243—246), während Marx in einer biographischen Skizze ganz anderer Art die Schale seines ätzenden Spottes über die verräterische »Zwergmißgeburt« Adolphe Thiers ausgießt (S. 195—200). Immer finden die noch so unterschiedlichen Inhalte die ihnen gemäße sprachliche Form, wird selbst die scheinbar nüchternste ökonomische Analyse oder tagespolitische Information durch passende Stilmittel zu einem publizistischen Glanzstück.

Hinzu kommt die souveräne Kenntnis der Weltliteratur und Weltgeschichte, aus der Marx und Engels bei der Niederschrift ihrer Werke schöpften. Sowohl ihre journalistischen wie ihre wissenschaftlichen Arbeiten sind geradezu durchsetzt mit Beispielen, Anspielungen, Zitaten aus der Literatur zahlreicher europäischer und selbst außereuropäischer Völker (siehe beispielsweise S. 39–43, 78–79, 118–121, 151–153 und 216–221). Es steht außer Frage, daß dieser Umstand dazu beitrug, so manchen ihrer Publikationen den Rang künstlerischer Prosa zu verleihen.

Besondere Meisterschaft entwickelten die Begründer des wissenschaftlichen Sozialismus in der Polemik. Hier trafen sich objektives Bedürfnis – die notwendige Widerlegung und Überwindung unwissenschaftlicher, die Arbeiterklasse irreführender Ansichten – und subjektive Begabung. Die meisten Schriften von Marx und Engels sind, direkt oder indirekt, erfüllt von streitbarem Geist, streitbar im Sinne des gesellschaftlichen Fortschritts. Viele Beiträge in der vorliegenden Auswahl bestätigen das.

Die Polemik bevorzugten Marx und Engels nicht zuletzt, weil sie Gelegenheit zum offensiven Vorgehen bot. Polemik war für die beiden Freunde nie Selbstzweck. So wichtig ihnen war, die Unsinnigkeit der gegnerischen Theorie oder Argumentation aufzudecken, so großen Wert legten sie darauf, nicht beim Gegenbeweis zu verweilen, sondern anstelle der überholten, falschen die richtige, wissenschaftlich gesicherte neue Erkenntnis zu verbreiten. Das ist der Grund, warum sich auch ihre klassisch gewordenen Streitschriften – wie Marx' »Elend der Philosophie« oder »Herr Vogt« und Engels'

»Wohnungsfrage« oder »Anti-Dühring« — »unter der Hand« in Publikationen verwandelten, die zur Verbreitung oder gar Weiterentwicklung ihrer Theorie, des wissenschaftlichen Sozialismus, beitrugen. Das gilt auch für zahlreiche ihrer Aufsätze und Zeitungsartikel (siehe beispielsweise S. 88—93, 128—131, 181—187 und 211—221).

Es gibt in Marx' und Engels' Polemik kein leeres Schimpfen. Auch im schriftlich geführten Streitgespräch untermauerten sie ihre Aussagen stets mit Tatsachen, belegten sie durch Beispiele oder Vergleiche aus der Geschichte und überredeten dadurch den Leser nicht, sondern überzeugten ihn. Sosehr sie in ihren Briefen Kraftausdrücke liebten, setzten sie sie in ihren Schriften nur selten und dann immer gezielt und sehr überlegt ein. Ihre journalistische Erfahrung hatte sie gelehrt, was der einundsechzigjährige Engels dem dreißig Jahre jüngeren Bernstein riet: »Da man [...] durch bloße Kraftausdrücke die Sprache nicht notwendig verstärkt und bei fortwährender Anwendung derselben Ausdrücke, wie Halunken etc., den Effekt abschwächt, so daß man zu immer ›kräftigeren‹ Ausdrücken greifen müßte, [...] so wird ein andres Mittel wünschenswert, womit die Kraft des Ausdrucks auch ohne Gewaltworte gesichert bleibt. Und dies Mittel existiert, es besteht in vorwiegender Anwendung der Ironie, des Hohns, des Sarkasmus, der auf die Gegner bitterer wirkt als die gröbsten Worte der Entrüstung. [...] Kömmt dann einmal ein Keulenschlag dazwischen, so wird er um so effektvoller.« *

Und sie selbst verstanden es hervorragend, neben Witz und Humor auch Spott und Hohn, Ironie und Satire einzusetzen. Man lese, nein, man genieße im Hinblick auf die angewandten Stilmittel Engels' Rezension über Karl Becks Gedichte (S. 59—64) oder seine vernichtende Glosse »Abermals Herr Vogt« (S. 187—195)! Man studiere Marx' Philippika gegen die verräterische preußische Bourgeoisie von Ende 1848 (S. 110–112) oder sein Charakterbild von Lord Palmerston (S. 131–135)!

Für diese polemischen Kabinettstücke gilt, was Wilhelm Liebknecht einst über die wohl glänzendste politische Streitschrift von Marx, den »Achtzehnten Brumaire des Louis Bonaparte«, schrieb: »Die Worte des ›Brumaire‹ sind Pfeile, sind Speere – es ist ein Stil, der brandmarkt, tötet. Wenn Haß, wenn Verachtung, wenn glühende Freiheitsliebe sich je in brennenden, vernichtenden, erhebenden Worten ausgedrückt haben, so im ›Achtzehnten Brumaire‹, in dem der empörte Ernst eines Tacitus sich mit dem tödlichen Witz eines Juvenal, dem heiligen Zorn eines Dante vereinigt. Der Stil ist hier, was er – der Stilus – ursprünglich in der Hand der Römer war, ein *spitzer Stahlstift*, zum Schreiben und zum *Stechen*. Der Stil ist ein Dolch, gebraucht zum sicheren Stich ins Herz.« *

Marx nannte Engels' Stil »frisch, leidenschaftlich, kühn vorausgreifend« * und rühmte an anderer Stelle den Freund als »arbeitsfähig zu jeder Stunde des Tags und in der Nacht, voll und nüchtern, quick im Schreiben und Begreifen, wie der Teufel« *. Marx dagegen rang fast qualvoll um die treffendste Formulierung, um den präzisesten Ausdruck. Engels bezeichnete ihn einmal als einen »der kraftvollsten, sich am prägnantesten und bündigsten ausdrückenden Schriftsteller unserer Zeit« *. Beide waren fruchtbare Sprachschöpfer, wovon nicht wenige neue Wortbildungen in den hier dargebotenen Texten zeugen. Beide ließen sich bei der Wahl der sprachlichen Mittel von dem Wunsch leiten, unbedingt von denen verstanden zu werden, für die sie lebten, kämpften und schrieben: von den Arbeitern.

In ihren Schriften verschmolzen theoretische Schöpferkraft mit leidenschaftlicher Parteinahme, die Erfahrungen eines reichen Kämpferlebens mit einer nahezu alle Wissensbereiche erfassenden Allgemeinbildung.

Doch erst durch die Verbindung dieser Eigenschaften mit einer überaus lebendigen, farbigen, bilderreichen Sprache, mit polemischer Schärfe und stilistischer Brillanz wurden ihre Arbeiten gleicherweise zu wissenschaftlichen Meisterwerken wie zu publizistischen Kostbarkeiten.

Den Texten liegt die Marx/Engels-Werkausgabe (MEW) zugrunde. In einigen Fällen wurden inzwischen in der Marx-Engels-Gesamtausgabe (MEGA) erfolgte Präzisierungen berücksichtigt. Die Überschriften der einzelnen Beiträge wurden den betreffenden Marx-Engels-Texten entnommen. Alle Zusätze der Herausgeber, wie Übersetzungen fremdsprachiger Passagen und Erklärungen, werden in eckige Klammern gesetzt. Am Fuß jedes Beitrags werden der Autor und das Jahr der Niederschrift angegeben.

Der Umfang eines Taschenbuches zwang die Herausgeber zu zahlreichen Auslassungen. Sie sind grundsätzlich durch [...] kenntlich gemacht, Auszüge werden im Quellennachweis zusätzlich durch »Aus« gekennzeichnet.

Im Anhang findet der Leser erläuternde Anmerkungen und Zitatennachweise, auf die im Text durch hochgestellte Sternchen aufmerksam gemacht wird, einen Quellennachweis, ein Personenverzeichnis und ein Verzeichnis der erwähnten Zeitungen und Zeitschriften.

Ein herzliches Dankeschön für helfende Hinweise und Ratschläge gilt Waltraud Bergemann und Almut Rieck als Lektorinnen des Dietz Verlages.

Heinrich Gemkow

Ein schönes Fest,
das rheinische Musikfest!

Es gibt gewisse Zeiten im Jahre, wo den Rheinländer, der sich in der Fremde herumtreibt, eine ganz besondere Sehnsucht nach seiner schönen Heimat ergreift. Diese Sehnsucht stellt sich namentlich im Frühling, um die Pfingstzeit, die Zeit des rheinischen Musikfestes, ein und ist ein ganz fatales Gefühl. Jetzt, das weiß man leider nur zu genau, jetzt wird es grün am Rhein; die durchsichtigen Wellen des Stromes kräuseln sich im Lenzhauch, die Natur zieht ihr Sonntagskleid an, und jetzt rüsten sie sich zu Hause zur Sängerfahrt, morgen ziehen sie aus, und du bist nicht dabei!

O, es ist ein schönes Fest, das rheinische Musikfest! Auf vollgedrängten, laubgeschmückten Dampfschiffen mit wehenden Flaggen, mit Hörnerschall und Gesang, auf langen Eisenbahnzügen und Postwagenreihen, mit geschwungenen Hüten und wehenden Tüchern kommen die Gäste von allen Seiten herbeigeströmt, heitere Männer jung und alt, schöne Frauen mit noch schöneren Stimmen, lauter Sonntagsmenschen mit lachenden Sonntagsgesichtern. Das ist eine Lust! Alle Sorgen, alle Geschäfte sind vergessen; da ist auch kein einzig ernsthaftes Gesicht zu erblicken in dem dichten Gedränge der Ankommenden. Alte Bekanntschaften werden erneuert, neue geschlossen, das junge Volk lacht und schäkert und schwatzt in einem fort, und selbst die Alten, die von ihren lieben Töchtern gewaltsam überredet wurden, trotz Gicht, Podagra, Erkältung und Hypochondrie das Fest mitzumachen, werden von der allgemeinen Lust angesteckt und müssen lustig sein, da sie nun doch einmal mitgegangen sind. Alles bereitet sich zur Pfingstfeier vor, und würdiger kann ein Fest, das von allgemeiner Ausgießung des heiligen Geistes sich herleitet, nicht gefeiert werden als durch Hingabe an den göttlichen Geist der Freude und des Lebensgenusses, dessen innersten Kern eben der Kunstgenuß bildet. Und von allen Künsten eignet sich keine so sehr dazu, den Mittelpunkt eines solchen geselligen Provinziallandtages zu bilden, wo alle Gebildeten der Umgegend zu gegenseitiger Auffrischung des Lebensmutes und der jugendlichen Fröhlichkeit sich zusammenfinden, als gerade die Musik. War es bei den Alten die komische Darstellung, der Wetteifer tragischer Dichter, was bei den Panathenäen und Bakchosfesten das Volk anzog, so kann dem bei unseren klimatischen und sozialen Verhältnissen nur die Musik entsprechen. Denn, wie uns die bloß gedruckte, nicht zum Gehör sprechende Musik keinen Genuß gewähren kann, so blieb den Alten die Tragödie tot und fremd, solange sie nicht von der Thymele und Orchestra* durch den lebendigen Mund der Schauspieler redete. Jetzt hat jede Stadt ihr Theater, wo allabendlich gespielt wird, während für den Hellenen nur an großen Festen die Bühne sich belebte; jetzt verbreitet der Druck jedes neue Drama über ganz Deutschland, während bei den Alten nur wenige das geschriebene Trauerspiel zu lesen bekamen. Darum kann das Drama keinen Mittelpunkt großer Versammlungen mehr abgeben, eine andere Kunst muß aushelfen, und das kann nur die Musik; denn sie allein läßt die Mitwirkung einer großen Menge zu und gewinnt sogar dadurch an Kraft des Ausdrucks bedeutend; sie ist die einzige, bei der der Genuß mit der lebendigen Ausführung zusammenfällt, und deren Wirkungskreis an Umfang dem des antiken Dramas entspricht. Und wohl mag der Deutsche die Musik, in der er König ist vor allen Völkern, feiern und pflegen, denn wie es nur ihm gelungen ist, das Höchste und Heiligste, das innerste Geheimnis des menschlichen Gemüts aus seiner verborgenen Tiefe ans Licht zu bringen und in Tönen auszusprechen, so ist es auch nur ihm gegeben, die Gewalt der Musik ganz zu empfinden, die Sprache der Instrumente und des Gesanges durch und durch zu verstehen.

Aber die Musik ist dabei nicht die Hauptsache. Was denn? Nun, das Musikfest. Sowenig das Zentrum einen Kreis bildet ohne Peripherie, sowenig ist die Musik dabei irgend etwas, ohne das fröhliche gesellige Leben, das die Peripherie zu diesem musikalischen Zentrum bildet. Der Rheinländer ist durch und durch sanguinischer Natur; sein Blut rollt so leicht durch seine Adern wie frischgegorener Rheinwein, und seine Augen sehen immer munter und wohlgemut in die Welt hinaus. Er ist das Sonntagskind unter den Deutschen, dem die Welt immer schöner und das Leben immer heiterer erscheint als den übrigen; er sitzt lachend und schwatzend in der Rebenlaube und hat beim Becher alle seine Sorgen längst vergessen, wenn die andern erst stundenlang beraten, ob sie hingehen und desgleichen tun sollen und darüber die beste Zeit verstreichen lassen. Das ist gewiß, kein Rheinländer hat sich jemals eine Gelegenheit zum Lebensgenusse vorübergehen lassen, oder er ist für den größten Narren gehalten worden. Dieses leichte Blut erhält den Rheinländer auch noch eine lange Zeit jung, wo der eigentliche Norddeutsche schon seit Jahren ins Philisterium der Gesetztheit und Prosa übergegangen ist. Der Rheinländer hat all sein Leben lang Spaß an lustigen, übermütigen Streichen, jugendlichen Schwänken oder, wie die weisen, gesetzten Leute sagen, an tollen Narreteien und Verrücktheiten; die lustigsten und flottesten Universitäten sind von jeher Bonn und Heidelberg gewesen. Und selbst der alte Philister, der in Müh und Arbeit, in der Dürre der Alltäglichkeit versauert ist, mag er auch frühmorgens seine Jungen für ihre mutwilligen Späße abprügeln, so erzählt er ihnen doch abends beim Schöppchen behaglich die alten Schnurren, die er selbst in seiner Jugend verübt hat.

Bei diesem ewig heitern Charakter der Rheinländer, bei einer so offenen, unbefangenen Sorglosigkeit ist es gar nicht zu verwundern, daß auf dem Musikfeste fast alle mehr wollen als hören und sich hören lassen. Das ist eine Fröhlichkeit, ein bewegtes, zwangloses Leben, eine Frische des Genusses, wie man sie anderswo lange suchen mag. Lauter heitere, wohlwollende Gesichter, Freundschaft und Herzlichkeit für alle, die an der allgemeinen Lust teilnehmen; wie Stunden verfliegen die drei Festtage unter Trinken, Singen und Scherzen. Und am Morgen des vierten Tages, wenn die ganze Freude genossen ist und geschieden werden muß, freut man sich schon wieder in der Hoffnung auf das nächste Jahr, verabredet sich darauf, und jeder geht, noch immer heiter und neu belebt, seines Wegs und an sein alltäglich Werk.

Engels, 1842

Die Scham ist schon eine Revolution

Auf der Treckschuit [dem Schleppkahn]
nach D. im März 1843

Ich reise jetzt in Holland. Soviel ich aus den hiesigen und französischen Zeitungen sehe, ist Deutschland tief in den Dreck hineingeritten und wird es noch immer mehr. Ich versichere Sie, wenn man auch nichts weniger als Nationalstolz fühlt, so fühlt man doch Nationalscham, sogar in Holland. Der kleinste Holländer ist noch ein Staatsbürger gegen den größten Deutschen. Und die Urteile der Ausländer über die preußische Regierung! Es herrscht eine erschreckende Übereinstimmung, niemand täuscht sich mehr über dies System und seine einfache Natur. Etwas hat also doch die neue

1 *Friedrich Wilhelm IV.*
Karikatur

Schule genützt. Der Prunkmantel des Liberalismus ist gefallen, und der widerwärtigste Despotismus steht in seiner ganzen Nacktheit vor aller Welt Augen.

Das ist auch eine Offenbarung, wenngleich eine umgekehrte. Es ist eine Wahrheit, die uns zum wenigsten die Hohlheit unsers Patriotismus, die Unnatur unseres Staatswesens kennen und unser Angesicht verhüllen lehrt. Sie sehen mich lächelnd an und fragen: Was ist damit gewonnen? Aus Scham macht man keine Revolution. Ich antworte: Die Scham ist schon eine Revolution; sie ist wirklich der Sieg der Französischen Revolution über den deutschen Patriotismus, durch den sie 1813 besiegt wurde. Scham ist eine Art Zorn, der in sich gekehrte. Und wenn eine ganze Nation sich wirklich schämte, so wäre sie der Löwe, der sich zum Sprunge in sich zurückzieht. Ich gebe zu, sogar die

Scham ist in Deutschland noch nicht vorhanden; im Gegenteil, diese Elenden sind noch Patrioten. Welches System sollte ihnen aber den Patriotismus austreiben, wenn nicht dieses lächerliche des neuen Ritters [Friedrich Wilhelms IV.]? Die Komödie des Despotismus, die mit uns aufgeführt wird, ist für ihn ebenso gefährlich, als es einst den Stuarts* und Bourbonen* die Tragödie war. Und selbst, wenn man diese Komödie lange Zeit nicht für das halten sollte, was sie ist, so wäre sie doch schon eine Revolution. Der Staat ist ein zu ernstes Ding, um zu einer Harlekinade gemacht zu werden. Man könnte vielleicht ein Schiff voll Narren eine gute Weile vor dem Winde treiben lassen; aber seinem Schicksal trieb' es entgegen eben darum, weil die Narren dies nicht glaubten. Dieses Schicksal ist die Revolution, die uns bevorsteht.

Marx, 1843

Krieg den deutschen Zuständen!

Für Deutschland ist die *Kritik der Religion* im wesentlichen beendigt, und die Kritik der Religion ist die Voraussetzung aller Kritik.

Die *profane* Existenz des Irrtums ist kompromittiert, nachdem seine *himmlische oratio pro aris et focis [Rede für Altar und Herd]* widerlegt ist. Der Mensch, der in der phantastischen Wirklichkeit des Himmels, wo er einen Übermenschen suchte, nur den *Widerschein* seiner selbst gefunden hat, wird nicht mehr geneigt sein, nur den *Schein* seiner selbst, nur den Unmenschen zu finden, wo er seine wahre Wirklichkeit sucht und suchen muß.

Das Fundament der irreligiösen Kritik ist: Der *Mensch macht die Religion*, die Religion macht nicht den Menschen. Und zwar ist die Religion das Selbstbewußtsein und das Selbstgefühl des Menschen, der sich selbst entweder noch nicht erworben oder schon wieder verloren hat. Aber *der Mensch*, das ist kein abstraktes, außer der Welt hockendes Wesen. Der Mensch, das ist *die Welt des Menschen*, Staat, Sozietät. Dieser Staat, diese Sozietät produzieren die Religion, ein *verkehrtes Weltbewußtsein*, weil sie eine *verkehrte Welt* sind. Die Religion ist die allgemeine Theorie dieser Welt, ihr enzyklopädisches Kompendium, ihre Logik in populärer Form, ihr spiritualistischer Point-d'honneur [Ehrenpunkt], ihr Enthusiasmus, ihre moralische Sanktion, ihre feierliche Ergänzung, ihr allgemeiner Trost- und Rechtfertigungsgrund. Sie ist die *phantastische Verwirklichung* des menschlichen Wesens, weil das *menschliche Wesen* keine wahre Wirklichkeit besitzt. Der Kampf gegen die Religion ist also mittelbar der Kampf gegen *jene Welt*, deren geistiges *Aroma* die Religion ist.

Das *religiöse* Elend ist in einem der *Ausdruck* des wirklichen Elendes und in einem die *Protestation* gegen das wirkliche Elend. Die Religion ist der Seufzer der bedrängten Kreatur, das Gemüt einer herzlosen Welt, wie sie der Geist geistloser Zustände ist. Sie ist das *Opium* des Volks.

Die Aufhebung der Religion als des *illusorischen* Glücks des Volkes ist die Forderung seines *wirklichen* Glücks. Die Forderung, die Illusionen über seinen Zustand aufzugeben, ist die *Forderung, einen Zustand aufzugeben, der der Illusionen bedarf.* Die Kritik der Religion ist also im *Keim* die *Kritik des Jammertales*, dessen *Heiligenschein* die Religion ist.

Die Kritik hat die imaginären Blumen an der Kette zerpflückt, nicht damit der Mensch die phantasielose, trostlose Kette trage, sondern damit er die Kette abwerfe und die lebendige Blume breche. Die Kritik der Religion enttäuscht den Menschen, damit er denke, handle, seine Wirklichkeit gestalte wie ein enttäuschter, zu Verstand gekommener Mensch, damit er sich um sich selbst und damit um seine wirkliche Sonne bewege. Die Religion ist nur die illusorische Sonne, die sich um den Menschen bewegt, solange er sich nicht um sich selbst bewegt.

Es ist also die *Aufgabe der Geschichte*, nachdem das *Jenseits der Wahrheit* verschwunden ist, die *Wahrheit des Diesseits* zu etablieren. Es ist zunächst die *Aufgabe der Philosophie*, die im Dienste der Geschichte steht, nachdem die *Heiligengestalt* der menschlichen Selbstentfremdung entlarvt ist, die Selbstentfremdung in ihren *unheiligen Gestalten* zu entlarven. Die Kritik des Himmels verwandelt sich damit in die Kritik der Erde, die *Kritik der Religion* in die *Kritik des Rechts*, die *Kritik der Theologie* in die *Kritik der Politik.* [...]

Wollte man an den deutschen *status quo* selbst anknüpfen, wenn auch in einzig angemessener Weise, d.h. negativ, immer bliebe das Resultat ein *Anachronismus.* Selbst die Verneinung unserer politischen Gegenwart findet sich schon als bestaubte Tatsache in der historischen Rumpelkammer der modernen Völker. Wenn ich die gepuderten Zöpfe verneine, habe ich immer noch die ungepuderten Zöpfe. Wenn ich die deutschen Zustände von 1843 verneine, stehe ich, nach französischer Zeitrechnung, kaum im Jahre 1789, noch weniger im Brennpunkt der Gegenwart.

Ja, die deutsche Geschichte schmeichelt sich einer Bewegung, welche ihr kein Volk am historischen Himmel weder vorgemacht hat noch nachmachen wird. Wir haben nämlich die Restaurationen der modernen Völker geteilt, ohne ihre Revolutionen zu teilen. Wir wurden restauriert, erstens, weil andere Völker eine Revolution wagten, und zweitens, weil andere Völker eine Konterrevolution litten, das eine Mal, weil unsere Herren Furcht hatten, und das andere Mal, weil unsere Herren keine Furcht hatten. Wir, unsere Hirten an der Spitze, befanden uns immer nur einmal in der Gesellschaft der Freiheit, am *Tag ihrer Beerdigung*.

Eine Schule, welche die Niederträchtigkeit von heute durch die Niederträchtigkeit von gestern legitimiert, eine Schule, die jeden Schrei des Leibeigenen gegen die Knute für rebellisch erklärt, sobald die Knute eine bejahrte, eine angestammte, eine historische Knute ist, eine Schule, der die Geschichte, wie der Gott Israels seinem Diener Moses, nur ihr *a posteriori* zeigt, die *historische Rechtsschule**, sie hätte daher die deutsche Geschichte erfunden, wäre sie nicht eine Erfindung der deutschen Geschichte. Shylock, aber Shylock der Bediente, schwört sie für jedes Pfund Fleisch, welches aus dem Volksherzen geschnitten wird, auf ihren Schein, auf ihren historischen Schein, auf ihren christlich-germanischen Schein.

Gutmütige Enthusiasten dagegen, Deutschtümler von Blut und Freisinnige von Reflexion, suchen unsere Geschichte der Freiheit jenseits unserer Geschichte in den teutonischen Urwäldern. Wodurch unterscheidet sich aber unsere Freiheitsgeschichte von der Freiheitsgeschichte des Ebers, wenn sie nur in den Wäldern zu finden ist? Zudem ist es bekannt: Wie man hineinschreit in den Wald, schallt es heraus aus dem Wald. Also Friede den teutonischen Urwäldern!

Krieg den deutschen Zuständen! Allerdings! Sie stehn *unter dem Niveau der Geschichte*, sie sind *unter aller Kritik*, aber sie bleiben ein Gegenstand der Kritik, wie der Verbrecher, der unter dem Niveau der Humanität steht, ein Gegenstand des *Scharfrichters* bleibt. Mit ihnen im Kampf ist die Kritik keine Leidenschaft des Kopfs, sie ist der Kopf der Leidenschaft. Sie ist kein anatomisches Messer, sie ist eine Waffe. Ihr Gegenstand ist ihr *Feind*, den sie nicht widerlegen, sondern *vernichten* will. Denn der Geist jener Zustände ist widerlegt.

An und für sich sind sie keine *denkwürdigen* Objekte, sondern ebenso verächtliche als verachtete *Existenzen.* Die Kritik für sich bedarf nicht der Selbstverständigung mit diesem Gegenstand, denn sie ist mit ihm im reinen. Sie gibt sich nicht mehr als *Selbstzweck*, sondern nur noch als *Mittel.* Ihr wesentliches Pathos ist die *Indignation*, ihre wesentliche Arbeit die *Denunziation.*

Es gilt die Schilderung eines wechselseitigen dumpfen Drucks aller sozialen Sphären aufeinander, einer allgemeinen, tatlosen Verstimmung, einer sich ebensosehr anerkennenden als verkennenden Beschränktheit, eingefaßt in den Rahmen eines Regierungssystems, welches, von der Konservation aller Erbärmlichkeiten lebend, selbst nichts ist als die *Erbärmlichkeit an der Regierung.*

Welch ein Schauspiel! Die ins unendliche fortgehende Teilung der Gesellschaft in die mannigfaltigsten Rassen, welche mit kleinen Antipathien, schlechten Gewissen und brutaler Mittelmäßigkeit sich gegenüberstehn, welche eben um ihrer wechselseitigen zweideutigen und argwöhnischen Stellung willen alle ohne Unterschied, wenn auch mit verschiedenen Formalitäten, als *konzessionierte Existenzen* von ihren *Herren* behandelt werden. Und selbst dies, daß sie *beherrscht, regiert, besessen* sind, müssen sie als eine *Konzession des Himmels* anerkennen und bekennen! Andrerseits jene Herrscher selbst, deren Größe in umgekehrtem Verhältnisse zu ihrer Zahl steht!

Die Kritik, die sich mit diesem Inhalt befaßt, ist die Kritik im *Handgemenge*, und im Handgemenge handelt es sich nicht darum, ob der Gegner ein edler, ebenbürtiger, ein *interessanter* Gegner ist, es handelt sich darum, ihn zu *treffen.* Es handelt sich darum, den Deutschen keinen Augenblick der Selbsttäuschung und Resignation zu gönnen. Man muß den wirklichen Druck noch drückender machen, indem man ihm das Bewußtsein des Drucks hinzufügt, die Schmach noch schmachvoller, indem man sie publiziert. Man muß jede Sphäre der deutschen Gesellschaft als die *partie honteuse* [den *Schandfleck*] der deutschen Gesellschaft schildern, man muß diese versteinerten Verhältnisse dadurch zum Tanzen zwingen, daß man ihnen ihre eigne Melodie vorsingt! Man muß das Volk vor sich selbst *erschrecken* lehren, um ihm *Courage* zu machen. Man erfüllt damit ein unabweisbares Bedürfnis des deutschen Volks, und die Bedürfnisse der Völker sind in eigener Person die letzten Gründe ihrer Befriedigung. [...]

Die Waffe der Kritik kann allerdings die Kritik der Waffen nicht ersetzen, die materielle Gewalt muß gestürzt werden durch materielle Gewalt, allein auch die Theorie wird zur materiellen Gewalt, sobald sie die Massen ergreift. Die Theorie ist fähig, die Massen zu ergreifen, sobald sie *ad hominem [am Menschen]* demonstriert, und sie demonstriert *ad hominem*, sobald sie radikal wird. Radikal sein ist die Sache an der Wurzel fassen. Die Wurzel für den Menschen ist aber der Mensch selbst. Der evidente Beweis für den Radikalismus der deutschen Theorie, also für ihre praktische Energie, ist ihr Ausgang von der entschiedenen *positiven* Aufhebung der Religion. Die Kritik der Religion endet mit der Lehre, daß der *Mensch das höchste Wesen für den Menschen* sei, also mit dem *kategorischen Imperativ, alle Verhältnisse umzuwerfen*, in denen der Mensch ein erniedrigtes, ein geknechtetes, ein verlassenes, ein verächtliches Wesen ist, Verhältnisse, die man nicht besser schildern kann als durch den Ausruf eines Franzosen bei einer projektierten Hundesteuer: Arme Hunde! Man will euch wie Menschen behandeln!

[...] In Deutschland dagegen, wo das praktische Leben ebenso geistlos als das geistige Leben unpraktisch ist, hat keine Klasse der bürgerlichen Gesellschaft das Bedürfnis und die Fähigkeit der allgemeinen Emanzipation, bis sie nicht durch ihre *unmittelbare* Lage, durch die *materielle* Notwendigkeit, durch ihre *Ketten selbst* dazu gezwungen wird.

Wo also die *positive* Möglichkeit der deutschen Emanzipation?

Antwort: In der Bildung einer Klasse mit *radikalen Ketten*, einer Klasse der bürgerlichen Gesellschaft, welche keine Klasse der bürgerlichen Gesellschaft ist, eines Standes, welcher die Auflösung aller Stände ist, einer Sphäre, welche einen universellen Charakter durch ihre universellen Leiden besitzt und kein *besondres Recht* in Anspruch nimmt, weil kein *besondres Unrecht*, sondern das *Unrecht schlechthin* an ihr verübt wird, welche nicht mehr auf einen *historischen*, sondern nur noch auf den *menschlichen* Titel provozieren kann, welche in keinem einseitigen Gegensatz zu den Konsequenzen, sondern in einem allseitigen Gegensatz zu den Voraussetzungen des deutschen Staatswesens steht, einer Sphäre endlich, welche sich nicht emanzipieren kann, ohne sich von allen übrigen Sphären der Gesellschaft und damit alle übrigen Sphären der Gesellschaft zu emanzipieren, welche mit einem Wort der *völlige Verlust* des Menschen ist, also nur durch die *völlige Wiedergewinnung des Menschen* sich selbst gewinnen kann. Diese Auflösung der Gesellschaft als ein besonderer Stand ist das *Proletariat.*

Das Proletariat beginnt erst durch die hereinbrechende *industrielle* Bewegung für Deutschland zu werden, denn nicht die *naturwüchsig entstandne*, sondern *die künstlich produzierte* Armut, nicht die mechanisch durch die Schwere der Gesellschaft niedergedrückte, sondern die aus ihrer *akuten Auflösung*, vorzugsweise aus der Auflösung des Mittelstandes, hervorgehende Menschenmasse bildet das Proletariat, obgleich allmählich, wie sich von selbst versteht, auch die naturwüchsige Armut und die christlich-germanische Leibeigenschaft in seine Reihen treten.

Wenn das Proletariat die *Auflösung der bisherigen Weltordnung* verkündet, so spricht es nur das *Geheimnis seines eignen Daseins aus*, denn es *ist* die *faktische* Auflösung dieser Weltordnung. Wenn das Proletariat die *Negation des Privateigentums* verlangt, so erhebt es nur zum *Prinzip der Gesellschaft*, was die Gesellschaft zu *seinem* Prinzip erhoben hat, was in *ihm* als negatives Resultat der Gesellschaft schon ohne sein Zutun verkörpert ist. Der Proletarier befindet sich dann in bezug auf die werdende Welt in demselben Recht, in welchem der *deutsche König* in bezug auf die gewordene Welt sich befindet, wenn er das Volk *sein* Volk wie das Pferd *sein* Pferd nennt. Der König, indem er das Volk für sein Privateigentum erklärt, spricht es nur aus, daß der Privateigentümer König ist.

Wie die Philosophie im Proletariat ihre *materiellen*, so findet das Proletariat in der Philosophie seine *geistigen* Waffen, und sobald der Blitz des Gedankens gründlich in diesen naiven Volksboden eingeschlagen ist, wird sich die Emanzipation der *Deutschen* zu *Menschen* vollziehn.

Resümieren wir das Resultat:

Die einzig *praktisch* mögliche Befreiung Deutschlands ist die Befreiung auf dem Standpunkt *der* Theorie, welche den Menschen für das höchste Wesen des Menschen erklärt. In Deutschland ist die Emanzipation von dem *Mittelalter* nur möglich als die Emanzipation zugleich von den *teilweisen* Überwindungen des Mittelalters. In Deutschland kann *keine* Art der Knechtschaft gebrochen werden, ohne *jede* Art der Knechtschaft zu brechen. Das *gründliche* Deutschland kann nicht revolutionieren, ohne *von Grund aus* zu revolutionieren. Die *Emanzipation des Deutschen* ist die *Emanzipation des Menschen*. Der *Kopf* dieser Emanzipation ist die

Philosophie, ihr *Herz* das *Proletariat.* Die Philosophie kann sich nicht verwirklichen ohne die Aufhebung des Proletariats, das Proletariat kann sich nicht aufheben ohne die Verwirklichung der Philosophie.

Marx, 1843/1844

Das Geld ist der Kuppler zwischen dem Bedürfnis und dem Gegenstand

Das *Geld*, indem es die *Eigenschaft* besitzt, alles zu kaufen, indem es die Eigenschaft besitzt, alle Gegenstände sich anzueignen, ist also der *Gegenstand* im eminenten Sinn. Die Universalität seiner *Eigenschaft* ist die Allmacht seines Wesens; es gilt daher als allmächtiges Wesen ... Das Geld ist der *Kuppler* zwischen dem Bedürfnis und dem Gegenstand, zwischen dem Leben und dem Lebensmittel des Menschen. *Was* mir aber *mein* Leben vermittelt, das *vermittelt mir* auch das Dasein der andren Menschen für mich. Das ist für mich der *andre* Mensch. –

»Was Henker! Freilich Händ' und Füße
Und Kopf und Hintre, die sind dein!
Doch alles, was ich frisch genieße,
Ist das drum weniger mein?
Wenn ich sechs Hengste zahlen kann
Sind ihre Kräfte nicht die meine?
Ich renne zu und bin ein rechter Mann
Als hätt' ich vierundzwanzig Beine.«

Goethe, »Faust« (Mephisto)*

Shakespeare im »*Timon* von Athen«:

»Gold? Kostbar flimmernd, rotes Gold? Nein, Götter!
Nicht eitel fleht' ich.
So viel hievon macht schwarz weiß, häßlich schön;
Schlecht gut, alt jung, feig tapfer, niedrig edel.
Dies lockt ... den Priester vom Altar;
Reißt Halbgenesnen weg das Schlummerkissen:
Ja, dieser rote Sklave löst und bindet
Geweihte Bande; segnet den Verfluchten;
Er macht den Aussatz lieblich, ehrt den Dieb
Und gibt ihm Rang, gebeugtes Knie und Einfluß
Im Rat der Senatoren; dieser führt
Der überjähr'gen Witwe Freier zu;
Sie, von Spital und Wunden giftig eiternd,
Mit Ekel fortgeschickt, verjüngt balsamisch
Zu Maienjugend dies. Verdammt Metall,
Gemeine Hure du der Menschen, die
Die Völker tört.«

Und weiter unten:

»Du süßer Königsmörder, edle Scheidung
Des Sohns und Vaters! glänzender Besudler
Von Hymens reinstem Lager! tapfrer Mars!
Du ewig blüh'nder, zartgeliebter Freier,
Des roter Schein den heil'gen Schnee zerschmelzt
Auf Dianas reinem Schoß! *sichtbare Gottheit*,
Die du *Unmöglichkeiten* eng verbrüderst,
Zum Kuß sie zwingst! du sprichst in jeder Sprache,
Zu jedem Zweck! o du, der Herzen Prüfstein!
Denk, es empört dein Sklave sich, der Mensch!
Vernichte deine Kraft sie all verwirrend,
Daß Tieren wird die Herrschaft dieser Welt!« *

Shakespeare schildert das Wesen des *Geldes* trefflich. Um ihn zu verstehn, beginnen wir zunächst mit der Auslegung der goethischen Stelle.

Was durch das *Geld* für mich ist, was ich zahlen, d. h., was das Geld kaufen kann, das *bin ich*, der Besitzer des Geldes selbst. So groß die Kraft des Geldes, so groß ist meine Kraft. Die Eigenschaften des Geldes sind meine – seines Besitzers – Eigenschaften und Wesenskräfte. Das, was ich *bin* und *vermag*, ist also keineswegs durch meine Individualität bestimmt. Ich *bin* häßlich, aber ich kann mir die *schönste* Frau kaufen. Also bin ich nicht *häßlich*, denn die Wirkung der *Häßlichkeit*, ihre abschreckende Kraft ist durch das Geld vernichtet. Ich – meiner Individualität nach – bin *lahm*, aber das Geld verschafft mir 24 Füße; ich bin also nicht lahm; ich bin ein schlechter, unehrlicher, gewissenloser, geistloser Mensch, aber das Geld ist geehrt, also auch sein Besitzer. Das Geld ist das höchste Gut, also ist sein Besitzer gut, das Geld überhebt mich überdem der Mühe, unehrlich zu sein; ich werde also als ehrlich präsumiert; ich bin *geistlos*, aber das Geld ist der *wirkliche Geist* aller Dinge, wie sollte sein Besitzer geistlos sein? Zudem kann er sich die geistreichen Leute kaufen, und wer die Macht über die Geistreichen hat, ist der nicht geistreicher als der Geistreiche? Ich, der durch das Geld *alles*, wonach ein menschliches Herz sich sehnt, vermag, besitze ich nicht alle menschlichen Vermögen? Verwandelt also mein Geld nicht alle meine Unvermögen in ihr Gegenteil?

Wenn das *Geld* das Band ist, das mich an das *menschliche* Leben, das mir die Gesellschaft, das mich mit der Natur und den Menschen verbindet, ist das Geld nicht das Band aller *Bande*? Kann es nicht alle Bande lösen und binden? Ist es darum nicht auch das allgemeine *Scheidungsmittel*? Es ist die wahre *Scheide-*

münze, wie das wahre *Bindungsmittel*, die [...] *chemische* Kraft der Gesellschaft. [...]

Als diese *verkehrende* Macht erscheint es dann auch gegen das Individuum und gegen die gesellschaftlichen etc. Bande, die für sich *Wesen* zu sein behaupten. Es verwandelt die Treue in Untreue, die Liebe in Haß, den Haß in Liebe, die Tugend in Laster, das Laster in Tugend, den Knecht in den Herrn, den Herrn in den Knecht, den Blödsinn in Verstand, den Verstand in Blödsinn.

Da das Geld als der existierende und sich betätigende Begriff des Wertes alle Dinge verwechselt, vertauscht, so ist es die allgemeine *Verwechslung* und *Vertauschung* aller Dinge, also die verkehrte Welt, die Verwechslung und Vertauschung aller natürlichen und menschlichen Qualitäten.

Wer die Tapferkeit kaufen kann, der ist tapfer, wenn er auch feig ist. Da das Geld nicht gegen eine bestimmte Qualität, gegen ein bestimmtes Ding, menschliche Wesenskräfte, sondern gegen die ganze menschliche und natürliche gegenständliche Welt sich austauscht, so tauscht es also – vom Standpunkt seines Besitzers angesehn – jede Eigenschaft gegen jede – auch ihr widersprechende Eigenschaft und Gegenstand – aus; es ist die Verbrüderung der Unmöglichkeiten, es zwingt das sich Widersprechende zum Kuß.

Setze den *Menschen* als *Menschen* und sein Verhältnis zur Welt als ein menschliches voraus, so kannst du Liebe nur gegen Liebe austauschen, Vertrauen nur gegen Vertrauen etc. Wenn du die Kunst genießen willst, mußt du ein künstlerisch gebildeter Mensch sein; wenn du Einfluß auf andre Menschen ausüben willst, mußt du ein wirklich anregend und fördernd auf andere Menschen wirkender Mensch sein. Jedes deiner Verhältnisse zum Menschen – und zu der Natur – muß eine *bestimmte*, dem Gegenstand deines Willens entsprechende *Äußrung* deines *wirklichen individuellen* Lebens sein. Wenn du liebst, ohne Gegenliebe hervorzurufen, d. h., wenn dein Lieben als Lieben nicht die Gegenliebe produziert, wenn du durch deine *Lebensäußrung* als liebender Mensch dich nicht zum *geliebten Menschen* machst, so ist deine Liebe ohnmächtig, ein Unglück.

Marx, 1844

Kein Arbeiter in England hat mich je als Ausländer behandelt

Arbeiter!

Euch widme ich ein Werk, in dem ich den Versuch gemacht habe, meinen deutschen Landsleuten ein treues Bild eurer Lebensbedingungen, eurer Leiden und Kämpfe, eurer Hoffnungen und Perspektiven zu zeichnen. Ich habe lange genug unter euch gelebt, um einiges von euren Lebensumständen zu wissen; ich habe ihrer Kenntnis meine ernsteste Aufmerksamkeit gewidmet; ich habe die verschiedenen offiziellen und nichtoffiziellen Dokumente studiert, soweit ich die Möglichkeit hatte, sie mir zu beschaffen — ich habe mich damit nicht begnügt, mir war es um mehr zu tun als um die nur *abstrakte* Kenntnis meines Gegenstandes, ich wollte euch in euren Behausungen sehen, euch in eurem täglichen Leben beobachten, mit euch plaudern über eure Lebensbedingungen und Schmerzen, Zeuge sein eurer Kämpfe gegen die soziale und politische Macht eurer Unterdrücker. Ich verfuhr dabei so: Ich verzichtete auf die Gesellschaft und die Bankette, den Portwein und den Champagner der Mittelklasse und widmete meine Freistunden fast ausschließlich dem

Verkehr mit einfachen *Arbeitern*; ich bin froh und stolz zugleich, so gehandelt zu haben. Froh, weil ich mir auf diese Weise manche frohe Stunde verschaffte, während ich gleichzeitig euer wirkliches Leben kennenlernte — manche Stunde, die sonst vertan worden wäre in konventionellem Geschwätz und langweiliger Etikette; stolz, weil mir dies Gelegenheit gab, einer unterdrückten und verleumdeten Klasse Gerechtigkeit widerfahren zu lassen, der bei allen ihren Fehlern und unter allen Nachteilen ihrer Lage höchstens eine englische Krämerseele die Achtung versagen wird; stolz auch, weil ich auf diese Weise in die Lage versetzt wurde, das englische Volk zu bewahren vor der wachsenden Verachtung, die auf dem Festland die unvermeidliche Konsequenz der brutal-eigennützigen Politik und überhaupt des Auftretens eurer herrschenden Mittelklasse gewesen ist.

Dank meiner gleichzeitigen umfassenden Gelegenheit zur Beobachtung der Mittelklasse, eures Gegners, bin ich sehr schnell zu dem Schluß gelangt, daß ihr im Recht, völlig im Recht seid, wenn ihr von ihnen keinerlei Hilfe erwartet. Ihre Interessen sind den euren diametral entgegengesetzt, obgleich sie immer versuchen werden, das Gegenteil zu behaupten und in euch den Glauben zu wecken an ihr herzlichstes Mitgefühl mit eurem Schicksal. Ihre Taten strafen sie Lügen. Ich hoffe mehr als genügendes Beweismaterial dafür erbracht zu haben, daß die Mittelklasse — was immer sie zu sagen beliebt — in Wirklichkeit kein anderes Ziel kennt, als sich durch eure Arbeit zu bereichern, solange sie deren Produkt verkaufen kann, und euch dem Hungertod zu überlassen, sobald sie aus diesem indirekten Handel mit Menschenfleisch keinen Profit schlagen kann. Was haben sie getan, um ihre vorgeblichen guten Absichten euch gegenüber zu beweisen? Haben sie euren Leiden jemals irgendwie ernste Beachtung geschenkt? Haben

2 *Hütten- und Walzwerkarbeiter*

sie mehr getan, als die Kosten zu bewilligen für ein halbes Dutzend Untersuchungskommissionen, deren umfangreiche Berichte verurteilt sind, ewig unter Haufen von Makulatur auf den Regalen des Home Office [Ministeriums des Innern] zu schlummern? Haben sie sich je dazu aufgeschwungen, aus ihren modernen Blaubüchern* auch nur ein einziges lesbares Buch zusammenzustellen, das jedem die Möglichkeit geben würde, sich ohne Mühe einiges Material über die Lebenslage der großen Mehrheit der »freigebornen Briten« zu machen? Natürlich nicht, das sind Dinge, über die sie nicht zu sprechen lieben – sie überließen es einem Ausländer, der zivilisierten Welt über die entwürdigende Lage zu berichten, in der ihr zu leben gezwungen seid.

Ein Ausländer für *sie*, ich hoffe, nicht für *euch*. Mag auch mein Englisch nicht rein sein, so werdet ihr doch hoffentlich finden, daß es *deutliches* Englisch ist. Kein Arbeiter in England – nebenbei gesagt, auch in Frankreich nicht – hat mich je als Ausländer behandelt. Mit dem größten Vergnügen sah ich euer Freisein von dem verderblichen Fluch der nationalen Beschränktheit und der nationalen Überheblichkeit, die schließlich nichts ist als *Egoismus im großen* –, ich beobachtete eure Sympathie mit jedem, der seine Kräfte ehrlich dem menschlichen Fortschritt widmet, ob er ein Engländer oder nicht –, eure Bewunderung für alles Edle und Gute, ob auf eurem Heimatboden erwachsen oder nicht –, ich fand, daß ihr mehr seid als nur *Engländer*, Angehörige einer einzelnen, isolierten Nation; ich fand, daß ihr *Menschen* seid, Angehörige der großen und internationalen Familie der *Menschheit*, die erkannt haben, daß ihre Interessen und die der ganzen menschlichen Rasse die gleichen sind, und als solche, als Glieder dieser Familie der *»einen und unteilbaren« Menschheit*, als *menschliche Wesen* in der nachdrücklichsten Bedeutung des Wortes, als solche begrüßen ich und viele an-

dere auf dem Festland eure Fortschritte in jeder Richtung und wünschen euch schnellen Erfolg. Vorwärts denn auf dem beschrittenen Wege. Vieles steht euch noch bevor; seid standhaft, laßt euch nicht entmutigen – euer Erfolg ist gewiß, und jeder einzelne Schritt vorwärts auf dem Wege, den ihr zu gehen habt, wird unserer gemeinsamen Sache dienen, der Sache der *Menschheit*!

Barmen (Rheinpreußen), 15. März 1845

Friedrich Engels

Eine soziale Revolution ist der offene Krieg der Armen gegen die Reichen

Meine Herren!

Bei unserer letzten Zusammenkunft* ist mir vorgeworfen worden, daß ich meine Beispiele und Belege fast nur aus fremden Ländern, namentlich aus England, genommen habe. Man hat gesagt, Frankreich und England gehe uns nichts an, wir lebten in Deutschland, und es sei unsere Sache, die Notwendigkeit und Vortrefflichkeit des Kommunismus für Deutschland zu beweisen. Man hat zugleich uns vorgeworfen, die historische Notwendigkeit des Kommunismus überhaupt keineswegs genügend dargetan zu haben. Dies ist ganz richtig und war auch nicht anders möglich. Eine historische Notwendigkeit läßt sich nicht in so kurzer Zeit beweisen wie die Kongruenz zweier Dreiecke, sie kann nur durch Studium und Eingehen auf weitläufige Voraussetzungen bewiesen werden. Ich will indes heute das meinige tun, um diese beiden Vorwürfe zu beseitigen, ich werde zu beweisen suchen, daß der Kommunismus für *Deutsch-*

land – wenn keine historische, doch eine *ökonomische Notwendigkeit* ist.

Betrachten wir zuerst die gegenwärtige soziale Lage Deutschlands. Daß viel Armut unter uns existiert, ist bekannt. Schlesien und Böhmen haben selbst gesprochen. Von der Armut der Mosel- und Eifelgegenden wußte die »Rheinische Zeitung« viel zu erzählen. Im Erzgebirge herrscht seit undenklicher Zeit fortwährendes großes Elend. Nicht besser sieht es in der Senne und den westfälischen Leinendistrikten aus. Von allen Gegenden Deutschlands her wird geklagt, und es ist auch nicht anders zu erwarten. Unser Proletariat ist zahlreich und muß es sein, wie wir bei der oberflächlichsten Betrachtung unserer sozialen Lage einsehen müssen. Daß in den *Industriebezirken* ein zahlreiches Proletariat sein muß, liegt in der Natur der Sache. Die Industrie kann nicht ohne eine große Anzahl von Arbeitern existieren, die ihr gänzlich zu Gebote stehen, nur für sie arbeiten und auf jeden anderen Erwerb verzichten, die industrielle Beschäftigung macht bei dem Bestehen der Konkurrenz jede andere Beschäftigung unmöglich. Daher finden wir in allen Industriedistrikten ein Proletariat, das zu zahlreich, zu augenscheinlich ist, als daß es geleugnet werden könnte. – In den *Ackerbaudistrikten* dagegen soll kein Proletariat existieren, wie von vielen Seiten her behauptet wird. Aber wie ist dies möglich? In den Gegenden, wo großer Grundbesitz vorherrscht, ist ein solches Proletariat notwendig, die großen Wirtschaften haben Knechte und Mägde nötig, können nicht ohne Proletarier existieren. In den Gegenden, wo der Grundbesitz parzelliert ist, läßt sich das Aufkommen einer besitzlosen Klasse ebenfalls nicht vermeiden; man teilt die Güter bis zu einem gewissen Grade, und dann hört das Teilen auf; und da dann nur einer aus der Familie das Gut übernehmen kann, so müssen die anderen wohl Proletarier, besitzlose Arbeiter werden. Dabei geht das Teilen denn gewöhnlich solange voran, bis das Gut zu klein ist, um eine Familie ernähren zu können, und es bildet sich eine Klasse von Leuten, die, wie die kleine Mittelklasse der Städte, einen Übergang aus der besitzenden in die besitzlose Klasse bildet, durch ihren Besitz von anderer Beschäftigung zurückgehalten und doch nicht befähigt ist, von ihm zu leben. Auch unter dieser Klasse herrscht großes Elend.

Daß dieses Proletariat an Zahl stets zunehmen muß, dafür bürgt uns die zunehmende Verarmung der Mittelklassen, von der ich heute vor acht Tagen ausführlich sprach, und die Tendenz des Kapitals, sich in wenigen Händen zu konzentrieren. Ich brauche heute wohl auf diese Punkte nicht zurückzukommen und bemerke nur, daß diese Ursachen, welche das Proletariat fortwährend erzeugen und vermehren, dieselben bleiben und dieselben Folgen haben werden, solange die Konkurrenz besteht. Unter allen Umständen muß das Proletariat nicht nur fortexistieren, sondern auch sich fortwährend ausdehnen, eine immer drohendere Macht in unserer Gesellschaft werden, solange wir fortfahren, jeder auf seine eigne Faust und im Gegensatz zu allen anderen zu produzieren. Das Proletariat wird aber einmal eine Stufe der Macht und Einsicht erreichen, bei der es sich den Druck des ganzen sozialen Gebäudes, das fortwährend auf seinen Schultern ruht, nicht mehr wird gefallen lassen, wo es eine gleichmäßigere Verteilung der sozialen Lasten und Rechte verlangen wird; und dann wird — wenn sich die menschliche Natur bis dahin nicht ändert — eine soziale Revolution nicht zu vermeiden sein. [...]

Sie sehen also, m[eine] H[erren], auch im einzelnen das bestätigt, was ich im Anfange allgemein, von der Konkurrenz überhaupt ausgehend, entwickelte —, nämlich, daß die unvermeidliche Folge unserer bestehenden sozialen Verhältnisse unter allen Bedingungen und in allen Fällen eine *soziale Revolution* sein wird. Mit derselben Sicherheit, mit der wir aus gegebenen mathematischen Grundsätzen einen neuen Satz entwickeln können, mit derselben Sicherheit können wir aus den bestehenden ökonomischen Verhältnissen und den Prinzipien der Nationalökonomie auf eine bevorstehende soziale Revolution schließen. Sehen wir uns indes diese Umwälzung einmal etwas näher an; in welcher Gestalt wird sie auftreten, was werden ihre Resultate sein, worin wird sie sich von den bisherigen gewaltsamen Umwälzungen unterscheiden? Eine soziale Revolution, m[eine] H[erren], ist ganz etwas anderes als die bisherigen politischen Revolutionen; sie geht nicht, wie diese, gegen das Eigentum des Monopols, sondern gegen das Monopol des Eigentums; eine soziale Revolution, m[eine] H[erren], das ist *der offene Krieg der Armen gegen die Reichen.* Und solch ein Kampf, in dem alle die Triebfedern und Ursachen unverhohlen und offen zu ihrer Wirkung kommen, die in den bisherigen historischen Konflikten dunkel und versteckt zum Grunde lagen, solch ein Kampf droht allerdings heftiger und blutiger werden zu wollen als alle seine Vorgänger. Das Resultat dieses Kampfes kann ein zweifaches sein. Entweder greift die sich empörende Partei nur die Erscheinung, nicht das Wesen, nur die Form, nicht die Sache selbst an, oder sie geht auf die Sache selbst ein und faßt das Übel bei der Wurzel selbst an. Im ersten Falle wird man das Privateigentum bestehen lassen und nur anders verteilen, so daß die Ursachen bestehen bleiben, welche den jetzigen Zustand herbeigeführt haben und über kurz oder lang wieder einen ähnlichen Zustand und eine neue Revolution herbeiführen müssen. Aber, m[eine] H[erren], ist dies möglich? Wo finden wir eine Revolution, die das nicht wirklich durchgesetzt hätte, wovon sie ausging? Die englische Revolution setzte sowohl die religiösen wie die politischen Grundsätze durch, deren Bekämpfung von seiten Karls I. sie hervorrief; die französische Bourgeoisie hat in ihrem Kampfe mit dem Adel und der alten Monarchie alles erobert, was sie wünschte, alle die Mißbräuche abgestellt, die sie zum Aufstande trieben. Und der Aufstand der Armen sollte eher ruhen, bis er die Armut und ihre Ursachen abgeschafft hätte? Es ist nicht möglich, m[eine] H[erren], es würde gegen alle geschichtliche Erfahrung streiten, so etwas anzunehmen. Auch der Bildungsstand der Arbeiter, besonders in England und Frankreich, erlaubt uns nicht, dies für möglich zu halten. Es bleibt also nichts übrig als die andere Alternative, nämlich, daß die zukünftige soziale Revolution auch auf die wirklichen Ursachen der Not und Armut, der Unwissenheit und des Verbrechens eingehen, daß sie also eine wirkliche soziale Reform durchsetzen werde. Und dies kann nur durch die Proklamation des kommunistischen Prinzips geschehen. Betrachten Sie nur, m[eine] H[erren], die Gedanken, welche den Arbeiter in den Ländern, wo auch der Arbeiter denkt, bewegen; sehen Sie in Frankreich die verschiedenen Fraktionen der Arbeiterbewegung, ob sie nicht *alle* kommunistisch sind; gehen Sie nach England und hören Sie, was für Vorschläge den Arbeitern zur Verbesserung ihrer Lage gemacht werden — ob sie nicht *alle* auf dem Prinzip des gemeinschaftlichen Eigentums beruhen; studieren Sie die verschiedenen Systeme der sozialen Reform, wie viele von ihnen Sie finden werden, die nicht kommunistisch sind? Von allen Systemen, die heutzutage noch von Bedeutung sind, ist das einzige nicht kommunistische das von Fourier, der seine Aufmerksamkeit mehr auf die soziale Organisation der menschlichen Tätigkeit als auf die Verteilung ihrer Erzeugnisse richtete. Alle diese Tatsachen rechtfertigen den Schluß, daß eine zukünftige soziale Revolution mit der Durchführung des kommunistischen Prinzips endigen werde, und lassen kaum eine andere Möglichkeit zu.

Sind diese Folgerungen richtig, m[eine] H[erren], ist die soziale Revolution und der praktische Kommunismus das notwendige Resultat unserer bestehenden Verhältnisse –, so werden wir uns vor allen Dingen mit den Maßregeln zu beschäftigen haben, wodurch wir einer gewaltsamen und blutigen Umwälzung der sozialen Zustände vorbeugen können. Und da gibt es nur *ein* Mittel, nämlich die friedliche Einführung oder wenigstens Vorbereitung des Kommunismus. Wollen wir also nicht die *blutige* Lösung des sozialen Problems, wollen wir nicht den täglich größer werdenden Widerspruch zwischen der Bildung und der Lebenslage unserer Proletarier sich bis zu der Spitze steigern lassen, wo nach allen unseren Erfahrungen über die menschliche Natur die brutale Gewalt, die Verzweiflung und Rachgier diesen Widerspruch lösen wird, dann, m[eine] H[erren], müssen wir uns ernstlich und unbefangen mit der sozialen Frage beschäftigen; dann müssen wir es uns angelegen sein lassen, das unsrige zur Vermenschlichung der Lage der modernen Heloten beizutragen. Und wenn vielleicht manchem von Ihnen es scheinen möchte, als ob die Hebung der bis jetzt erniedrigten Klassen nicht ohne eine Erniedrigung seiner eigenen Lebenslage geschehen könnte, so ist doch zu bedenken, daß es sich darum handelt, eine solche Lebenslage für *alle Menschen* zu schaffen, daß ein jeder seine menschliche Natur frei entwickeln, mit seinen Nächsten in einem menschlichen Verhältnisse leben kann und vor keinen gewaltsamen Erschütterungen seiner Lebenslage sich zu fürchten braucht; so ist zu bedenken, daß dasjenige, was einzelne aufopfern sollen, nicht ihr wahrhaft menschlicher Lebensgenuß, sondern nur der durch unsere schlechten Zustände erzeugte Schein des Lebensgenusses ist, etwas, was wider die eigne Vernunft und das eigne Herz derer geht, die sich jetzt dieser scheinbaren Vorzüge erfreuen. Das wahrhaft menschliche Leben mit allen seinen Bedingungen und Bedürfnissen wollen wir so wenig zerstören, daß wir es im Gegenteil erst recht herzustellen wünschen. Und wenn Sie, auch abgesehen davon, nur einmal recht bedenken wollen, auf was unser jetziger Zustand in seinen Folgen hinauslaufen muß, in welches Labyrinth von Widersprüchen und Unordnungen er uns führt –, dann, m[eine] H[erren], werden Sie es gewiß der Mühe wert finden, die soziale Frage ernsthaft und gründlich zu studieren. Und wenn ich Sie dazu veranlassen kann, so ist der Zweck meines Vortrags vollständig erreicht.

Engels, 1845

Die Deutschen tun am besten, sich mit den Leistungen des Auslandes bekannt zu machen

Die Deutschen fangen nachgerade an, auch die kommunistische Bewegung zu verderben. Wie immer, auch hier die Letzten und Untätigsten, glauben sie ihre Schläfrigkeit durch Verachtung ihrer Vorgänger und philosophische Renommage [Prahlerei] verdecken zu können. Kaum existiert der Kommunismus in Deutschland, so wird er von einem ganzen Heere spekulativer Köpfe akkapariert [errafft], die wunders meinen, was sie getan hätten, wenn sie Sätze, die in Frankreich und England schon zu Trivialitäten geworden, in die Sprache der Hegelschen Logik übertragen und diese neue Weisheit als etwas noch nie Dagewesenes, als die »wahre deutsche Theorie«, in die Welt schicken, um dann recht nach Herzenslust auf die »schlechte Praxis«, auf die »Lächeln erregenden« sozialen Systeme der bornierten Franzosen und Engländer Kot werfen zu können. Diese allzeit fertige deutsche Theorie, die das unendliche

Glück gehabt hat, ein wenig in die Hegelsche Geschichtsphilosophie hineinriechen zu können und von irgendeinem dürren Berliner Professor in den Schematismus der ewigen Kategorien eingereiht zu werden, die dann vielleicht Feuerbach, einige deutsche kommunistische Schriften und Herrn Stein über französischen Sozialismus* durchgeblättert hat –, diese deutsche Theorie von der allerschlechtesten Sorte hat sich bereits ohne alle Schwierigkeit den französischen Sozialismus und Kommunismus nach Herrn Stein zurechtkonstruiert, ihm eine untergeordnete Stelle angewiesen, ihn *»überwunden«*, ihn in die »höhere Entwicklungsstufe« der allzeit fertigen »deutschen Theorie« *»aufgehoben«*. Es fällt ihr natürlich nicht ein, sich einigermaßen mit den aufzuhebenden Sachen selbst bekannt zu machen, Fourier, Saint-Simon, Owen und die französischen Kommunisten anzusehen – die mageren Auszüge des Herrn Stein genügen vollkommen, um diesen brillanten Sieg der deutschen Theorie über die lahmen Versuche des Auslandes zustande zu bringen.

Diesem komischen Stolz der deutschen Theorie, die nicht sterben kann, gegenüber ist es durchaus nötig, den Deutschen einmal vorzuhalten, was sie dem Auslande alles verdanken, seitdem sie sich mit sozialen Fragen beschäftigen. Unter all den pomphaften Redensarten, die jetzt in der deutschen Literatur als die Grundprinzipien des wahren, reinen, deutschen, theoretischen Kommunismus und Sozialismus ausgerufen werden, ist bis jetzt auch nicht ein einziger Gedanke, der auf deutschem Boden gewachsen wäre. Was die Franzosen oder Engländer schon vor zehn, zwanzig, ja vierzig Jahren gesagt – und sehr gut, sehr klar, in sehr schöner Sprache gesagt hatten, das haben die Deutschen jetzt endlich seit einem Jahre stückweise kennengelernt und verhegelt, oder im allerbesten Falle haben sie es nachträglich noch einmal erfunden und in viel schlechterer, abstrakterer Form als ganz neue Erfindung drucken lassen. Ich nehme hiervon meine eigenen Arbeiten nicht aus. Was den Deutschen eigentümlich ist, ist nur die schlechte, abstrakte, unverständliche und schiefe Form, in der sie diese Gedanken ausgedrückt haben. Und wie es echten Theoretikern geziemt, haben sie bis jetzt von den Franzosen – die Engländer kennen sie noch fast gar nicht – außer den *allerallgemeinsten* Prinzipien nur das Schlechteste und Theoretischste, die Schematisierung der zukünftigen Gesellschaft, die *sozialen Systeme* ihrer Kenntnisnahme für würdig befunden. Die beste Seite, die *Kritik der bestehenden Gesellschaft*, die wirkliche Grundlage, die Hauptaufgabe aller Beschäftigung mit sozialen Fragen, hat man ruhig beiseite geschoben. Davon gar nicht zu sprechen, daß diese weisen Theoretiker den einzigen Deutschen, der *wirklich* etwas getan hat, *Weitling*, ebenfalls mit Verachtung oder gar nicht zu erwähnen pflegen. [...]

Die gelehrten Herren Deutschen, die so eifrig auf dem »wilden Lebermeer« der grundlosen Theorie umhersegeln und vor allem nach *»dem Prinzip«* des »Sozialismus« fischen, mögen sich an dem commis marchand [Kaufmannsgehilfen] Fourier ein Exempel nehmen. Fourier war kein Philosoph, er hatte einen großen Haß gegen die Philosophie und hat sie in seinen Schriften grausam verhöhnt und bei dieser Gelegenheit eine Menge Sachen gesagt, die unsere deutschen »Philosophen des Sozialismus« wohltäten, sich zu Herzen zu nehmen. Sie werden mir freilich entgegnen, daß Fourier ebenfalls »abstrakt« war, daß er mit seinen Serien Gott und die Welt trotz Hegel konstruierte, aber das rettet sie nicht. Die immer noch genialen Bizarrerien Fouriers entschuldigen nicht die ledernen sogenannten Entwicklungen der trockenen deutschen Theorie. Fourier konstruiert sich die Zukunft, nachdem er die Vergangenheit und Gegenwart richtig erkannt hat; die deutsche Theorie macht sich erst die vergangene Geschichte nach ihrem Belieben zurecht und kommandiert dann ebenfalls der Zukunft, welche Richtung sie nehmen soll. Man vergleiche z.B. Fouriers Epochen der sozialen Entwickelung (Wildheit, Patriarchat, Barbarei, Zivilisation) und ihre Charakterisierung mit der Hegelschen absoluten Idee, wie sie sich mühsam durch das Labyrinth der Geschichte durcharbeitet und trotz der *vier* Weltreiche am Ende doch noch mit Ach und Krach den Schein einer Trichotomie [Dreiteilung] zustande bringt – von nachhegelschen Konstruktionen gar nicht zu sprechen. Denn wenn bei Hegel die Konstruktion doch noch einen Sinn, wenn auch einen verkehrten, hatte, so hat sie bei den nachhegelschen Entwickelungsfabrikanten gar keinen mehr.

Die Deutschen sollten wahrhaftig endlich aufhören, von ihrer Gründlichkeit so viel Wesens zu machen. Mit drittehalb mageren Daten sind sie imstande, Euch das Hundertste und Tausendste nicht nur zusammen, sondern auch in seinen Zusammenhang mit der Weltgeschichte zu bringen. Von der ersten besten Tatsache, die ihnen aus dritter Hand zukommt, von der sie gar nicht einmal wissen, ob sie sich so und nicht anders zugetragen hat, beweisen sie Euch, *daß* sie sich so und nicht anders habe zutragen *müssen*. Wer hat in Deutschland über soziale Fragen geschrieben und nicht auch über Fourier irgend etwas gesagt, wodurch die deutsche Gründlichkeit aufs gründlichste blamiert wird! Da ist unter andern ein Herr Kaiser, der das »vortreffliche Werk von L. Stein« sogleich zu einer welthistorischen Konstruktion benutzt hat, bei der es nur schade ist, daß sämtliche zugrunde gelegten Tatsachen falsch sind. Fourier hat von der deutschen Theorie schon wenigstens zwanzigmal seine »Stelle in der Entwickelung der absoluten Idee« angewiesen erhalten – und jedesmal eine andere Stelle –, und jedesmal verließ sich die deutsche

Theorie in Beziehung auf den Tatbestand auf Herrn Stein oder sonstige unsaubere Quellen. Daher ist denn auch der deutsche »absolute Sozialismus« so erschrecklich pauvre [dürftig]. Etwas »Menschentum«, wie man das Dings neuerlich tituliert, etwas »Realisierung« dieses Menschentums oder vielmehr Ungetüms, etwas Weniges über das Eigentum aus Proudhon — dritte oder vierte Hand —, etwas Proletariatsjammer, Organisation der Arbeit, die Vereinsmisere zur Hebung der niederen Volksklassen, nebst einer grenzenlosen Unwissenheit über die politische Ökonomie und die wirkliche Gesellschaft — das ist die ganze Geschichte, die noch dazu durch die theoretische Unparteilichkeit, die »absolute Ruhe des Gedankens«, den letzten Tropfen Blut, die letzte Spur von Energie und Spannkraft verliert. Und mit dieser Langeweile will man Deutschland revolutionieren, das Proletariat in Bewegung setzen, die Massen denken und handeln machen?

Wenn sich unsere deutschen halb und ganz kommunistischen Dozenten nur die Mühe gegeben hätten, die Hauptsachen von Fourier, die sie doch so leicht haben konnten wie irgendein deutsches Buch, etwas anzusehen, welch eine Fundgrube von Material zum Konstruieren und sonstigen Gebrauch würden sie da entdeckt haben! Welche Masse von neuen Ideen — auch heute noch neu für Deutschland — hätte sich ihnen da dargeboten! Die guten Leute wissen bis auf die heutige Stunde der jetzigen Gesellschaft gar nichts vorzuwerfen als die Lage des Proletariats, und auch davon wissen sie nicht über die Maßen viel zu sagen. Allerdings ist die Lage des Proletariats der Hauptpunkt, aber ist damit die Kritik der heutigen Gesellschaft abgemacht? Fourier, der außer in späteren Schriften diesen Punkt kaum berührt, liefert den Beweis, wie man auch ohne ihn die bestehende Gesellschaft als durchaus verwerflich anerkennen, wie man allein durch die Kritik der Bourgeoisie, und zwar der Bourgeoisie in ihren inneren Beziehungen, abgesehen von ihrer Stellung zum Proletariat, zur Notwendigkeit einer sozialen Reorganisation kommen kann. Für diese Seite der Kritik ist Fourier bis jetzt einzig. Fourier deckt die Heuchelei der respektablen Gesellschaft, den Widerspruch zwischen ihrer Theorie und ihrer Praxis, die Langeweile ihrer ganzen Existenzweise unerbittlich auf; er verspottet ihre Philosophie, ihr Streben nach der perfection de la perfectibilité perfectibilisante [Vervollkommnung der vervollkommnenden Fähigkeit zur Vervollkommnung] und der auguste vérité [erhabenen Wahrheit], ihre »reine Moral«, ihre einförmigen sozialen Institutionen und hält dagegen ihre Praxis, den doux commerce [süßen Handel], den er meisterhaft kritisiert, ihre liederlichen Genüsse, die keine Genüsse sind, ihre Organisation der Hahnreischaft in der Ehe, ihre allgemeine Konfusion. Alles das sind Seiten der bestehenden Gesellschaft, von denen in Deutschland noch gar nicht die Rede gewesen ist. Freilich, man hat hier und da von der Freiheit der Liebe, von der Stellung, der Emanzipation des Weibes gesprochen; aber was hat man zustande gebracht? Ein paar konfuse Phrasen, einige Blaustrümpfe, etwas Hysterie und ein gut Teil deutschen Familienjammer – nicht einmal ein Bastard ist dabei herausgekommen!

Die Deutschen mögen zuerst einmal die praktische wie literarische soziale Bewegung des Auslandes kennenlernen – zu der praktischen Bewegung gehört die ganze englische und französische Geschichte seit achtzig Jahren, die Industrie Englands, die Revolution Frankreichs –, dann mögen sie praktisch und literarisch ebensoviel tun wie ihre Nachbarn, und *erst dann* wird es an der Zeit sein, dergleichen müßige Fragen aufzustellen, wie die über das größere oder geringere Verdienst der verschiedenen Nationen. Aber dann findet man kein Publikum mehr für diese spitzfindigen Disquisitionen [beurteilenden Untersuchungen].

Bis dahin tun die Deutschen am besten, vor allen Dingen sich mit den Leistungen des Auslandes bekannt zu machen.

Engels, 1845

Beck besingt die feige kleinbürgerliche Misère, nicht den revolutionären Proletarier

Karl Beck: »›Lieder vom armen Mann‹, oder die Poesie des wahren Sozialismus«

Die »Lieder vom armen Mann« beginnen mit einem Liede an ein reiches Haus.

An das Haus Rothschild

Um Mißverständnissen vorzubeugen, redet der Dichter Gott mit »HERR« und das Haus Rothschild mit *Herr* an.

Gleich in der Ouvertüre konstatiert er seine kleinbürgerliche Illusion, daß das Gold nach Rothschilds »Launen herrscht«; eine Illusion, die eine ganze Reihe von Einbildungen über die Macht des Hauses Rothschild nach sich zieht.

Nicht die Vernichtung der wirklichen Macht Rothschilds, der gesellschaftlichen Zustände, worauf sie beruht, droht der Dichter; er wünscht nur ihre menschenfreundliche Anwendung. Er jammert, daß die Bankiers keine sozialistischen Philanthropen sind, keine Schwärmer, keine Menschheitsbeglücker, sondern eben Bankiers. Beck besingt die feige kleinbürgerliche Misère, den »armen Mann«, den pauvre honteux [verschämten Armen] mit seinen armen, frommen und inkonsequenten Wünschen, den »kleinen Mann« in allen seinen Formen, nicht den stolzen, drohenden und revolutionären Proletarier. Die Drohungen und Vorwürfe, womit Beck das Haus Rothschild überschüttet, wirken allem guten Willen zum Trotz noch burlesker auf den Leser als eine Kapuzinerpredigt*. Sie beruhen auf der kindlichsten Illusion über die Macht der Rothschilde, auf einer gänzlichen Unkenntnis des Zusammenhangs dieser Macht mit den bestehenden Zuständen, auf einer vollkommenen Täuschung über die Mittel, welche die Rothschilde anwenden mußten, um eine Macht zu werden und um eine Macht zu bleiben. Der Kleinmut und der Unverstand, die weibliche Sentimentalität, die jämmerliche, prosaisch-nüchterne Kleinbürgerlichkeit, welche die Musen dieser Leier sind, tun sich vergebens Gewalt an, um fürchterlich zu werden. Sie werden nur lächerlich. Ihr forcierter Baß schlägt beständig in ein komisches Falsett um, ihre dramatische Darstellung des gigantischen Ringens eines Enceladus bringt es nur zu den possierlichen Gliederverrenkungen eines Hampelmanns.

Nach deinen Launen herrscht das Gold
. . . .
O wär' dein Werk so schön! O wäre
Dein Herz so groß wie deine Macht! p. 4.

Es ist schade, daß Rothschild die *Macht* und unser Dichter das *Herz* hat. »Wären sie beide vereint, wär's für die Erde zuviel.« (Herr Ludwig von Baierland.)*

Die erste Gestalt, die Rothschild gegenübergestellt wird, ist natürlich der Sänger selbst, und zwar der *deut-*

sche Sänger, der in »hohen, heiligen Mansarden« wohnt.

Es tönt von Recht und Licht und Freiheit,
Vom echten GOTT in seiner Dreiheit,
Die liedergesegnete Laute der Barden:
Da folgt das horchende Menschenkind
Den Geistern. p. 5.

Dieser dem Motto der »Leipziger Allgemeinen Zeitung« entlehnte »GOTT«, der auf den Juden Rothschild, schon weil er dreieinig ist, keinen Effekt macht, übt dagegen auf die deutsche Jugend ganz magische Wirkungen aus.

Es mahnt die wiedergenesene Jugend
. . . .
Und der Begeisterung zeugender Samen
Geht auf in hundert herrlichen Namen. p. 6.

Rothschild urteilt anders über die deutschen Poeten:

Das Lied, was uns die Geister geboten,
Du nennst es Hunger nach Ruhm und Broten. [p. 6.]

Trotzdem, daß die Jugend mahnt und ihre hundert herrlichen Namen aufgehen, deren Herrlichkeit eben darin besteht, daß sie bei der bloßen Begeisterung stehenbleiben, trotzdem, daß »mutig zum Kampf die Hörner blasen«, daß »das Herz so laut in der Nacht pocht«.

Das törichte Herz, es fühlt die Bedrängnis
Von einer göttlichen Empfängnis. p. 7.

Dies törichte Herz, diese Jungfrau Maria! – trotzdem, daß

Die Jugend, ein finstrer *Saul* (von Karl Beck,
Leipzig bei Engelmann 1840),
Mit GOTT und mit sich selber grollt [p. 8],

trotz alledem und alledem hält Rothschild den bewaffneten Frieden aufrecht, der nach Becks Glauben von ihm allein abhängt. [...]

Das wenige Talent Rothschilds zum Erlöser wird ihm nun an drei Fällen ausführlich nachgewiesen: an seinem Benehmen gegenüber der Julirevolution*, den Polen und den Juden.

Auf stand das mutige Frankenkind, p. 12,

mit einem Wort, die Julirevolution brach aus.

Warst du bereit? Erklang dein Gold
Wie Lerchengezwitscher jubelnd und hold
Zum Lenz, der in der Welt sich rührte?
Der, was an sehnlichen Wünschen tief
In unsrer Brust verschüttet schlief,
Verjüngt zurück ins Leben führte? p. 12.

Der Lenz, der sich rührte, war der Lenz der Bourgeois, dem allerdings das Gold, Rothschilds Gold so gut wie jedes andere, wie Lerchengezwitscher jubelnd und hold erklingt. Allerdings, die Wünsche, die während der Restauration nicht nur in der Brust, sondern auch in den Carbonari-Venten* verschüttet schliefen, wurden damals verjüngt ins Leben geführt, und Becks *armer Mann* hatte das Nachsehen. Sobald übrigens Rothschild von den soliden Basen der neuen Regierung sich überzeugt hatte, ließ er unbedenklich seine Lerchen zwitschern – gegen übliche Zinsen – versteht sich. [...]

Bei den *Polen* beschränken sich die Vorwürfe ganz darauf, daß Rothschild nicht wohltätig genug gegen die

Emigration gewesen sei. Hier wird der Angriff auf Rothschild zu einer ganz kleinstädtischen Anekdote und verliert allen Schein eines Angriffs auf die in Rothschild repräsentierte Geldmacht überhaupt. Die Bourgeois haben bekanntlich überall, wo sie herrschen, die Polen sehr liebreich und sogar enthusiastisch empfangen.

Ein Beispiel des Katzenjammers: Ein Pole tritt auf, bettelt und betet. Rothschild gibt ihm einen Silberling, der Pole

> Nimmt freudezitternd das Silberstück
> Und segnet dich und deinen Samen [p. 16],

eine Lage, wovor das Polen-Comité in Paris die Polen bisher im ganzen sichergestellt hat. Der ganze Auftritt mit den Polen dient unserm Poeten nur dazu, sich selbst in Positur zu werfen:

> Ich aber schleudre des Bettlers Glück
> Verächtlich in deinen Beutel zurück,
> In der beleidigten Menschheit Namen! p. 16,

zu welchem Treffer in den Beutel große Übung und Geschicklichkeit im Werfen gehört. [...]

Wir haben schon Beweise genug gehabt von der märchenhaften Macht, die Beck dem Rothschild andichtet. Aber es geht immer crescendo. Nachdem er sich p. 26 in Phantasien ergangen hat, was er (Beck) nicht alles tun würde, wenn er Propriétaire [Eigentümer] der *Sonne* wäre, nämlich noch nicht den hundertsten Teil von dem, was die Sonne ohne ihn tut – fällt ihm plötzlich ein, daß Rothschild nicht allein der *Sünder* ist, sondern neben ihm auch noch andere Reiche existieren. Allein:

> Du saßest beredt im Lehrerstuhle,
> Es lernten die Reichen in deiner Schule;

Du mußtest sie führen ins Leben hinein,
Du konntest ihr *Gewissen* sein.
Sie sind verwildert – du hast es geduldet,
Sie sind verworfen – du hast es verschuldet. p. 27.

Also die Entwickelung des Handels und der Industrie, die Konkurrenz, die Konzentration des Eigentums, die Staatsschulden und Agiotage, kurz, die ganze Entwickelung der modernen bürgerlichen Gesellschaft hätte Herr von Rothschild verhindern können, wenn er nur etwas *gewissenhafter* gewesen wäre. Es gehört wirklich toute la désolante naiveté de la poésie allemande [die ganze trostlose Naivität der deutschen Dichtkunst] dazu, um zu wagen, solche Ammenmärchen drucken zu lassen. Rotschild wird förmlich in Aladdin verwandelt.

Noch nicht zufrieden, verleiht Beck dem Rothschild

Der Sendung schwindelnde Größe,
. . . .
Zu lindern *der Welt gesamte Leiden* [p. 28],

eine Sendung, welche alle Kapitalisten der ganzen Welt zusammen nicht im entferntesten zu erfüllen vermögen. Sieht unser Dichter denn nicht, daß er um so lächerlicher wird, je erhabener und gewaltiger er werden will? daß alle seine Vorwürfe gegen Rothschild in die hündischsten Schmeicheleien umschlagen? daß er die Macht Rothschilds auf eine Weise feiert, wie sie der durchtriebenste Panegyriker nicht feiern könnte? Rothschild muß sich selbst Beifall zuklatschen, wenn er sieht, als welche gigantische Schreckgestalt seine kleine Persönlichkeit im Hirn eines deutschen Poeten sich widerspiegelt.

Engels, 1846/1847

Der Sieg des Proletariats ist das Befreiungssignal aller unterdrückten Nationen

Die Vereinigung und Verbrüderung der Nationen ist eine Phrase, die alle Parteien heute im Mund führen, so namentlich die bürgerlichen Freihandelsmänner*. Es existiert allerdings eine gewisse Art Verbrüderung unter den Bourgeoisklassen aller Nationen. Es ist dies die Verbrüderung der Unterdrücker gegen die Unterdrückten, der Exploiteurs gegen die Exploitierten. Wie die Bourgeoisklasse eines Landes gegen die Proletarier desselben Landes vereinigt und verbrüdert ist, trotz der Konkurrenz und des Kampfes der Mitglieder der Bourgeoisie unter sich selbst, so sind die Bourgeois aller Länder gegen die Proletarier aller Länder verbrüdert und vereinigt, trotz ihrer wechselseitigen Bekämpfung und Konkurrenz auf dem Weltmarkte. Damit die Völker sich wirklich vereinigen können, muß ihr Interesse ein gemeinschaftliches sein. Damit ihr Interesse gemeinschaftlich sein könne, müssen die jetzigen Eigentumsverhältnisse abgeschafft sein, denn die jetzigen Eigentumsverhältnisse bedingen die Exploitation der Völker unter sich: die jetzigen Eigentumsverhältnisse abzuschaffen, das ist nur das Interesse der arbeitenden Klasse. Sie allein hat auch die Mittel dazu. Der Sieg des Proletariats über die Bourgeoisie ist zugleich der Sieg über die nationalen und industriellen Konflikte, die heutzutage die verschiedenen Völker feindlich einander gegenüberstellen. Der Sieg des Proletariats über die Bourgeoisie ist darum zugleich das Befreiungssignal aller unterdrückten Nationen.

Das alte Polen ist allerdings verloren, und wir wären die letzten, seine Wiederherstellung zu wünschen. Aber nicht nur das alte Polen ist verloren. Das alte Deutschland, das alte Frankreich, das alte England, die ganze alte Gesellschaft ist verloren. Der Verlust der alten Gesellschaft ist aber kein Verlust für die, die nichts in der alten Gesellschaft zu verlieren haben, und in allen jetzigen Ländern ist dies der Fall für die große Mehrzahl. Sie haben vielmehr alles zu gewinnen durch den Untergang der alten Gesellschaft, welcher die Bildung einer neuen, nicht mehr auf Klassengegensätzen beruhenden Gesellschaft bedingt.

Von allen Ländern ist England dasjenige, worin der Gegensatz zwischen Proletariat und Bourgeoisie am entwickeltsten ist. Der Sieg der englischen Proletarier über die englische Bourgeoisie ist daher entscheidend für den Sieg aller Unterdrückten gegen ihre Unterdrücker. Polen ist daher nicht in Polen, sondern in England zu befreien. Ihr Chartisten* habt daher keine frommen Wünsche zur Befreiung der Nationen auszusprechen. Schlagt eure eigenen inländischen Feinde, und ihr dürft dann das stolze Bewußtsein haben, die ganze alte Gesellschaft geschlagen zu haben.

Marx, 1847

Erlaubt mir, meine Freunde, heute einmal ausnahmsweise in meiner Eigenschaft als Deutscher aufzutreten. Wir deutschen Demokraten haben nämlich ein besonderes Interesse an der Befreiung Polens. Es sind deutsche Fürsten gewesen, die aus der Teilung Polens Vorteil gezogen haben, es sind deutsche Soldaten, die noch jetzt Galizien und Posen unterdrücken. Uns Deutschen, uns deutschen Demokraten vor allem muß daran liegen, diesen Flecken von unsrer Nation abzuwaschen. Eine Nation kann nicht frei werden und zugleich fortfahren, andre Nationen zu unterdrücken. Die Befreiung Deutschlands kann also nicht zustande kommen, ohne daß die Befreiung Polens von der Unterdrückung durch Deutsche zustande kommt. Und darum hat Polen und Deutschland ein gemeinschaftliches Interesse, und darum können polnische und deutsche Demokraten gemeinsam arbeiten an der Befreiung beider Nationen. – Ich bin auch der Ansicht, daß der erste entscheidende Schlag, der den Sieg der Demokratie, die Befreiung aller europäischen Länder zur Folge haben wird, von den englischen Chartisten ausgehen wird; ich bin mehre Jahre in England gewesen und habe mich während dieser Zeit offen der chartistischen Bewegung angeschlossen. Die englischen Chartisten werden aber zuerst aufstehen, weil gerade in England der Kampf zwischen Bourgeoisie und Proletariat am heftigsten ist. Und warum ist er am heftigsten? Weil in England durch die moderne Industrie, durch die Maschinen alle unterdrückten Klassen in eine einzige große Klasse mit gemeinsamen Interessen, in die Klasse des Proletariats, zusammengeworfen werden; weil dadurch auf der entgegengesetzten Seite alle Klassen von Unterdrückern ebenfalls in eine einzige Klasse, die Bourgeoisie, vereinigt worden sind. So ist der Kampf vereinfacht, und so wird er mit einem einzigen großen Schlage entschieden werden können. Ist dem nicht so? Die Aristokratie hat keine Macht mehr in England, die Bourgeoisie allein herrscht und hat die Aristokratie ins Schlepptau genommen. Der Bourgeoisie aber gegenüber steht die ganze große Masse des Volks, vereinigt zu einer furchtbaren Phalanx, deren Sieg über die herrschenden Kapitalisten näher und näher heranrückt. Und diese Zerstörung der entgegengesetzten Interessen, welche früher die verschiedenen Abteilungen der Arbeiter auseinanderhielten, diese Nivellierung der Lebenslage aller Arbeiter verdankt ihr der Maschinerie; ohne Maschinerie kein Chartismus, und mag euch die Maschinerie eure momentane Lage verschlechtern, so macht sie uns doch gerade dadurch unseren Sieg möglich. Aber nicht nur in

England, auch in allen andern Ländern hat sie diese Wirkungen auf die Arbeiter gehabt. In Belgien, in Amerika, in Frankreich, in Deutschland hat sie die Lage aller Arbeiter gleichgemacht und macht sie täglich mehr und mehr gleich; in allen diesen Ländern haben die Arbeiter jetzt dasselbe Interesse, nämlich die Klasse, die sie unterdrückt, die Bourgeoisie, zu stürzen. Diese Nivellierung der Lebenslage, diese Identifikation der Partei-Interessen der Arbeiter aller Nationen ist das Resultat der Maschinerie, und daher bleibt die Maschinerie ein ungeheurer geschichtlicher Fortschritt. Was folgt für uns daraus? Weil die Lage der Arbeiter aller Länder dieselbe, weil ihre Interessen dieselben, ihre Feinde dieselben sind, darum müssen sie auch zusammen kämpfen, darum müssen sie der Verbrüderung der Bourgeois aller Völker eine Verbrüderung der Arbeiter aller Völker entgegenstellen.

Engels, 1847

Die Bourgeoisie produziert vor allem ihren eigenen Totengräber

Ein Gespenst geht um in Europa – das Gespenst des Kommunismus. Alle Mächte des alten Europa haben sich zu einer heiligen Hetzjagd gegen dies Gespenst verbündet, der Papst und der Zar, Metternich und Guizot, französische Radikale und deutsche Polizisten.

Wo ist die Oppositionspartei, die nicht von ihren regierenden Gegnern als kommunistisch verschrien worden wäre, wo die Oppositionspartei, die den fortgeschritteneren Oppositionsleuten sowohl wie ihren reaktionären Gegnern den brandmarkenden Vorwurf des Kommunismus nicht zurückgeschleudert hätte?

Zweierlei geht aus dieser Tatsache hervor.

Manifest

der

Kommunistischen Partei.

Veröffentlicht im Februar 1848.

Proletarier aller Länder vereinigt Euch!

London.

Gedruckt in der Office der „Bildungs-Gesellschaft für Arbeiter"

von J. E. Burghard.

46, Liverpool Street, Bishopsgate.

3 *Umschlagseite der ersten, 23seitigen Ausgabe*

Der Kommunismus wird bereits von allen europäischen Mächten als eine Macht anerkannt.

Es ist hohe Zeit, daß die Kommunisten ihre Anschauungsweise, ihre Zwecke, ihre Tendenzen vor der ganzen Welt offen darlegen und dem Märchen vom Gespenst des Kommunismus ein Manifest der Partei selbst entgegenstellen.

Zu diesem Zweck haben sich Kommunisten der verschiedensten Nationalität in London versammelt und das folgende Manifest entworfen, das in englischer, französischer, deutscher, italienischer, flämischer und dänischer Sprache veröffentlicht wird.

I
Bourgeois und Proletarier

Die Geschichte aller bisherigen Gesellschaft ist die Geschichte von Klassenkämpfen.

Freier und Sklave, Patrizier und Plebejer, Baron und Leibeigener, Zunftbürger und Gesell, kurz, Unterdrükker und Unterdrückte standen in stetem Gegensatz zueinander, führten einen ununterbrochenen, bald versteckten, bald offenen Kampf, einen Kampf, der jedesmal mit einer revolutionären Umgestaltung der ganzen Gesellschaft endete oder mit dem gemeinsamen Untergang der kämpfenden Klassen.

In den früheren Epochen der Geschichte finden wir fast überall eine vollständige Gliederung der Gesellschaft in verschiedene Stände, eine mannigfaltige Abstufung der gesellschaftlichen Stellungen. Im alten Rom haben wir Patrizier, Ritter, Plebejer, Sklaven; im Mittelalter Feudalherren, Vasallen, Zunftbürger, Gesellen, Leibeigene, und noch dazu in fast jeder dieser Klassen wieder besondere Abstufungen.

Die aus dem Untergang der feudalen Gesellschaft

hervorgegangene moderne bürgerliche Gesellschaft hat die Klassengegensätze nicht aufgehoben. Sie hat nur neue Klassen, neue Bedingungen der Unterdrückung, neue Gestaltungen des Kampfes an die Stelle der alten gesetzt.

Unsere Epoche, die Epoche der Bourgeoisie, zeichnet sich jedoch dadurch aus, daß sie die Klassengegensätze vereinfacht hat. Die ganze Gesellschaft spaltet sich mehr und mehr in zwei große feindliche Lager, in zwei große, einander direkt gegenüberstehende Klassen: Bourgeoisie und Proletariat.

Aus den Leibeigenen des Mittelalters gingen die Pfahlbürger der ersten Städte hervor; aus dieser Pfahlbürgerschaft entwickelten sich die ersten Elemente der Bourgeoisie.

Die Entdeckung Amerikas, die Umschiffung Afrikas schufen der aufkommenden Bourgeoisie ein neues Terrain. Der ostindische und chinesische Markt, die Kolonisierung von Amerika, der Austausch mit den Kolonien, die Vermehrung der Tauschmittel und der Waren überhaupt gaben dem Handel, der Schiffahrt, der Industrie einen nie gekannten Aufschwung und damit dem revolutionären Element in der zerfallenden feudalen Gesellschaft eine rasche Entwicklung.

Die bisherige feudale oder zünftige Betriebsweise der Industrie reichte nicht mehr aus für den mit neuen Märkten anwachsenden Bedarf. Die Manufaktur trat an ihre Stelle. Die Zunftmeister wurden verdrängt durch den industriellen Mittelstand; die Teilung der Arbeit zwischen den verschiedenen Korporationen verschwand vor der Teilung der Arbeit in der einzelnen Werkstatt selbst.

Aber immer wuchsen die Märkte, immer stieg der Bedarf. Auch die Manufaktur reichte nicht mehr aus. Da revolutionierte der Dampf und die Maschinerie die industrielle Produktion. An die Stelle der Manufaktur trat die moderne große Industrie, an die Stelle des industriellen Mittelstandes traten die industriellen Millionäre, die Chefs ganzer industrieller Armeen, die modernen Bourgeois.

Die große Industrie hat den Weltmarkt hergestellt, den die Entdeckung Amerikas vorbereitete. Der Weltmarkt hat dem Handel, der Schiffahrt, den Landkommunikationen eine unermeßliche Entwicklung gegeben. Diese hat wieder auf die Ausdehnung der Industrie zurückgewirkt, und in demselben Maße, worin Industrie, Handel, Schiffahrt, Eisenbahnen sich ausdehnten, in demselben Maße entwickelte sich die Bourgeoisie, vermehrte sie ihre Kapitalien, drängte sie alle vom Mittelalter her überlieferten Klassen in den Hintergrund.

Wir sehen also, wie die moderne Bourgeoisie selbst das Produkt eines langen Entwicklungsganges, einer Reihe von Umwälzungen in der Produktions- und Verkehrsweise ist.

Jede dieser Entwicklungsstufen der Bourgeoisie war begleitet von einem entsprechenden politischen Fortschritt. Unterdrückter Stand unter der Herrschaft der Feudalherren, bewaffnete und sich selbst verwaltende Assoziation in der Kommune, hier unabhängige städtische Republik, dort dritter steuerpflichtiger Stand der Monarchie, dann zur Zeit der Manufaktur Gegengewicht gegen den Adel in der ständischen oder in der absoluten Monarchie, Hauptgrundlage der großen Monarchien überhaupt, erkämpfte sie sich endlich seit der Herstellung der großen Industrie und des Weltmarktes im modernen Repräsentativstaat die ausschließliche politische Herrschaft. Die moderne Staatsgewalt ist nur ein Ausschuß, der die gemeinschaftlichen Geschäfte der ganzen Bourgeoisklasse verwaltet.

Die Bourgeoisie hat in der Geschichte eine höchst revolutionäre Rolle gespielt.

Die Bourgeoisie, wo sie zur Herrschaft gekommen,

hat alle feudalen, patriarchalischen, idyllischen Verhältnisse zerstört. Sie hat die buntscheckigen Feudalbande, die den Menschen an seinen natürlichen Vorgesetzten knüpften, unbarmherzig zerrissen und kein anderes Band zwischen Mensch und Mensch übriggelassen als das nackte Interesse, als die gefühllose »bare Zahlung«. Sie hat die heiligen Schauer der frommen Schwärmerei, der ritterlichen Begeisterung, der spießbürgerlichen Wehmut in dem eiskalten Wasser egoistischer Berechnung ertränkt. Sie hat die persönliche Würde in den Tauschwert aufgelöst und an die Stelle der zahllosen verbrieften und wohlerworbenen Freiheiten die *eine* gewissenlose Handelsfreiheit gesetzt. Sie hat, mit einem Wort, an die Stelle der mit religiösen und politischen Illusionen verhüllten Ausbeutung die offene, unverschämte, direkte, dürre Ausbeutung gesetzt.

Die Bourgeoisie hat alle bisher ehrwürdigen und mit frommer Scheu betrachteten Tätigkeiten ihres Heiligenscheins entkleidet. Sie hat den Arzt, den Juristen, den Pfaffen, den Poeten, den Mann der Wissenschaft in ihre bezahlten Lohnarbeiter verwandelt.

Die Bourgeoisie hat dem Familienverhältnis seinen rührend-sentimentalen Schleier abgerissen und es auf ein reines Geldverhältnis zurückgeführt.

Die Bourgeoisie hat enthüllt, wie die brutale Kraftäußerung, die die Reaktion so sehr am Mittelalter bewundert, in der trägsten Bärenhäuterei ihre passende Ergänzung fand. Erst sie hat bewiesen, was die Tätigkeit der Menschen zustande bringen kann. Sie hat ganz andere Wunderwerke vollbracht als ägyptische Pyramiden, römische Wasserleitungen und gotische Kathedralen, sie hat ganz andere Züge ausgeführt als Völkerwanderungen und Kreuzzüge.

Die Bourgeoisie kann nicht existieren, ohne die Produktionsinstrumente, also die Produktionsverhältnisse, also sämtliche gesellschaftlichen Verhältnisse fortwährend zu revolutionieren. Unveränderte Beibehaltung der alten Produktionsweise war dagegen die erste Existenzbedingung aller früheren industriellen Klassen. Die fortwährende Umwälzung der Produktion, die ununterbrochene Erschütterung aller gesellschaftlichen Zustände, die ewige Unsicherheit und Bewegung zeichnet die Bourgeoisepoche vor allen anderen aus. Alle festen eingerosteten Verhältnisse mit ihrem Gefolge von altehrwürdigen Vorstellungen und Anschauungen werden aufgelöst, alle neugebildeten veralten, ehe sie verknöchern können. Alles Ständische und Stehende verdampft, alles Heilige wird entweiht, und die Menschen sind endlich gezwungen, ihre Lebensstellung, ihre gegenseitigen Beziehungen mit nüchternen Augen anzusehen.

Das Bedürfnis nach einem stets ausgedehnteren Absatz für ihre Produkte jagt die Bourgeoisie über die ganze Erdkugel. Überall muß sie sich einnisten, überall anbauen, überall Verbindungen herstellen.

Die Bourgeoisie hat durch ihre Exploitation des Weltmarkts die Produktion und Konsumtion aller Länder kosmopolitisch gestaltet. Sie hat zum großen Bedauern der Reaktionäre den nationalen Boden der Industrie unter den Füßen weggezogen. Die uralten nationalen Industrien sind vernichtet worden und werden noch täglich vernichtet. Sie werden verdrängt durch neue Industrien, deren Einführung eine Lebensfrage für alle zivilisierten Nationen wird, durch Industrien, die nicht mehr einheimische Rohstoffe, sondern den entlegensten Zonen angehörige Rohstoffe verarbeiten und deren Fabrikate nicht nur im Lande selbst, sondern in allen Weltteilen zugleich verbraucht werden. An die Stelle der alten, durch Landeserzeugnisse befriedigten Bedürfnisse treten neue, welche die Produkte der entferntesten Länder und Klimate zu ihrer Befriedigung erheischen. An die Stelle der alten lokalen und nationalen Selbstgenügsamkeit und Abgeschlossenheit tritt ein allseitiger Verkehr, eine allseitige Abhängigkeit der Nationen voneinander. Und wie in der materiellen, so auch in der geistigen Produktion. Die geistigen Erzeugnisse der einzelnen Nationen werden Gemeingut. Die nationale Einseitigkeit und Beschränktheit wird mehr und mehr unmöglich, und aus den vielen nationalen und lokalen Literaturen bildet sich eine Weltliteratur.

Die Bourgeoisie reißt durch die rasche Verbesserung aller Produktionsinstrumente, durch die unendlich erleichterten Kommunikationen alle, auch die barbarischsten Nationen in die Zivilisation. Die wohlfeilen Preise ihrer Waren sind die schwere Artillerie, mit der sie alle chinesischen Mauern in den Grund schießt, mit der sie den hartnäckigsten Fremdenhaß der Barbaren zur Kapitulation zwingt. Sie zwingt alle Nationen, die Produktionsweise der Bourgeoisie sich anzueignen, wenn sie nicht zugrunde gehn wollen; sie zwingt sie, die sogenannte Zivilisation bei sich selbst einzuführen, d. h. Bourgeois zu werden. Mit einem Wort, sie schafft sich eine Welt nach ihrem eigenen Bilde. [...]

Wir haben also gesehn: Die Produktions- und Verkehrsmittel, auf deren Grundlage sich die Bourgeoisie heranbildete, wurden in der feudalen Gesellschaft erzeugt. Auf einer gewissen Stufe der Entwicklung dieser Produktions- und Verkehrsmittel entsprachen die Verhältnisse, worin die feudale Gesellschaft produzierte und austauschte, die feudale Organisation der Agrikultur und Manufaktur, mit einem Wort die feudalen Eigentumsverhältnisse den schon entwickelten Produktivkräften nicht mehr. Sie hemmten die Produktion, statt sie zu fördern. Sie verwandelten sich in ebenso viele Fesseln. Sie mußten gesprengt werden, sie wurden gesprengt.

An ihre Stelle trat die freie Konkurrenz mit der ihr angemessenen gesellschaftlichen und politischen Konstitution, mit der ökonomischen und politischen Herrschaft der Bourgeoisklasse.

Unter unsern Augen geht eine ähnliche Bewegung vor. Die bürgerlichen Produktions- und Verkehrsverhältnisse, die bürgerlichen Eigentumsverhältnisse, die moderne bürgerliche Gesellschaft, die so gewaltige Produktions- und Verkehrsmittel hervorgezaubert hat, gleicht dem Hexenmeister, der die unterirdischen Gewalten nicht mehr zu beherrschen vermag, die er heraufbeschwor. Seit Dezennien ist die Geschichte der Industrie und des Handels nur die Geschichte der Empörung der modernen Produktivkräfte gegen die modernen Produktionsverhältnisse, gegen die Eigentumsverhältnisse, welche die Lebensbedingungen der Bourgeoisie und ihrer Herrschaft sind. Es genügt, die Handelskrisen zu nennen, welche in ihrer periodischen Wiederkehr immer drohender die Existenz der ganzen bürgerlichen Gesellschaft in Frage stellen. In den Handelskrisen wird ein großer Teil nicht nur der erzeugten Produkte, sondern der bereits geschaffenen Produktivkräfte regelmäßig vernichtet. In den Krisen bricht eine gesellschaftliche Epidemie aus, welche allen früheren Epochen als ein Widersinn erschienen wäre – die Epidemie der Überproduktion. Die Gesellschaft findet sich plötzlich in einen Zustand momentaner Barbarei zurückversetzt; eine Hungersnot, ein allgemeiner Vernichtungskrieg scheinen ihr alle Lebensmittel abgeschnitten zu haben; die Industrie, der Handel scheinen vernichtet, und warum? Weil sie zuviel Zivilisation, zuviel Lebensmittel, zuviel Industrie, zuviel Handel besitzt. Die Produktivkräfte, die ihr zur Verfügung stehen, dienen nicht mehr zur Beförderung der bürgerlichen Eigentumsverhältnisse; im Gegenteil, sie sind zu gewaltig für diese Verhältnisse geworden, sie werden von ihnen gehemmt; und sobald sie dies Hemmnis überwinden, bringen sie die ganze bürgerliche Gesellschaft in Unordnung, gefährden sie die Existenz des bürgerlichen Eigentums. Die bürgerlichen Verhältnisse sind zu eng geworden, um den von ihnen erzeugten Reichtum zu fassen. – Wodurch überwindet die Bourgeoisie die Krisen? Einerseits durch die erzwungene Vernichtung einer Masse von Produktivkräften; anderseits durch die Eroberung neuer Märkte und die gründlichere Ausbeutung alter Märkte. Wodurch also? Dadurch, daß sie allseitigere und gewaltigere Krisen vorbereitet und die Mittel, den Krisen vorzubeugen, vermindert.

Die Waffen, womit die Bourgeoisie den Feudalismus zu Boden geschlagen hat, richten sich jetzt gegen die Bourgeoisie selbst.

Aber die Bourgeoisie hat nicht nur die Waffen geschmiedet, die ihr den Tod bringen; sie hat auch die Männer gezeugt, die diese Waffen führen werden – die modernen Arbeiter, die *Proletarier*. [...]

Von allen Klassen, welche heutzutage der Bourgeoisie gegenüberstehen, ist nur das Proletariat eine wirklich revolutionäre Klasse. Die übrigen Klassen verkommen und gehen unter mit der großen Industrie, das Proletariat ist ihr eigenstes Produkt. [...]

Die wesentliche Bedingung für die Existenz und für die Herrschaft der Bourgeoisklasse ist die Anhäufung des Reichtums in den Händen von Privaten, die Bildung und Vermehrung des Kapitals; die Bedingung des Kapitals ist die Lohnarbeit. Die Lohnarbeit beruht ausschließlich auf der Konkurrenz der Arbeiter unter sich. Der Fortschritt der Industrie, dessen willenloser und widerstandsloser Träger die Bourgeoisie ist, setzt an die Stelle der Isolierung der Arbeiter durch die Konkurrenz ihre revolutionäre Vereinigung durch die Assoziation. Mit der Entwicklung der großen Industrie wird also unter den Füßen der Bourgeoisie die Grundlage selbst hinweggezogen, worauf sie produziert und die Produkte sich aneignet. Sie produziert vor allem ihren eigenen Totengräber. Ihr Untergang und der Sieg des Proletariats sind gleich unvermeidlich.

Marx/Engels, 1847/1848

Überall steht hinter den Bourgeois das Proletariat

Wohin wir blicken, macht die Bourgeoisie gewaltige Fortschritte. Sie trägt das Haupt hoch und fordert ihre Feinde trotzig heraus. Sie erwartet entscheidende Siege, und ihre Hoffnung wird nicht getäuscht werden. Sie will die ganze Welt nach ihrem Maßstabe einrichten, und auf einem bedeutenden Teil der Erde wird ihr dies gelingen.

Wir sind keine Freunde der Bourgeoisie, das ist bekannt. Aber wir gönnen ihr diesmal ihren Triumph. Wir können ruhig lächeln über den hochfahrenden Blick, mit dem sie namentlich in Deutschland auf das scheinbar so kleine Häuflein der Demokraten und Kommunisten herabsieht. Wir haben nichts dawider, wenn sie überall ihre Absichten durchsetzt.

Noch mehr. Wir können uns sogar eines ironischen Lächelns nicht erwehren, wenn wir sehen, mit welchem schrecklichen Ernst, mit welcher pathetischen Begeisterung fast überall die Bourgeois ihren Zwecken nachstreben. Die Herren glauben wirklich, sie arbeiteten für sich selbst. Sie sind beschränkt genug, zu glauben, daß mit ihrem Siege die Welt ihre definitive Gestaltung bekomme. Und doch ist nichts augenscheinlicher, als daß sie nur *uns*, den Demokraten und Kommunisten, überall den Weg bahnen, als daß sie höchstens einige Jahre unruhigen Genusses erobern werden, um alsdann sofort wieder gestürzt zu werden. Überall steht hinter ihnen das Proletariat, hier an ihren Bestrebungen und teilweise an ihren Illusionen teilnehmend, wie in Italien und der Schweiz, dort schweigsam und zurückhaltend, aber unterderhand den Sturz der Bourgeoisie vorbereitend, wie in Frankreich und Deutschland; dort endlich, in England und Amerika, in offner Rebellion gegen die herrschende Bourgeoisie.

Wir können noch mehr tun. Wir können den Bourgeois das alles geradezu sagen, wir können mit offenen Karten spielen. Sie mögen es vorher wissen, daß sie nur in unsrem Interesse arbeiten. Sie können darum doch ihren Kampf gegen die absolute Monarchie, den Adel und die Pfaffen nicht aufgeben. Sie müssen siegen oder schon jetzt untergehen.

Ja, in sehr kurzer Zeit werden sie in Deutschland sogar unseren Beistand anrufen müssen.

Kämpft also nur mutig fort, ihr gnädigen Herren vom Kapital! Wir haben euch vorderhand nötig, wir haben sogar hie und da eure Herrschaft nötig. Ihr müßt uns die Reste des Mittelalters und die absolute Monarchie aus dem Wege schaffen, ihr müßt den Patriarchalismus vernichten, ihr müßt zentralisieren, ihr müßt alle mehr oder weniger besitzlosen Klassen in wirkliche Proletarier, in Rekruten für uns, verwandeln, ihr müßt uns durch eure Fabriken und Handelsverbindungen die Grundlage der materiellen Mittel liefern, deren das Proletariat zu seiner Befreiung bedarf. Zum Lohn dafür sollt ihr eine kurze Zeit herrschen. Ihr sollt Gesetze diktieren, ihr sollt euch sonnen im Glanz der von euch geschaffnen Majestät, ihr sollt bankettieren im königlichen Saal und die schöne Königstochter freien, aber, vergeßt es nicht —

»Der Henker steht vor der Türe.« *

Engels, 1848

Die Kontrerevolution fühlt sich stark genug, um die Maske abzuschütteln

Scheint die Sonne noch so schön,
Einmal muß sie untergehn*,

und auch die in heißem Polenblut gefärbte Sonne des 30. März* ist untergegangen.

Das Ministerium Camphausen hatte sein liberal-bürgerliches Gewand der Kontrerevolution umgeworfen. Die Kontrerevolution fühlt sich stark genug, um die lästige Maske abzuschütteln.

Ein beliebiges unhaltbares Ministerium des linken Zentrums kann möglicherweise dem Ministerium vom 30. März auf einige Tage folgen. Sein wirklicher Nachfolger ist das *Ministerium des Prinzen von Preußen.* Camphausen hat die Ehre, der absolutistisch-feudalen Partei diesen ihren natürlichen Chef und sich seinen Nachfolger gegeben zu haben.

Wozu noch länger die bürgerlichen Vormünder hätscheln?

Stehen die Russen nicht an der östlichen Grenze und die preußischen Truppen an der westlichen? Sind die Polen nicht durch Schrapnells und Höllenstein für die russische Propaganda geworben?

Sind nicht alle Maßregeln getroffen, um das Bombardement von Prag in fast sämtlichen rheinischen Städten zu wiederholen?

Hat im dänischen, im polnischen Krieg, in den vielen kleinen Konflikten zwischen Militär und Volk die Armee nicht alle Zeit gehabt, sich zu einer brutalen Soldateska auszubilden?

Ist die Bourgeoisie nicht revolutionsmüd? Und erhebt sich nicht mitten im Meer der Fels, worauf die Kontrerevolution ihre Kirche bauen wird, *England*?

Das Ministerium Camphausen sucht noch einige Pfennige Popularität zu erhaschen, das öffentliche Mitleid rege zu machen durch die Versicherung, daß es als *Dupe [Betrogener]* von der Staatsbühne abtritt. Und sicher ist es ein betrogener Betrüger. Im Dienst der großen Bourgeoisie mußte es die Revolution um ihre demokratischen Früchte zu prellen suchen, im Kampf mit der Demokratie mußte es sich mit der aristokratischen Partei verbünden und das Werkzeug ihrer kontrerevolutionären Gelüste werden. Sie ist genug erstarkt, um ihren Protektor über Bord werfen zu können. *Herr Camphausen hat die Reaktion gesät im Sinne der großen Bourgeoisie, er hat sie geerntet im Sinne der Feudalpartei.* Das war die gute Absicht des Mannes, das sein böses Geschick. Einen Pfennig Popularität* für den enttäuschten Mann.

Einen Pfennig Popularität!

Scheint die Sonne noch so schön,
Einmal muß sie untergehn!

Doch im *Osten* geht sie wieder auf.

Marx/Engels, 1848

Die trikolore Republik trägt die Farbe des Bluts

Die Pariser Arbeiter sind *erdrückt* worden von der Übermacht, sie sind ihr nicht *erlegen.** Sie sind *geschlagen*, aber ihre Gegner sind *besiegt.* Der augenblickliche Triumph der brutalen Gewalt ist erkauft mit der Vernichtung aller Täuschungen und Einbildungen der Februarrevolution*, mit der Auflösung der ganzen altrepublikanischen Partei, mit der Zerklüftung der französischen Nation in zwei Nationen, die Nation der Besitzer und die Nation der Arbeiter. Die trikolore Republik trägt nur mehr *eine Farbe*, die Farbe der Geschlagenen, die *Farbe des Bluts*. Sie ist zur *roten Republik* geworden. [...]

Die Fraternité, die Brüderlichkeit der entgegengesetzten Klassen, von denen die eine die andere exploitiert, diese Fraternité, im Februar proklamiert, mit großen Buchstaben auf die Stirne von Paris geschrieben, auf jedes Gefängnis, auf jede Kaserne — ihr wahrer, unverfälschter, ihr prosaischer Ausdruck, das ist der — *Bürgerkrieg*, der Bürgerkrieg in seiner fürchterlichsten Gestalt, der Krieg der Arbeit und des Kapitals. Diese Brüderlichkeit flammte vor allen Fenstern von Paris am Abend des 25. Juni, als das Paris der Bourgeoisie illuminierte, während das Paris des Proletariats verbrannte, verblutete, verächzte.

Die Brüderlichkeit währte grade so lang, als das Interesse der Bourgeoisie mit dem Interesse des Proletariats verbrüdert war. Pedanten der alten revolutionären Überlieferung von 1793, sozialistische Systematiker, die bei der Bourgeoisie für das Volk bettelten und denen erlaubt wurde, lange Predigten zu halten und sich so lange zu kompromittieren, als der proletarische Löwe in Schlaf gelullt werden mußte, Republikaner, welche die ganze alte bürgerliche Ordnung mit Abzug des gekrönten Kopfes verlangten, dynastische Oppositionelle, denen der Zufall an die Stelle eines Ministerwechsels den Sturz einer Dynastie unterschob, Legitimisten*, welche die Livrée nicht abwerfen, sondern ihren Schnitt verändern wollten, das waren die Bundesgenossen, womit das Volk seinen Februar machte. Was es in Louis-Philippe instinktmäßig haßte, war nicht Louis-Philippe, sondern die gekrönte Herrschaft einer Klasse, das Kapital auf dem Throne. Aber wie immer großmütig, wähnt es seinen Feind vernichtet zu haben, nachdem es den Feind

4 *Arbeiter verteidigen die große Barrikade am Panthéon in Paris*

Juni 1848

seiner Feinde, den *gemeinschaftlichen* Feind gestürzt hat.

Die *Februarrevolution* war die *schöne* Revolution, die Revolution der allgemeinen Sympathie, weil die Gegensätze, die in ihr gegen das Königtum eklatierten [losbrachen], *unentwickelt*, einträchtig nebeneinander schlummerten, weil der soziale Kampf, der ihren Hintergrund bildete, nur eine luftige Existenz gewonnen hatte, die Existenz der Phrase, des Worts. Die *Junirevolution* ist die *häßliche* Revolution, die abstoßende Revolution, weil an die Stelle der Phrase die Sache getreten ist, weil die Republik das Haupt des Ungeheuers selbst entblößte, indem sie ihm die schirmende und versteckende Krone abschlug.

Ordnung! war der Schlachtruf Guizots! *Ordnung!* schrie Sébastiani, der Guizotin, als Warschau russisch wurde. *Ordnung!* schreit Cavaignac, das brutale Echo der französischen Nationalversammlung und der republikanischen Bourgeoisie.

Ordnung! donnerten seine Kartätschen, als sie den Leib des Proletariats zerrissen.

Keine der zahllosen Revolutionen der französischen Bourgeoisie seit 1789 war ein Attentat auf die *Ordnung*, denn sie ließ die Herrschaft der Klasse, sie ließ die Sklaverei der Arbeiter, sie ließ die *bürgerliche Ordnung* bestehen, sooft auch die politische Form dieser Herrschaft und dieser Sklaverei wechselte. Der Juni hat diese *Ordnung* angetastet. Wehe über den Juni! […]

Der tiefe Abgrund, der sich vor uns eröffnet hat, darf er die Demokraten irren, darf er uns wähnen lassen, die Kämpfe um die Staatsform seien inhaltlos, illusorisch, null?

Nur schwache, feige Gemüter können die Frage aufwerfen. Die Kollisionen, welche aus den Bedingungen der bürgerlichen Gesellschaft selbst hervorgehen, sie müssen durchkämpft, sie können nicht wegphantasiert werden. Die beste Staatsform ist die, worin die gesellschaftlichen Gegensätze nicht verwischt, nicht gewaltsam, also nur künstlich, also nur scheinbar gefesselt werden. Die beste Staatsform ist die, worin sie zum freien Kampf und damit zur Lösung kommen.

Man wird uns fragen, ob wir keine Träne, keinen Seufzer, kein Wort für die Opfer haben, welche vor der Wut des Volkes fielen, für die Nationalgarde, die Mobilgarde, die republikanische Garde, die Linie?

Der Staat wird ihre Witwen und Waisen pflegen, Dekrete werden sie verherrlichen, feierliche Leichenzüge werden ihre Reste zur Erde bestatten, die offizielle Presse wird sie unsterblich erklären, die europäische Reaktion wird ihnen huldigen vom Osten bis zum Westen.

Aber die Plebejer, vom Hunger zerrissen, von der Presse geschmäht, von den Ärzten verlassen, von den Honetten Diebe gescholten, Brandstifter, Galeerensklaven, ihre Weiber und Kinder in noch grenzenloseres Elend gestürzt, ihre besten Lebenden über die See deportiert — ihnen den Lorbeer um die drohend finstere Stirn zu winden, das ist das *Vorrecht*, das ist das *Recht der demokratischen Presse.*

Marx, 1848

Deutschland macht sich in demselben Maß frei, worin es die Nachbarvölker freiläßt

Die Völker aneinander zu hetzen, das eine zur Unterdrückung des andern zu benutzen und so für die Fortdauer der absoluten Herrschermacht zu sorgen — das war die Kunst und das Werk der bisherigen Gewalthaber und ihrer Diplomaten. Deutschland hat sich in dieser Hinsicht ausgezeichnet. Es hat, um nur die letzten 70 Jahre ins Auge zu fassen, seine Landsknechte für englisches Gold den Briten gegen die für ihre Unabhängigkeit kämpfenden Nordamerikaner überliefert; als die erste Französische Revolution losbrach, waren es abermals die Deutschen, die sich wie eine tolle Meute gegen die Franzosen hetzen ließen, die mit einem brutalen Manifeste des Herzogs von Braunschweig ganz Paris bis auf den letzten Stein zu schleifen drohten, die sich mit den ausgewanderten Adligen gegen die neue Ordnung in Frankreich verschworen und sich dafür von England unter dem Titel von Subsidien bezahlen ließen. Als die Holländer während der letzten zwei Jahrhunderte einen einzigen vernünftigen Gedanken faßten, der tollen Wirtschaft des Hauses Oranien ein Ende und ihr Land zur Republik zu machen*, waren es wiederum Deutsche, die als die Scharfrichter der Freiheit auftraten. Die Schweiz weiß ebenfalls ein Lied zu singen von deutscher Nachbarschaft, und Ungarn wird sich nur langsam von dem Schaden erholen, den ihnen Östreich, der deutsche Kaiserhof, zugefügt. Ja, bis nach Griechenland hin entsandte man deutsche Söldnerscharen, die dem lieben Otto sein Thrönchen stützen mußten, und bis nach Portugal deutsche Polizisten. Und die Kongresse nach 1815, Östreichs Züge nach Neapel, Turin, der Romagna, Ypsilantis Haft, Frankreichs Unterdrückungskrieg gegen Spanien von Deutschland erzwungen*, Dom Miguel, Don Carlos von Deutschland unterstützt – die Reaktion in England mit hannoverschen Truppen bewaffnet, Belgien durch deutschen Einfluß zerstückelt und thermidorisiert*, im tiefesten Innern von Rußland Deutsche die Hauptstützen des *einen* und der kleinen Autokraten – ganz Europa mit Coburgern überschwemmt!

Mit Hülfe deutscher Soldateska Polen beraubt, zerstückelt, Krakau gemeuchelt*. Mit Hülfe deutschen

Geldes und Blutes die Lombardei und Venedig geknechtet und ausgesogen, mittel- oder unmittelbar in ganz Italien jede Freiheitsbewegung durch Bajonett, Galgen, Kerker und Galeeren erstickt. Das Sündenregister ist viel länger; schlagen wir es zu.

Die Schuld der mit Deutschlands Hülfe in andern Ländern verübten Niederträchtigkeiten fällt nicht allein den Regierungen, sondern zu einem großen Teil dem deutschen Volke selbst zur Last. Ohne seine Verblendungen, seinen Sklavensinn, seine Anstelligkeit als Landsknechte und als »gemütliche« Büttel und Werkzeuge der Herren »von Gottes Gnaden« wäre der deutsche Name weniger gehaßt, verflucht, verachtet im Auslande, wären die von Deutschland aus unterdrückten Völker längst zu einem normalen Zustand freier Entwikkelung gelangt. Jetzt, wo die Deutschen das eigene Joch abschütteln, muß sich auch ihre ganze Politik dem Auslande gegenüber ändern, oder in den Fesseln, womit wir fremde Völker umketten, nehmen wir unsere eigene junge, fast nur erst geahnte Freiheit gefangen. Deutschland macht sich in demselben Maß frei, worin es die Nachbarvölker freiläßt.

In der Tat wird es endlich lichter. Die Lügen und Verdrehungen, von den alten Regierungsorganen gegen Polen und Italien so emsig verbreitet, die Versuche, einen künstlichen Haß aufzuregen, jene hochtrabenden Redensarten, um die deutsche Ehre handle es sich, um die deutsche Macht – die Kraft dieser Zauberformeln ist gebrochen. Nur wo das materielle Interesse sich verbirgt unter diese patriotischen Arabesken, nur bei einem Teil der großen Bourgeoisie, die mit diesem offiziellen Patriotismus Geschäfte macht, macht der offizielle Patriotismus noch Geschäfte. Das weiß und benutzt die reaktionäre Partei. Die große Masse des deutschen Mittelstandes aber und der Arbeiterklasse begreift oder fühlt in der Freiheit der benachbarten Völker die Garantie der eignen Freiheit. Östreichs Krieg gegen Italiens Selbständigkeit, Preußens Krieg gegen Polens Wiederhergestaltung — sind sie populär, oder verrauchen nicht vielmehr die letzten Illusionen über diese »patriotischen« Kreuzfahrten? Doch weder diese Einsicht genügt noch dies Gefühl. Soll Deutschlands Blut und Geld nicht länger gegen seinen eigenen Vorteil zur Unterdrückung anderer Nationalitäten vergeudet werden, so müssen wir eine wirkliche Volksregierung erringen, das alte Gebäude muß bis auf seine Grundmauern weggeräumt werden. Erst dann kann die blutig-feige Politik des alten, des wieder erneuten Systems Platz machen der internationalen Politik der Demokratie. Wie wollt ihr demokratisch auftreten nach außen, solange die Demokratie im Inland geknebelt ist?

Engels, 1848

Die nationale Existenz Polens ist für niemand notwendiger als für uns Deutsche

Die Frankfurter Versammlung*, deren Debatten selbst in den erregtesten Momenten nie den Charakter einer echt deutschen Gemütlichkeit verloren, hat sich endlich bei der Posener Frage* emporgerafft. Hier, wo preußische Schrapnells und gehorsame Bundestagsbeschlüsse ihr vorgearbeitet hatten, hier mußte sie einen entscheidenden Beschluß fassen; hier war keine Vermittlung möglich; sie mußte Deutschlands Ehre retten oder sie abermals beflecken. Die Versammlung hat unsern Erwartungen entsprochen; sie hat die sieben Teilungen Polens* sanktioniert, sie hat die Schmach von 1772, 1794 und 1815 von den Schultern der deutschen Fürsten auf ihre eigenen Schultern gewälzt.

Noch mehr! Die Frankfurter Versammlung hat die

sieben Teilungen Polens für ebenso viele an die Polen verschwendete Wohltaten erklärt. Hat nicht das gewaltsame Eindringen der jüdisch-germanischen Race Polen zu einer Höhe der Kultur, zu einer Stufe der Wissenschaft emporgeschwungen, von der das Land früher keine Ahnung hatte? Verblendete, undankbare Polen! Hätte man euch nicht geteilt, ihr selbst müßtet bei der Frankfurter Versammlung um die Gnade nachsuchen, geteilt zu werden!

Der Pfarrer Bonavita Blank im Kloster Paradies bei Schaffhausen erzog sich Elstern und Stare zum Aus- und Einfliegen. Er hatte ihnen die untere Hälfte des Schnabels ausgeschnitten, daß sie ihr Futter nicht selbst suchen, sondern es bloß aus seiner Hand empfangen konnten. Die Philister, welche von fern die Vögel auf die Schultern des Ehrwürdigen fliegen und vertraulich mit ihm verkehren sahen, bewunderten seine hohe Kultur und Wissenschaft. – Die Vögel, sagt sein Biograph [Franz Georg Benkert], *liebten* ihn *wie ihren Wohltäter.*

Und die gefesselten, verstümmelten, gebrandmarkten Polen wollen ihre preußischen Wohltäter nicht lieben! [...]

Ehe wir auf die Debatte selbst eingehen, müssen wir noch einen Blick auf die polnische Frage werfen.

Die Posener Frage ist, für sich betrachtet, ohne allen Sinn, ohne Möglichkeit der Lösung. Sie ist ein Fragment der polnischen Frage, und nur in und mit dieser kann sie gelöst werden. Die Grenze zwischen Deutschland und Polen kann erst bestimmt werden, wenn Polen wieder existiert.

Aber kann und wird Polen wieder bestehen? In der Debatte ist dies geleugnet worden.

Ein französischer Historiker hat gesagt: Il y a des peuples nécessaires: es gibt *notwendige Völker.* Zu diesen notwendigen Völkern gehört im 19. Jahrhundert unbedingt das polnische Volk.

Die nationale Existenz Polens ist aber für niemand notwendiger als gerade für uns Deutsche.

Worauf stützt sich zunächst die Macht der Reaktion in Europa seit 1815, ja, teilweise seit der ersten Französischen Revolution? Auf die russisch-preußisch-östreichische *Heilige Allianz**. Und was hält diese Heilige Allianz zusammen? Die *Teilung Polens*, von der alle drei Alliierten Nutzen zogen.

Der Riß, den die drei Mächte durch Polen zogen, ist das Band, das sie aneinanderkettet; der gemeinsame Raub hat sie einer für den andern solidarisch gemacht.

Von dem Augenblick an, wo der erste Raub an Polen begangen wurde, war Deutschland in die Abhängigkeit Rußlands geraten. Rußland befahl Preußen und Östreich, absolute Monarchien zu bleiben, und Preußen und Östreich mußten gehorchen. Die ohnehin schlaffen und schüchternen Anstrengungen, namentlich der preußischen Bourgeoisie, sich die Herrschaft zu erobern, scheiterten vollends an der Unmöglichkeit, von Rußland loszukommen, an dem Rückhalt, den Rußland der feudalistisch-absolutistischen Klasse in Preußen bot.

Dazu kam, daß von dem ersten Unterdrückungsversuche der Alliierten an die Polen nicht nur insurrektionell für ihre Unabhängigkeit kämpften, daß sie zugleich *revolutionär* gegen ihre eigenen inneren gesellschaftlichen Zustände auftraten.

Die Teilung Polens war zustande gekommen durch das Bündnis der großen Feudalaristokratie in Polen mit den drei teilenden Mächten. Sie war kein Fortschritt, wie der Ex-Poet Herr Jordan behauptet, sie war das letzte Mittel für die große Aristokratie, sich vor einer Revolution zu retten, sie war durch und durch reaktionär.

Die Folge schon der ersten Teilung war ganz natürlich eine Allianz der übrigen Klassen, d. h. des Adels, der Bürgerschaft der Städte und teilweise der Bauern,

5
Gefecht zwischen aufständischen polnischen Bauern und preußischen Truppen in der Provinz Posen (heute Poznań)

8. Mai 1848

sowohl gegen die Unterdrücker Polens wie gegen die große Aristokratie des Landes selbst. Wie sehr die Polen es schon damals begriffen, daß ihre Unabhängigkeit nach außen unzertrennlich sei von dem Sturz der Aristokratie und von der agrarischen Reform im Innern, beweist die Konstitution von 1791*.

Die großen ackerbauenden Länder zwischen der Ostsee und dem Schwarzen Meere können sich aus der patriarchalisch-feudalen Barbarei retten nur durch eine agrarische Revolution, die die leibeigenen oder fronpflichtigen Bauern in freie Grundbesitzer verwandelt, eine Revolution, die ganz dieselbe ist wie die französische von 1789 auf dem platten Lande. Die polnische Nation hat das Verdienst, unter allen ihren ackerbauenden Nachbarvölkern dies zuerst proklamiert zu haben. Der erste Reformversuch war die Verfassung von 1791; in dem Aufstande von 1830 wurde die agrarische Revolution von Lelewel als einziges Mittel zur Rettung des Landes ausgesprochen, aber zu spät vom Reichstage anerkannt; in den Insurrektionen von 1846 und 1848 wurde sie offen proklamiert.

Von dem Tage ihrer Unterdrückung an traten die Polen revolutionär auf und fesselten dadurch ihre Unterdrücker um so fester an die Kontrerevolution. Sie zwangen ihre Unterdrücker, den patriarchalisch-feudalen Zustand nicht nur in Polen, sondern auch in ihren übrigen Ländern aufrechtzuhalten. Und namentlich seit dem Krakauer Aufstand von 1846* ist der Kampf für die Unabhängigkeit Polens zugleich der Kampf der *agrarischen Demokratie* — der in Osteuropa einzig möglichen — gegen den *patriarchalisch-feudalen Absolutismus.*

Solange wir also Polen unterdrücken helfen, solange wir einen Teil von Polen an Deutschland schmieden, solange bleiben wir an Rußland und die russische Politik geschmiedet, solange können wir den patriarchalisch-feudalen Absolutismus bei uns selbst nicht gründlich brechen. Die Herstellung eines demokratischen Polens ist die erste Bedingung der Herstellung eines demokratischen Deutschlands.

Engels, 1848

Vae victis!

Die kroatische Freiheit und Ordnung hat gesiegt* und mit Mordbrand, Schändung, Plünderung, mit namenlos-verruchten Untaten ihren Sieg gefeiert. *Wien ist in den Händen von Windischgrätz, Jellachich und Auersperg.* Hekatomben von Menschenopfern werden dem greisen Verräter Latour in sein Grab nachgeschleudert.

Alle düsteren Vorhersagungen unseres Wiener Korrespondenten [Müller-Tellering] haben sich bestätigt, und vielleicht ist er selbst in diesem Augenblicke schon abgeschlachtet.

Einen Moment hofften wir Wiens Befreiung durch ungarischen Sukkurs [Beistand], und noch sind uns die Bewegungen der ungarischen Armee rätselhaft.

Verrat jeder Art hat Wiens Fall vorbereitet. Die ganze Geschichte des *Reichstags* und des *Gemeinderats* seit dem 6. Oktober ist nichts als eine fortgesetzte Geschichte des Verrats. Wer war repräsentiert im Reichstag und Gemeinderat?

Die *Bourgeoisie.*

Ein Teil der Wiener *Nationalgarde* ergriff gleich im Beginn der Oktoberrevolution* offene Partei für die Kamarilla. Und am Schlusse der Oktoberrevolution finden wir einen andern Teil der Nationalgarde im Kampfe mit dem Proletariat und der akademischen Legion*, im geheimen Einverständnisse mit den kaiserlichen Banditen. Wem gehören diese Fraktionen der Nationalgarde an?

Der *Bourgeoisie.*

In *Frankreich* aber trat die Bourgeoisie an die *Spitze* der Kontrerevolution, nachdem sie jede Schranke, die der Herrschaft ihrer eigenen Klasse im Wege stand, niedergeworfen hatte. In *Deutschland* befindet sie sich gedrückt im *Gefolge* der absoluten Monarchie und des Feudalismus, ehe sie auch nur die ersten Lebensbedingungen ihrer eignen bürgerlichen Freiheit und Herrschaft sichergestellt. In Frankreich trat sie als Despot auf und machte ihre eigne Kontrerevolution. In Deutschland tritt sie als Sklavin auf und macht die Kontrerevolution ihrer eignen Despoten. In Frankreich siegte sie, um das Volk zu demütigen. In Deutschland demütigt sie sich, damit das Volk nicht siege. Die ganze Geschichte zeigt keine *schmachvollere Erbärmlichkeit* als die der *deutschen Bourgeoisie.*

Wer lief in Scharen aus Wien fort und überließ der Großmut des Volkes die Überwachung der hinterlassenen Reichtümer, um es für seinen Wachtdienst während der Flucht zu verlästern und bei der Wiederkehr niedermetzeln zu sehn?

Die *Bourgeoisie.*

Wessen innerste Geheimnisse spricht der Thermometer aus, der bei jedem Lebensatem des Wiener Volkes fiel, bei jedem Todesröcheln desselben stieg? Wer spricht in der Runensprache der *Börsenkurse*?

Die *Bourgeoisie.*

Die »deutsche Nationalversammlung« und ihre »Zentralgewalt« haben Wien verraten. Wen repräsentieren sie?

Vor allem die *Bourgeoisie.*

Der Sieg der »kroatischen Ordnung und Freiheit« zu Wien war bedingt durch den Sieg der »honetten« Republik zu Paris. Wer siegte in den Junitagen?*

Die *Bourgeoisie.*

Mit ihrem Siege zu Paris begann die europäische Kontrerevolution ihre Orgien zu feiern.

In den Februar- und Märztagen scheiterte überall die bewaffnete Macht. Warum? Weil sie nichts als die *Regierungen* selbst vertrat. Nach den Junitagen hat sie überall gesiegt, weil die *Bourgeoisie* sich überall im geheimen Einverständnisse mit ihr befindet, während sie andererseits die offizielle Leitung der revolutionären Bewegung in ihrer Hand hat und alle jene halben Maßregeln ins Werk setzt, deren naturgemäße Frucht der Abortus ist. [...]

In *Wien* ist soeben der zweite Akt des Dramas aufgeführt worden, dessen ersten Akt man zu Paris spielte unter dem Titel: *»Die Junitage«*. Zu Paris Mobile*, zu Wien »Kroaten« – in beiden Lazzaronis*, bewaffnetes und erkauftes Lumpenproletariat gegen das arbeitende und denkende Proletariat. Zu *Berlin* werden wir bald den dritten Akt erleben.

Gesetzt, die Kontrerevolution lebte in ganz Europa durch die *Waffen*, sie würde in ganz Europa sterben durch das *Geld*. Das Fatum, das den Sieg kassieren würde, wäre der europäische – *Bankerutt*, der *Staatsbankerutt*. An den »ökonomischen« Pointen brechen die Spitzen der Bajonette wie mürber Zunder.

Aber die Entwickelung wartet den Verfalltag jener Wechsel nicht ab, die die europäischen Staaten auf die europäische Gesellschaft gezogen haben. In *Paris* wird der vernichtende Gegenschlag der Junirevolution geschlagen werden. Mit dem Siege der »roten Republik« zu Paris werden die *Armeen* aus dem *Innern* der Länder an und über die Grenzen ausgespien werden und die *wirkliche Macht* der ringenden Parteien wird sich rein herausstellen. Dann werden wir uns erinnern an den Juni, an den Oktober, und auch wir werden rufen:

Vae victis! [Wehe den Besiegten!]

Die resultatlosen Metzeleien seit den Juni- und Oktobertagen, das langweilige Opferfest seit Februar und März, der Kannibalismus der Kontrerevolution selbst wird die Völker überzeugen, daß es nur ein Mittel gibt, die mörderischen Todeswehen der alten Gesellschaft, die blutigen Geburtswehen der neuen Gesellschaft *abzukürzen*, zu vereinfachen, zu konzentrieren, nur *ein Mittel* – den *revolutionären Terrorismus.*

Marx, 1848

Die europäische Revolution beschreibt einen Kreislauf

Die *europäische Revolution* beschreibt einen *Kreislauf.* In Italien begann sie, in Paris nahm sie einen europäischen Charakter an, in Wien* war der erste Widerschlag der Februarrevolution*, in Berlin der Widerschlag der Wiener Revolution. In Italien, zu Neapel, führte die europäische *Kontrerevolution* ihren ersten Schlag, in Paris – die Junitage* – nahm sie einen europäischen Charakter an, in Wien war der erste Widerschlag der Juni-Kontrerevolution, in Berlin vollendet sie sich und kompromittiert sie sich. *Von Paris aus wird der gallische Hahn noch einmal Europa wachkrähen.*

Aber zu *Berlin kompromittiert sich die Kontrerevolution. In Berlin kompromittiert sich alles, selbst die Kontrerevolution.*

Zu *Neapel* das Lazzaronitum*, verbunden mit dem Königtum, gegen die Bourgeoisie.

Zu *Paris* der größte historische Kampf, der je stattgefunden. Die Bourgeoisie, verbunden mit dem Lazzaronitum, gegen die Arbeiterklasse.

Zu *Wien* ein ganzer Bienenschwarm von Nationalitäten, der in der Kontrerevolution seine Emanzipation vermutet. Dazu geheime Tücke der Bourgeoisie gegen die Arbeiter und akademische Legion*. Kampf in der Bürgerwehr selbst. Endlich – Attacke von seiten des

Volkes, die der Attacke von seiten des Hofes einen Vorwand gibt.

In *Berlin nichts von alledem.* Die Bourgeoisie und das Volk auf der einen Seite – die Unteroffiziere auf der andern.

Wrangel und *Brandenburg*, zwei Menschen ohne Kopf, ohne Herz, ohne Tendenz, reiner Schnurrbart – das ist der Gegensatz dieser quengelnden, klugtuenden, entschlußunfähigen Nationalversammlung.

Willen! sei es auch der Wille eines Esels, eines Ochsen, eines Schnurrbarts – *Willen* ist das einzige Requisit den willenlosen Quenglern von der Märzrevolution* gegenüber. Und der *preußische Hof, der keinen Willen hat, so wenig wie die Nationalversammlung*, sucht die *zwei dümmsten Menschen* in der Monarchie auf und sagt diesen Löwen: *Vertretet den Willen.* Pfuel hatte noch einige Gran Gehirn. Aber vor der *absoluten Dummheit* schrecken die Räsoneurs der Märzerrungenschaften zurück.

»Mit der Dummheit
kämpfen Götter selbst vergeblich« *,

ruft die betroffene Nationalversammlung aus.

Und diese Wrangels, diese Brandenburgs, diese vernagelten Hirnschädel, die *wollen* können, weil sie keinen eigenen Willen haben, weil sie wollen, wie ihnen *befohlen* wird, die zu dumm sind, an Befehlen irre zu werden, die man ihnen mit bebender Stimme, mit zitternder Lippe gibt, auch sie *kompromittieren* sich, indem sie nicht zum *Schädeleinstoßen* kommen, das einzige Geschäft, dem diese *Mauerbrecher* gewachsen sind.

Wrangel bringt es nicht weiter, als zu gestehen, daß er nur eine Nationalversammlung kennt, die Ordre pariert! *Brandenburg* erhält Unterricht im parlamentarischen Anstande, und nachdem er mit seinem rohen, widerlichen Unteroffiziersdialekt die Kammer empört hat, läßt er den »Tyrann übertyrannisieren« und pariert Ordre der Nationalversammlung, indem er demütigst um das Wort *bittet*, das er soeben noch *nehmen* wollte.

»Wär' ich doch lieber eine Laus in Schafswolle
Als solch' tapfere Dummheit!« *

Die ruhige Haltung von Berlin *ergötzt* uns; an ihr scheitern die Ideale des preußischen Unteroffizierstums.

Aber die Nationalversammlung? Warum spricht sie nicht die mise hors de loi [Achterklärung] aus, warum erklärt sie die Wrangels nicht für vogelfrei, warum tritt kein Deputierter mitten unter Wrangels Bajonette und erklärt ihn in die Acht und harangiert [appelliert an] die Soldateska?

Die Berliner Nationalversammlung blättere den »Moniteur« nach, den »Moniteur« von 1789–1795.

Und was tun *wir* in diesen Augenblicken?

Wir verweigern die Steuern. Ein Wrangel, ein Brandenburg begreift – denn diese Wesen lernen arabisch von den Hyghlans* –, daß sie einen Degen tragen und eine Uniform und Gehalt beziehen. *Woher* aber der Degen und die Uniform und das Gehalt, das begreifen sie nicht.

Es gibt nur noch ein Mittel, das Königtum zu besiegen – nämlich bis zur *Epoche der Anti-Junirevolution zu Paris*, die im Dezember stattfinden wird.*

Das Königtum trotzt nicht nur dem Völker-, es trotzt dem Bürgertum.

Besiegt es also auf bürgerliche Weise.

Und wie besiegt man das Königtum in bürgerlicher Weise?

Indem man es aushungert.

Und wie hungert man es aus?

6
Die deutschen Grundrechte

Karikatur

Indem man die Steuern verweigert.

Bedenkt es wohl! Alle Prinzen von Preußen, alle Brandenburgs und Wrangels produzieren kein – *Kommißbrot.* Ihr, ihr produziert selbst das Kommißbrot.

Marx, 1848

Die preußische Bourgeoisie – knurrend gegen oben, zitternd gegen unten

Als Camphausen abtrat, riefen wir ihm zu:

Er habe die Reaktion gesät im Sinne der Bourgeoisie, er werde sie ernten im Sinne der Aristokratie und des Absolutismus.

Wir zweifeln nicht, daß S[ein]e Exzellenz, der preuß[ische] Gesandte *Camphausen*, sich in diesem Augenblicke selbst zu den Feudalherren zählt und sich mit seinem »Mißverständnisse« aufs friedlichste vereinbart haben wird.

Man täusche sich indes nicht; man schreibe einem Camphausen, einem Hansemann, diesen Männern untergeordnetster Größe, keine weltgeschichtliche Initiative zu. Sie waren nichts als die Organe einer Klasse. Ihre Sprache, ihre Handlungen waren nur das offizielle Echo einer Klasse, die sie in den Vordergrund gedrängt hatte. Sie waren nur die große Bourgeoisie – im Vordergrunde.

Die Repräsentanten dieser Klasse bildeten die *liberale Opposition* auf dem selig entschlafenen, durch Camphausen für einen Augenblick wiedererweckten *Vereinigten Landtage.**

Man hat den Herrn dieser liberalen Opposition vorgeworfen, ihren Prinzipien nach der Märzrevolution* untreu geworden zu sein. Es ist dies ein Irrtum.

Die großen Grundbesitzer und Kapitalisten, die ausschließlich auf dem Vereinigten Landtage vertreten waren, mit einem Worte die Geldbeutel, hatten an Geld und Bildung zugenommen. Mit der Entwicklung der bürgerlichen Gesellschaft in Preußen – d. h. mit der Entwicklung der Industrie, des Handels und des Ackerbaus – hatten einerseits die alten Ständeunterschiede ihre materielle Grundlage verloren.

Der Adel selbst war wesentlich verbürgerlicht. Statt in Treue, Liebe und Glauben machte er nun vor allem in Runkelrüben, Schnaps und Wolle. Sein Hauptturnier war der Wollmarkt geworden. Andrerseits war der absolutistische Staat, dem seine alte gesellschaftliche Grundlage unter den Füßen durch den Gang der Entwickelung weggezaubert war, zur hemmenden Fessel geworden für die neue bürgerliche Gesellschaft mit ihrer veränderten Produktionsweise und ihren veränderten Bedürfnissen. Die Bourgeoisie mußte sich ihren Anteil an der politischen Herrschaft vindizieren [aneignen], schon ihrer materiellen Interessen wegen. Sie selbst war allein fähig, ihre kommerziellen und industriellen Bedürfnisse gesetzlich zur Geltung zu bringen. Sie mußte einer überlebten, ebenso unwissenden als arroganten Bürokratie die Verwaltung dieser ihrer »heiligsten Interessen« aus der Hand nehmen. Sie mußte Kontrolle des Staatsvermögens, dessen Schöpfer sie sich dünkte, für sich in Anspruch nehmen. Sie besaß auch den Ehrgeiz, nachdem sie der Bürokratie das Monopol der sogenannten Bildung entwendet hatte und sie an wirklicher Kenntnis der bürgerlichen Gesellschaftsbedürfnisse weit zu überragen sich bewußt war, eine ihrer gesellschaftlichen Stellung entsprechende politische Stellung erzwingen zu wollen. Sie mußte, um ihren Zweck zu erreichen, ihre eigenen Interessen, Ansichten und die Handlungen der Regierung frei debattieren können. Das nannte sie das *»Recht der Preßfreiheit«*. Sie mußte sich ungeniert *assoziieren* können. Das nannte sie das *»Recht der freien Assoziation«. Religionsfreiheit* u. dgl. mußte ebenfalls als notwendige Folge der *freien Konkurrenz* von ihr verlangt werden. Und die preußische Bourgeoisie war vor dem März 1848 auf dem besten Wege, alle ihre Wünsche sich verwirklichen zu sehen.

Der preußische Staat befand sich in Geldnöten. Sein Kredit war versiegt. Das war das Geheimnis der Zusammenberufung des Vereinigten Landtags. Die Regierung sträubte sich zwar gegen ihr Schicksal, sie entließ ungnädig den »Vereinigten«, aber Geldnot und Kreditlosigkeit hätten sie unfehlbar nach und nach der Bourgeoisie in die Arme geworfen. Wie die Feudalbarone, so haben die Könige von Gottes Gnaden von jeher ihre Privilegien ausgetauscht gegen bares Geld. Die Emanzipation der Leibeigenen war der erste, die konstitutionelle Monarchie der zweite große Akt dieses weltgeschichtlichen Schachers in allen christlich-germanischen Staaten. »L'argent n'a pas de maître« [»Das Geld hat keinen Herrn«], aber die maîtres hören auf, maîtres zu sein, sobald sie démonétisés (entmünzt) sind.

Die liberale Opposition auf dem Vereinigten Landtage war also nichts anderes als die Opposition der Bourgeoisie gegen eine Regierungsform, die ihren Interessen und Bedürfnissen nicht mehr entsprach. Um dem Hofe Opposition, mußte sie dem Volke den Hof machen.

Sie bildete sich vielleicht wirklich ein, *für* das Volk Opposition zu machen.

Die Rechte, die Freiheiten, die sie *für sich* erstrebte, konnte sie daher natürlich nur unter Firma von *Volksrechten* und *Volksfreiheiten* der Regierung gegenüber in Anspruch nehmen.

Diese Opposition befand sich, wie gesagt, auf dem besten Wege, als der *Februarsturm** losbrach.

Als die Märzsündflut – eine Sündflut en miniature – sich verlaufen hatte, ließ sie auf der Berliner Erdoberfläche keine Ungeheuer zurück, keine revolutionären Kolosse, sondern Kreaturen alten Stils, bürgerlich untersetzte Gestalten – die Liberalen des Vereinigten Landtags, die Vertreter der bewußten preußischen Bourgeoisie. Die Provinzen, welche die entwickeltste Bourgeoisie besitzen, die *Rheinprovinz* und *Schlesien*, lieferten das Hauptkontingent zu den neuen Ministerien. Hinter ihnen ein ganzer Schweif rheinischer Juristen. In demselben Maße, als die Bourgeoisie von den Feudalen in den Hintergrund zurückgedrängt wurde, machten in den Ministerien die Rheinprovinz und Schlesien den urpreußischen Provinzen Platz. Das Ministerium Brandenburg hängt nur noch durch einen Elberfelder Tory [Heydt] mit der Rheinprovinz zusammen. *Hansemann* und *von der Heydt!* In diesen beiden Namen liegt für die preußische Bourgeoisie der ganze Unterschied zwischen März und Dezember 1848!

Die preußische Bourgeoisie war auf die Staatshöhn geworfen, aber nicht, wie sie gewünscht hatte, durch eine *friedliche Transaktion mit der Krone*, sondern durch eine *Revolution.* Nicht ihre eigenen Interessen, sondern die *Volksinteressen* sollte sie gegen die Krone, d. h. gegen *sich selbst* vertreten, denn eine *Volksbewegung* hatte ihr die Wege bereitet. Die Krone war aber in ihren Augen eben nur der gottesgnadliche Schirm, hinter dem ihre eigenen profanen Interessen sich verbergen sollten. Die Unantastbarkeit *ihrer* eigenen Interessen und der ihrem Interesse entsprechenden politischen Formen sollte, in die konstitutionelle Sprache übersetzt, lauten: *Unantastbarkeit der Krone.* Daher die Schwärmerei der deutschen und speziell der preußischen Bourgeoisie für die *konstitutionelle Monarchie.* War daher die Februarrevolution samt ihren deutschen Nachwehen der preußischen Bourgeoisie willkommen, weil das

Staatsruder ihr durch dieselbe in die Hand geworfen wurde, so war sie ebensosehr ein Strich durch ihre Rechnung, weil ihre Herrschaft so an Bedingungen geknüpft wurde, die sie weder erfüllen wollte noch erfüllen konnte.

Die Bourgeoisie hatte keine Hand gerührt. Sie hatte dem Volke erlaubt, sich für sie zu schlagen. Die ihr übertragene Herrschaft war daher nicht die Herrschaft des Feldherrn, der seinen Gegner besiegt, sondern die Herrschaft eines Sicherheitsausschusses, dem das siegreiche Volk die Wahrung seiner eigenen Interessen anvertraut.

Camphausen fühlte noch ganz das Unbequeme dieser Position, und die ganze Schwäche seines Ministeriums datiert aus diesem Gefühle und den Umständen, die es bedingten. Eine Art von Schamröte verklärt daher die schamlosesten Akte seiner Regierung. Die offenherzige *Schamlosigkeit* und *Unverschämtheit* waren das Privilegium *Hansemanns.* Die rote *Teinte [Farbschattierung]* bildet den einzigen Unterschied zwischen diesen beiden Malern.

Man muß die *preußische Märzrevolution* weder mit der *englischen* Revolution von 1648 noch mit der *französischen* von 1789 verwechseln.

1648 war die Bourgeoisie mit dem modernen Adel gegen das Königtum, gegen den feudalen Adel und gegen die herrschende Kirche verbunden.

1789 war die Bourgeoisie mit dem Volke verbunden gegen Königtum, Adel und herrschende Kirche.

Die Revolution von 1789 hatte zum Vorbilde (wenigstens in Europa) nur die Revolution von 1648, die Revolution von 1648 nur den Aufstand der Niederländer gegen Spanien. Beide Revolutionen waren nicht nur der Zeit, sondern auch dem Gehalte nach um ein Jahrhundert ihren Vorbildern voraus.

In beiden Revolutionen war die Bourgeoisie die

Klasse, die sich *wirklich* an der Spitze der Bewegung befand. Das *Proletariat* und *die nicht der Bourgeoisie angehörigen Fraktionen des Bürgertums* hatten entweder noch keine von der Bourgeoisie getrennte Interessen, oder sie bildeten noch keine selbständig entwickelten Klassen oder Klassenabteilungen. Wo sie daher der Bourgeoisie entgegentreten, wie zum Beispiel 1793 bis 1794 in Frankreich, kämpfen sie nur für die Durchsetzung der Interessen der Bourgeoisie, wenn auch nicht *in der Weise* der Bourgeoisie. Der *ganze französische Terrorismus* war nichts als eine *plebejische Manier*, mit den *Feinden der Bourgeoisie*, dem Absolutismus, dem Feudalismus und dem Spießbürgertum, fertigzuwerden.

Die Revolutionen von 1648 und 1789 waren keine *englischen* und *französischen* Revolutionen, sie waren Revolutionen *europäischen* Stils. Sie waren nicht der Sieg einer *bestimmten* Klasse der Gesellschaft über die *alte politische Ordnung*; sie waren die *Proklamation der politischen Ordnung für die neue europäische Gesellschaft.* Die Bourgeoisie siegte in ihnen; aber der *Sieg der Bourgeoisie* war damals *der Sieg einer neuen Gesellschaftsordnung*, der Sieg des bürgerlichen Eigentums über das feudale, der Nationalität über den Provinzialismus, der Konkurrenz über die Zunft, der Teilung über das Majorat, der Herrschaft des Eigentümers des Bodens über die Beherrschung des Eigentümers durch den Boden, der Aufklärung über den Aberglauben, der Familie über den Familiennamen, der Industrie über die heroische Faulheit, des bürgerlichen Rechts über die mittelaltrigen Privilegien. Die Revolution von 1648 war der Sieg des 17. Jahrhunderts über das 16. Jahrhundert, die Revolution von 1789 der Sieg des 18. Jahrhunderts über das 17. Jahrhundert. Diese Revolutionen drückten mehr noch die Bedürfnisse der damaligen Welt als der Weltausschnitte aus, in denen sie vorfielen, Englands und Frankreichs.

In der *preußischen Märzrevolution* nichts von alledem.

Die Februarrevolution hatte das konstitutionelle Königtum in der Wirklichkeit und die Bourgeoisherrschaft in der Idee *abgeschafft*. Die preußische Märzrevolution sollte das konstitutionelle Königtum in der Idee und die Bourgeoisherrschaft in der Wirklichkeit *schaffen*. Weit entfernt, eine *europäische Revolution* zu sein, war sie nur die verkümmerte Nachwirkung einer europäischen Revolution in einem zurückgebliebenen Lande. Statt ihrem Jahrhundert voraus, war sie hinter ihrem Jahrhundert um mehr als ein halbes Jahrhundert zurück. Sie war von vornherein *sekundär*, aber es ist bekannt, daß die sekundären Krankheiten schwerer zu heilen sind und den Körper gleichzeitig mehr verwüsten als die primitiven. Es handelte sich nicht um die Herstellung einer neuen Gesellschaft, sondern um die Berliner Wiedergeburt der zu Paris verstorbenen Gesellschaft. Die preußische Märzrevolution war nicht einmal *national, deutsch*, sie war von vornherein *provinziell-preußisch*. Die Wiener, die Kaßler, die Münchener, alle Sorten provinzieller Aufstände rannten neben ihr her und machten ihr den Rang streitig.

Während 1648 und 1789 das unendliche Selbstgefühl hatten, an der Spitze der Schöpfung zu stehn, bestand der Ehrgeiz der Berliner 1848 darin, einen Anachronismus zu bilden. Ihr Licht glich dem Lichte der Sterne, das uns Erdenbewohnern erst zukömmt, nachdem die Körper, die es ausgestrahlt, schon 100 000 von Jahren erloschen sind. Die preußische Märzrevolution war im kleinen, wie sie alles im kleinen war, ein solcher Stern für Europa. Ihr Licht war das Licht eines längst verwesten Gesellschaftsleichnams.

Die deutsche Bourgeoisie hatte sich so träg, feig und langsam entwickelt, daß im Augenblicke, wo sie gefahrdrohend dem Feudalismus und Absolutismus gegen-

7
Die Reaktion marschiert – der deutsche Bürger schweigt

Karikatur

überstand, sie selbst sich gefahrdrohend gegenüber das Proletariat erblickte und alle Fraktionen des Bürgertums, deren Interessen und Ideen dem Proletariat verwandt sind. Und nicht nur eine Klasse *hinter* sich, ganz Europa sah sie feindlich *vor* sich. Die preußische Bourgeoisie war nicht, wie die französische von 1789, die Klasse, welche die *ganze* moderne Gesellschaft den Repräsentanten der alten Gesellschaft, dem Königtum und dem Adel, gegenüber vertrat. Sie war zu einer Art von *Stand* herabgesunken, ebenso ausgeprägt gegen die Krone als gegen das Volk, oppositionslustig gegen beide, unentschlossen gegen jeden ihrer Gegner einzeln genommen, weil sie immer beide vor oder hinter sich sah; von vornherein zum Verrat gegen das Volk und zum Kompromiß mit dem gekrönten Vertreter der alten Gesellschaft geneigt, weil sie selbst schon zur alten Gesellschaft gehörte; nicht die Interessen einer neuen Gesellschaft gegen eine alte, sondern erneute Interessen innerhalb einer veralteten Gesellschaft vertretend; nicht an dem Steuerruder der Revolution, weil das Volk hinter ihr stand, sondern weil das Volk sie vor sich herdrängte; nicht an der Spitze, weil sie die Initiative einer neuen, sondern nur weil sie die Ranküne [Heimtücke] einer alten Gesellschaftsepoche vertrat; eine nicht zum Durchbruch gekommene Schichte des alten Staats durch ein Erdbeben auf die Oberfläche des neuen Staats geworfen; ohne Glauben an sich selbst, ohne Glauben an das Volk, knurrend gegen oben, zitternd gegen unten, egoistisch nach beiden Seiten und sich ihres Egoismus bewußt, revolutionär gegen die Konservativen, konservativ gegen die Revolutionäre, ihren eigenen Stichworten mißtrauend, Phrasen statt Ideen, eingeschüchtert vom Weltsturm, den Weltsturm exploitierend – Energie nach keiner Richtung, Plagiat nach allen Richtungen, gemein, weil sie nicht originell war, originell in der Gemeinheit – schachernd mit ihren eigenen Wünschen, ohne Initiative, ohne Glauben an sich selbst, ohne Glauben an das Volk, ohne weltgeschichtlichen Beruf — ein vermaledeiter Greis, der sich dazu verdammt sah, die ersten Jugendströmungen eines robusten Volks in seinem eigenen altersschwachen Interesse zu leiten und abzuleiten — ohn' Aug! ohn' Ohr! ohn' Zahn, ohn' alles* — so fand sich die *preußische Bourgeoisie* nach der Märzrevolution am Ruder des preußischen Staates.

Die *Vereinbarungstheorie*, welche die im Ministerium *Camphausen* zur Regierung gelangte Bourgeoisie sofort als »breiteste« Grundlage des preußischen contrat social [Gesellschaftsvertrages] proklamierte, war keineswegs eine hohle Theorie; sie war vielmehr gewachsen auf dem Baume des *»goldnen«* Lebens.

Die Märzrevolution hat den Souverän von Gottes Gnaden keineswegs dem Volkssouveräne unterjocht. Sie hat nur die Krone, den absolutistischen Staat, gezwungen, sich mit der Bourgeoisie zu verständigen, sich mit ihrem alten Rivalen zu *vereinbaren.*

Die Krone wird der Bourgeoisie den Adel, die Bourgeoisie wird der Krone das Volk opfern. Unter dieser Bedingung wird das Königtum bürgerlich und die Bourgeoisie königlich werden.

Nach dem März gibt es nur noch diese zwei Mächte. Sie dienen sich wechselseitig als Blitzableiter der Revolution. Alles natürlich auf *»breitester demokratischer Grundlage«.*

Das war das *Geheimnis der Vereinbarungstheorie.*

Die Öl- und Wollhändler*, welche das erste Ministerium nach der Märzrevolution bildeten, gefielen sich in der Rolle, die bloßgestellte Krone mit ihren plebejischen Fittichen zu decken. Sie schwelgten in dem Hochgenusse, hoffähig zu sein und widerstrebend, von ihrem rauhen Römertum aus reiner Großmut ablassend — von dem Römertum des Vereinigten Landtags —, die Kluft, welche den Thron zu verschlingen drohte, mit dem Leichnam ihrer ehemaligen Popularität zu schließen. Wie spreizte sich der Minister *Camphausen* als *Wehmutter* des konstitutionellen Thrones. Der brave Mann war offenbar über sich selbst, über seine eigne Großmut gerührt. Die Krone und ihr Anhang duldete widerstrebend diese demütigende Protektorschaft, sie machte bonne mine à mauvais jeu [gute Miene zum bösen Spiel] in Erwartung beßrer Tage.

Die halb aufgelöste Armee, die für ihre Stellen und Gehalte zitternde Bürokratie, der gedemütigte Feudalstand, dessen Führer sich auf konstitutionellen Studienreisen* befand, übertölpelten leicht mit einigen süßen Worten und Knixen den Bourgeois gentilhomme*.

Die preußische Bourgeoisie war *nomineller* Besitzer der Herrschaft, sie zweifelte keinen Augenblick, daß die Mächte des alten Staats ohne Hinterhalt sich ihr zu Gebot gestellt und in ebenso viele devote Ableger ihrer eignen Allmacht verwandelt hätten.

Nicht nur im Ministerium, in dem ganzen Umfang der Monarchie war die Bourgeoisie von diesem Wahn berauscht.

Die einzigen Heldentaten der preußischen Bourgeoisie nach dem März, die oft blutigen Schikanen der Bürgerwehr gegen das unbewaffnete Proletariat, fanden sie nicht in der Armee, in der Bürokratie und selbst in den Feudalherrn willig unterwürfige Helfershelfer? Die einzigen Kraftanstrengungen, wozu sich die lokalen Vertreter der Bourgeoisie aufschwangen, die *Gemeinderäte* — deren zudringlich servile Gemeinheit von einem Windischgrätz, Jellachich und Welden später in angemessener Weise befußtrittet wurde —, die einzigen Heldentaten dieser Gemeinderäte nach der Märzrevolution, ihre patriarchalisch ernsten Warnungsworte an das Volk, wurden sie nicht angestaunt von den verstummten Regierungspräsidenten und den in sich gegangenen Divisionsgeneralen? Und die preußische Bourgeoisie hätte noch zweifeln sollen, daß der alte Groll der Armee, der Bürokratie, der Feudalen in ehrfurchtsvoller Ergebenheit vor dem sich selbst und die Anarchie zügelnden großmütigen Sieger, der Bourgeoisie, erstorben sei?

Es war klar. Die preußische Bourgeoisie hatte nur noch eine Aufgabe, die Aufgabe, sich ihre Herrschaft bequem zu machen, die störenden Anarchisten zu beseitigen, »Ruhe und Ordnung« wiederherzustellen und die Zinsen wieder einzubringen, die während des Märzsturms verlorengegangen waren. Es konnte sich nur noch darum handeln, die *Produktionskosten* ihrer Herrschaft und der sie bedingenden Märzrevolution auf ein Minimum zu beschränken. Die Waffen, welche die preußische Bourgeoisie in ihrem Kampfe gegen die feudale Gesellschaft und deren Krone unter der Firma des Volks in Anspruch zu nehmen sich gezwungen sah, Assoziationsrecht, Preßfreiheit etc., mußten sie nicht zerbrochen werden in den Händen eines betörten Volks, das sie nicht mehr *für* die Bourgeoisie zu führen brauchte und *gegen* sie zu führen bedenkliche Gelüste kundgab?

Der *Vereinbarung* der Bourgeoisie mit der Krone, *davon war sie überzeugt*, dem Markten der Bourgeoisie mit dem alten, in sein Schicksal ergebenen Staate, stand offenbar nur noch ein Hindernis im Wege, ein einziges Hindernis, das Volk – *puer robustus sed malitiosus [ein kräftiger, aber bösartiger Bursche]*, wie Hobbes sagt. Das *Volk* und die *Revolution!*

Die *Revolution* war der *Rechtstitel des Volkes*; auf die Revolution gründete es seine ungestümen Ansprüche. Die Revolution war der Wechsel, den es auf die Bourgeoisie gezogen hatte. Durch die Revolution war die Bourgeoisie zur Herrschaft gelangt. Mit dem Tage ihrer Herrschaft war der Verfalltag dieses Wechsels angebrochen. Die Bourgeoisie mußte gegen den Wechsel *Protest* einlegen.

Die *Revolution* — das bedeutete im Munde des Volks: Ihr Bourgeois seid das Comité du salut public, der Wohlfahrtsausschuß*, dem wir die Herrschaft in die Hand gegeben, nicht damit ihr euch über eure Interessen *mit* der Krone *vereinbart*, sondern damit ihr *gegen* die Krone unsere Interessen, die Interessen des Volks durchsetzt.

Die *Revolution* war der Protest des Volkes gegen die Vereinbarung der Bourgeoisie mit der Krone. Die mit der Krone sich vereinbarende Bourgeoisie *mußte also protestieren* gegen — die *Revolution.*

Und das geschah unter dem großen *Camphausen.* Die *Märzrevolution wurde nicht anerkannt.* Die Berliner Nationalrepräsentation konstituierte sich als *Repräsentation der preußischen Bourgeoisie*, als *Vereinbarerversammlung*, indem sie den Antrag auf Anerkennung der Märzrevolution *verwarf.*

Sie machte das Geschehene ungeschehen. Sie proklamierte es laut vor dem preußischen Volke, daß es sich mit der Bourgeoisie nicht vereinbart, um gegen die Krone zu revolutionieren, sondern daß es revolutioniert, damit sich die Krone mit der Bourgeoisie gegen es selbst vereinbare! So war der *Rechtstitel* des revolutionären Volkes vernichtet und der *Rechtsboden* der konservativen Bourgeoisie gewonnen.

Marx, 1848

Habt ein Herz für die Leiden Eurer besten Vorkämpfer!

Seitdem in Deutschland im wilden Kriegsgetümmel »die Ordnung und die Ruhe« wieder eingeführt; seitdem auf dem Schutte rauchender Städte und unter dem mörderischen Donner der Kanonen die »Sicherheit des Eigentums und der Person« wiederhergestellt ist; seit das Kriegsgericht kaum genügt, um einen »Rebellen« über den andern mit zerschmettertem Haupte ins Grab hinabzuschicken; seit die Kerker nicht mehr ausreichen, um all die »Hochverräter« zu fassen; seit das einzige übriggebliebene Recht noch das Standrecht ist – seitdem irren Tausende und abermals Tausende ohne Obdach im fremden Lande umher.

Von Tag zu Tag steigt die Menge und mit ihr das Unglück der Heimatlosen; von einem Orte zum andern verstoßen, wissen sie am Morgen nicht, wohin des Abends ihr Haupt legen, und am Abend nicht, woher des Morgens ihr Brot nehmen.

Es ist eine zahllose Auswanderung, welche die Gegenden der Schweiz, Frankreichs und Englands erfüllt. Aus allen Provinzen Deutschlands sind die Unglücklichen herbeigekommen.

Wer in Wien gegen die schwarzgelbe »Liga«* auf den Barrikaden stand und mit den Sereschanern Jellachichs* rang; wer in Preußen vor der Soldateska Wrangels und Brandenburgs floh; wer in Dresden die Reichsverfassung mit der Büchse verteidigte und wer in Baden als republikanischer Soldat wider das vereinigte Kreuzheer der Fürsten im Felde lag – ob Liberaler, ob Demokrat, ob Republikaner, ob Sozialist: die Anhänger der verschiedensten politischen Lehren und Interessen, sie sind alle im gleichen Exil und in gleichem Elend vereinigt.

In zerrissenem Kleide bettelt eine halbe Nation vor den Türen der Fremden.

Auch auf dem kalten Pflaster der glänzenden Weltstadt London irren unsere flüchtigen Landsleute umher. Jedes Schiff, das den Kanal durchschnitt, bringt von jenseits des Meeres eine neue Schar Heimatloser; in allen Straßen der Stadt klagt der Kummer eines Verbannten in unserer Sprache.

Diese Not hat viele deutsche Freiheitsfreunde in London tief ergriffen. Am 18. September des Jahres wurde daher eine allgemeine Versammlung der Bildungsgesellschaft für deutsche Arbeiter und der angekommenen Flüchtlinge unserer Nation abgehalten, um einen Ausschuß zur Unterstützung bedürftiger Demokraten zu errichten. Es gingen aus der Wahl hervor:

Karl Marx, ehemaliger Redakteur der »Neuen Rheinischen Zeitung«;

Karl Blind, ehemaliger Abgesandter der badisch-pfälzischen Regierung zu Paris;

Anton Füster, ehemaliges Mitglied des österreichischen Reichstages zu Wien;

Heinrich Bauer, Schuhmachermeister in London; und

Karl Pfänder, Maler dahier.

Dieser Ausschuß wird jeden Monat öffentliche Rechenschaft ablegen, sowohl in der allgemeinen Versammlung als auch auszugsweise in deutschen Zeitungen. Um allen Mißdeutungen vorzubeugen, ist die Bestimmung getroffen worden, *daß kein Mitglied des Komitees irgendeine Unterstützung aus der Kasse beziehen darf.* Sollte ein Komiteemitglied je unterstützungsbedürftig werden, so verliert es dadurch seine Eigenschaft als Komiteemitglied.

Wir bitten Euch nun, Freunde und Brüder, zu tun, was in Euren Kräften steht. Wenn Euch daran liegt, daß die niedergeworfene und gefesselte Freiheit wieder ersteht, und wenn Ihr ein Herz habt für die Leiden Eurer besten Vorkämpfer, so bedarf es von unserer Seite keiner großen Mahnung.

Alle Gaben möge man adressieren an: »Heinrich Bauer, Schuhmachermeister, Dean Street, 64, Soho Square, London«. Die Einlage möge bezeichnet werden mit der Aufschrift: »Für das Flüchtlingskomitee.«

Der Ausschuß zur Unterstützung deutscher politischer Flüchtlinge:

Anton Füster Karl Marx Karl Blind
Heinrich Bauer Karl Pfänder

London, den 20. September 1849
Marx/Engels

Die entschiedensten Kommunisten waren die couragiertesten Soldaten

Den mehr oder weniger gebildeten Opfern des badischen Aufstandes sind von allen Seiten in der Presse, in den demokratischen Vereinen, in Versen und in Prosa Denksteine gesetzt worden. Von den Hunderten und Tausenden von Arbeitern, die die Kämpfe ausgefochten, die auf den Schlachtfeldern gefallen, die in den Rastatter Kasematten lebendig verfault sind oder jetzt im Auslande allein von allen Flüchtlingen das Exil bis auf die Hefen des Elends durchzukosten haben – von denen spricht niemand. Die Exploitation der Arbeiter ist eine althergebrachte, zu gewohnte Sache, als daß unsre offiziellen »Demokraten« die Arbeiter für etwas andres ansehen sollten als für agitablen [beeinflußbaren], exploitablen und explosiblen Rohstoff, für pures Kanonenfutter. Um die revolutionäre Stellung des Proletariats, um die Zukunft der Arbeiterklasse zu begreifen, dazu sind unsre »Demokraten« viel zu unwissend und bürgerlich. Deswegen sind ihnen auch jene echt proletarischen Charaktere verhaßt, die, zu stolz, um ihnen zu schmeicheln, zu einsichtig, um sich von ihnen benutzen zu lassen, dennoch jedesmal mit den Waffen in der Hand dastehn, wenn es sich um den Umsturz einer bestehenden Gewalt handelt, und die in jeder revolutionären Bewegung die Partei des Proletariats direkt vertre-

8
Artillerie der badischen Revolutionsarmee im Gefecht bei Kuppenheim an der Murg 30. Juni 1849

ten. Liegt es aber nicht im Interesse der sog. Demokraten, solche Arbeiter anzuerkennen, so ist es Pflicht der Partei des Proletariats, sie so zu ehren, wie sie es verdienen. Und zu den besten dieser Arbeiter gehörte *Joseph Moll von Köln.*

Moll war Uhrmacher. Er hatte Deutschland seit Jahren verlassen und in Frankreich, Belgien und England an allen revolutionären öffentlichen und geheimen Gesellschaften teilgenommen. Den deutschen Arbeiterverein in London hatte er 1840 mit stiften helfen. Nach der Februarrevolution* kam er nach Deutschland zurück und übernahm bald mit seinem Freunde Schapper die Leitung des Kölner Arbeitervereins. Flüchtig in London seit dem Kölner Septemberkrawall von 1848*, kam er bald unter falschem Namen nach Deutschland zurück, agitierte in den verschiedensten Gegenden und übernahm Missionen, deren Gefährlichkeit jeden andren zurückschreckte. In Kaiserslautern traf ich ihn wieder. Auch hier übernahm er Missionen nach Preußen, die ihm, wäre er entdeckt worden, sofortige Begnadigung zu Pulver und Blei zuziehen mußten. Von seiner zweiten Mission zurückkehrend, kam er durch alle feindlichen Armeen glücklich durch bis Rastatt, wo er sofort in die Besançoner Arbeiterkompanie unsres Korps eintrat. Drei Tage nachher war er gefallen. Ich verlor in ihm einen alten Freund, die Partei einen ihrer unermüdlichsten, unerschrockensten und zuverlässigsten Vorkämpfer.

Die Partei des Proletariats war ziemlich stark in der badisch-pfälzischen Armee vertreten, besonders in den Freikorps, wie im unsrigen, in der Flüchtlingslegion usw., und sie kann ruhig alle andern Parteien herausfordern, auf nur einen einzigen ihrer Angehörigen den geringsten Tadel zu werfen. Die entschiedensten Kommunisten waren die couragiertesten Soldaten.

Engels, 1849/1850

Die soziale Revolution kann ihre Poesie nur aus der Zukunft schöpfen

Hegel bemerkt irgendwo, daß alle großen weltgeschichtlichen Tatsachen und Personen sich sozusagen zweimal ereignen.* Er hat vergessen hinzuzufügen: das eine Mal als Tragödie, das andere Mal als Farce. Caussidière für Danton, Louis Blanc für Robespierre, die Montagne* von 1848–1851 für die Montagne von 1793–1795, der Neffe für den Onkel. Und dieselbe Karikatur in den Umständen, unter denen die zweite Auflage des achtzehnten Brumaire* herausgegeben wird!

Die Menschen machen ihre eigene Geschichte, aber sie machen sie nicht aus freien Stücken, nicht unter selbstgewählten, sondern unter unmittelbar vorgefundenen, gegebenen und überlieferten Umständen. Die Tradition aller toten Geschlechter lastet wie ein Alp auf dem Gehirne der Lebenden. Und wenn sie eben damit beschäftigt scheinen, sich und die Dinge umzuwälzen, noch nicht Dagewesenes zu schaffen, gerade in solchen Epochen revolutionärer Krise beschwören sie ängstlich die Geister der Vergangenheit zu ihrem Dienste herauf, entlehnen ihnen Namen, Schlachtparole, Kostüm, um in dieser altehrwürdigen Verkleidung und mit dieser erborgten Sprache die neue Weltgeschichtsszene aufzuführen. So maskierte sich Luther als Apostel Paulus, die Revolution von 1789–1814 drapierte sich abwechselnd als römische Republik und als römisches Kaisertum, und die Revolution von 1848 wußte nichts Besseres zu tun, als hier 1789, dort die revolutionäre Überlieferung von 1793–1795 zu parodieren. So übersetzt der Anfänger, der eine neue Sprache erlernt hat, sie immer zurück in seine Muttersprache, aber den Geist der neuen Sprache hat er sich nur angeeignet, und frei in ihr zu produzieren vermag er nur, sobald er sich ohne Rückerinnerung in ihr bewegt und die ihm angestammte Sprache in ihr vergißt.

Bei Betrachtung jener weltgeschichtlichen Totenbeschwörungen zeigt sich sofort ein springender Unterschied. Camille Desmoulins, Danton, Robespierre, St-Just, Napoleon, die Heroen, wie die Parteien und die Masse der alten Französischen Revolution, vollbrachten in dem römischen Kostüme und mit römischen Phrasen die Aufgabe ihrer Zeit, die Entfesselung und Herstellung der modernen *bürgerlichen* Gesellschaft. Die einen schlugen den feudalen Boden in Stücke und mähten die feudalen Köpfe ab, die darauf gewachsen waren. Der andere schuf im Innern von Frankreich die Bedingungen, worunter erst die freie Konkurrenz entwickelt, das parzellierte Grundeigentum ausgebeutet, die entfesselte industrielle Produktivkraft der Nation verwandt werden konnte, und jenseits der französischen Grenzen fegte er überall die feudalen Gestaltungen weg, soweit es nötig war, um der bürgerlichen Gesellschaft in Frankreich eine entsprechende, zeitgemäße Umgebung auf dem europäischen Kontinent zu verschaffen. Die neue Gesellschaftsformation einmal hergestellt, verschwanden die vorsündflutlichen Kolosse und mit ihnen das wieder auferstandene Römertum – die Brutusse, Gracchusse, Publicolas, die Tribunen, die Senatoren und Cäsar selbst. Die bürgerliche Gesellschaft in ihrer nüchternen Wirklichkeit hatte sich ihre wahren Dolmetscher und Sprachführer erzeugt in den Says, Cousins, Royer-Collards, Benjamin Constants und Guizots, ihre wirklichen Heerführer saßen hinter dem Kontortisch, und der Speckkopf Ludwigs XVIII. war ihr politisches Haupt. Ganz absorbiert in die Produktion des Reichtums und in den friedlichen Kampf der Konkurrenz, begriff sie nicht mehr, daß die Gespenster der Römerzeit ihre Wiege gehütet hatten. Aber unheroisch, wie die bürgerliche Gesellschaft ist, hatte es jedoch des Heroismus bedurft, der Aufopferung, des Schreckens, des Bürgerkriegs und der Völkerschlachten, um sie auf die Welt zu setzen. Und ihre Gladiatoren fanden in den klassisch strengen Überlieferungen der römischen Republik die Ideale und die Kunstformen, die Selbsttäuschungen, deren sie bedurften, um den bürgerlich beschränkten Inhalt ihrer Kämpfe sich selbst zu verbergen und ihre Leidenschaft auf der Höhe der großen geschichtlichen Tragödie zu halten. So hatten auf einer andern Entwicklungsstufe, ein Jahrhundert früher, Cromwell und das englische Volk dem Alten Testament Sprache, Leidenschaften und Illusionen für ihre bürgerliche Revolution entlehnt. Als das wirkliche Ziel erreicht, als die bürgerliche Umgestaltung der englischen Gesellschaft vollbracht war, verdrängte Locke den Habakuk.

Die Totenerweckung in jenen Revolutionen diente also dazu, die neuen Kämpfe zu verherrlichen, nicht die alten zu parodieren, die gegebene Aufgabe in der Phantasie zu übertreiben, nicht vor ihrer Lösung in der Wirklichkeit zurückzuflüchten, den Geist der Revolution wiederzufinden, nicht ihr Gespenst wieder umgehen zu machen. [...]

Die soziale Revolution des neunzehnten Jahrhunderts kann ihre Poesie nicht aus der Vergangenheit schöpfen, sondern nur aus der Zukunft. Sie kann nicht mit sich selbst beginnen, bevor sie allen Aberglauben an die Vergangenheit abgestreift hat. Die früheren Revolutionen bedurften der weltgeschichtlichen Rückerinnerungen, um sich über ihren eigenen Inhalt zu betäuben. Die Revolution des neunzehnten Jahrhunderts muß die Toten ihre Toten begraben lassen, um bei ihrem eignen Inhalt anzukommen. Dort ging die Phrase über den Inhalt, hier geht der Inhalt über die Phrase hinaus. [...]

Bürgerliche Revolutionen, wie die des achtzehnten Jahrhunderts, stürmen rascher von Erfolg zu Erfolg, ihre dramatischen Effekte überbieten sich, Menschen und Dinge scheinen in Feuerbrillanten gefaßt, die Ekstase ist der Geist jedes Tages; aber sie sind kurzlebig, bald haben sie ihren Höhepunkt erreicht, und ein langer Katzenjammer erfaßt die Gesellschaft, ehe sie die Resultate ihrer Drang- und Sturmperiode nüchtern sich aneignen lernt. Proletarische Revolutionen dagegen, wie die des neunzehnten Jahrhunderts, kritisieren beständig sich selbst, unterbrechen sich fortwährend in ihrem eignen Lauf, kommen auf das scheinbar Vollbrachte zurück, um es wieder von neuem anzufangen, verhöhnen grausam-gründlich die Halbheiten, Schwächen und Erbärmlichkeiten ihrer ersten Versuche, scheinen ihren Gegner nur niederzuwerfen, damit er neue Kräfte aus der Erde sauge und sich riesenhafter ihnen gegenüber wieder aufrichte, schrecken stets von neuem zurück vor der unbestimmten Ungeheuerlichkeit ihrer eignen Zwecke, bis die Situation geschaffen ist, die jede Umkehr unmöglich macht, und die Verhältnisse selbst rufen:

Hic Rhodus, hic salta!
Hier ist die Rose, hier tanze! *

Marx, 1851/1852

Die Revolution von 1848 bewegte sich in absteigender Linie

In der ersten Französischen Revolution folgt auf die Herrschaft der *Konstitutionellen* die Herrschaft der *Girondins* * und auf die Herrschaft der *Girondins* die Herrschaft der *Jakobiner*. Jede dieser Parteien stützt sich auf die fortgeschrittenere. Sobald sie die Revolution weit genug geführt hat, um ihr nicht mehr folgen, noch weniger ihr vorangehn zu können, wird sie von dem kühnern Verbündeten, der hinter ihr steht, beiseite geschoben und auf die Guillotine geschickt. Die Revolution bewegt sich so in aufsteigender Linie.

Umgekehrt die Revolution von 1848. Die proletarische Partei erscheint als Anhang der kleinbürgerlich-demokratischen. Sie wird von ihr verraten und fallengelassen am 16. April, am 15. Mai und in den Junitagen*. Die demokratische Partei ihrerseits lehnt sich auf die Schultern der bourgeois-republikanischen. Die Bourgeois-Republikaner glauben kaum fest zu stehn, als sie den lästigen Kameraden abschütteln und sich selbst auf die Schultern der Ordnungspartei stützen. Die Ordnungspartei zieht ihre Schultern ein, läßt die Bourgeois-Republikaner purzeln und wirft sich auf die Schultern der bewaffneten Gewalt. Sie glaubt noch auf ihren Schultern zu sitzen, als sie an einem schönen Morgen bemerkt, daß sich die Schultern in Bajonette verwandelt haben. Jede Partei schlägt von hinten aus nach der weiterdrängenden und lehnt sich von vorn über auf die zurückdrängende. Kein Wunder, daß sie in dieser lächerlichen Positur das Gleichgewicht verliert und, nachdem sie die unvermeidlichen Grimassen geschnitten, unter seltsamen Kapriolen zusammenstürzt. Die Revolution bewegt sich so in absteigender Linie. Sie befindet sich in dieser rückgängigen Bewegung, ehe die letzte Februarbarrikade* weggeräumt und die erste Revolutionsbehörde konstituiert ist.

Marx, 1851/1852

Ein Freispruch wäre einer Verurteilung der Regierung selbst gleichgekommen

An den Redakteur des »Morning Advertiser«

Sir,

die Unterzeichneten erfüllen eine Pflicht gegenüber sich selbst und ihren in Köln neuerdings verurteilten Freunden*, wenn sie der englischen Öffentlichkeit eine Reihe von Tatsachen unterbreiten, die mit dem jüngst durchgeführten Monsterprozeß in jener Stadt zusammenhängen und die die Londoner Presse in ungenügendem Maße bekanntgemacht hat.

Achtzehn Monate sind vergeudet worden, nur um die Beweismittel für diesen Prozeß zu präparieren. Während dieser ganzen Zeit sind unsere Freunde in Einzelhaft gehalten worden, jeder Beschäftigungsmöglichkeit, selbst der Bücher, beraubt; wurden sie krank, so verweigerte man ihnen eine ordnungsgemäße ärztliche Behandlung, oder wenn sie sie erhielten, so hinderte sie die Verfassung, in der sie sich befanden, Nutzen daraus zu ziehen. Sogar nachdem ihnen die »Anklageakte« übermittelt worden war, hat man ihnen – entgegen den Gesetzen – verboten, sich mit ihren Advokaten zu beraten. Und was waren die Vorwände für diese in die Länge gezogene grausame Haft? Nach Ablauf der ersten neun Monate erklärte der »Anklagesenat«, daß kein objektiver Tatbestand für eine Anklage vorliege und die Untersuchung daher von neuem beginnen müsse. Man fing wieder von vorn an. Drei Monate später, bei der Eröffnung der Assisenverhandlungen [Schwurgerichtsverhandlungen], gab der Staatsanwalt [Saedt] vor, die Masse der Beweismaterialien sei derart angewachsen, daß er sie noch nicht habe verarbeiten

9
»Sie dürfen sprechen, erklären Sie, daß Sie sich frei fühlen.«

Karikatur von Honoré Daumier

können. Und nach weiteren drei Monaten wurde der Prozeß wiederum sistiert, und zwar auf Grund der Krankheit eines der Hauptzeugen der Regierung.

Der wahre Grund dieser ganzen Verzögerung war die Furcht der preußischen Regierung, die magere Substanz der Tatsachen den pompös angekündigten »unerhörten Enthüllungen« gegenüberzustellen. Schließlich gelang es der Regierung, ein Geschworenengericht zustande zu bringen, wie es die Rheinprovinz noch nie gesehen, zusammengesetzt aus sechs reaktionären Adligen, vier Mitgliedern der haute finance [Finanzaristokratie] und zwei Mitgliedern der Bürokratie.

Worin bestand nun das Beweismaterial, das dieser Jury vorgelegt wurde? Es waren dies einzig und allein die absurden Proklamationen und Korrespondenzen einer Gruppe von unwissenden Phantasten, von Verschwörern, die sich wichtig machen wollten, von Handlangern, die zugleich Komplizen eines gewissen Cherval waren, eines eingestandenen Polizeiagenten. Der größere Teil dieser Dokumente war früher im Besitz eines gewissen Oswald Dietz in London gewesen. Während der großen Industrieausstellung* hatte die preußische Polizei, als Dietz nicht zu Hause war, seine Schubladen aufgebrochen und sich so die begehrten Dokumente mittels eines gewöhnlichen Diebstahls verschafft. Diese Papiere lieferten erstens einmal die Mittel, um das sogenannte französisch-deutsche Komplott in Paris* zu entdecken. Nun bewies aber der Prozeß zu Köln, daß jene Verschwörer und ihr Pariser Agent Cherval just die politischen Gegner der Angeklagten und jener Londoner Freunde waren, die sich hiermit an Sie wenden. Der Staatsanwalt aber behauptete, daß ein rein persönlicher Streit die Letzteren daran gehindert hätte, am Komplott des Cherval und seiner Bundesgenossen teilzunehmen. Eine solche Argumentation sollte beweisen, daß die Kölner Angeklagten moralisch an dem Pariser Komplott mitschuldig gewesen. Und während so die Kölner Angeklagten für die Taten ihrer ausgesprochenen Feinde verantwortlich gemacht wurden, brachte die Regierung die geschworenen Freunde Chervals und seiner Bundesgenossen bei, aber nicht, um sie wie die Angeklagten vor die Gerichtsschranken, sondern um sie in den Zeugenstand zu stellen und gegen jene aussagen zu lassen. Das jedoch machte einen gar zu schlechten Eindruck. Die öffentliche Meinung zwang die Regierung, sich nach weniger zweideutigen Beweisen umzusehen. Unter der Leitung eines gewissen Stieber, des Hauptzeugen der Regierung in Köln, der königlicher Polizeirat und Leiter der Berliner Kriminalpolizei war, wurde nun die ganze Polizeimaschine in Gang gesetzt. In der Sitzung vom 23. Oktober kündigte Stieber an, daß ihm ein außerordentlicher Kurier von London höchst wichtige Dokumente überbracht habe, die unleugbar bewiesen, daß die Angeklagten gemeinsam mit den Unterzeichneten an einer angeblichen Verschwörung beteiligt waren. »Unter anderen Dokumenten habe ihm der Kurier das Originalprotokollbuch der Sitzungen der Geheimgesellschaft überbracht, deren Vorsitz Dr. Marx innehatte, mit dem die Angeklagten im Briefwechsel gestanden hätten.« Stieber verwickelte sich jedoch in widersprüchliche Angaben über das Datum, an dem ihn der Kurier erreicht haben sollte. Dr. Schneider, der Hauptverteidiger, beschuldigte ihn geradezu des Meineids, worauf Stieber keine andere Antwort zu geben wagte, als auszuweichen auf seine Würde als Repräsentant der Krone, der von der allerhöchsten Autorität im Staate mit einer äußerst wichtigen Mission betraut worden sei. Was das Protokollbuch betrifft, so erklärte Stieber zweimal unter Eid, es sei das »echte Protokollbuch des Londoner Kommunistenbundes«, aber später, von der Verteidigung in die Enge getrieben, gab er zu, es könne ein einfaches Notizbuch sein, das einer seiner Spione an sich genommen habe. Schließlich stellte sich das Buch, nach Stiebers eigenem Zeugnis, als eine bewußte Fälschung heraus, und sein Zustandekommen wurde auf drei von Stiebers Londoner Agenten, Greif, Fleury und Hirsch, zurückgeführt. Der Letztgenannte hat seitdem selbst zugegeben, daß er das Buch unter Anleitung von Fleury und Greif zusammengestellt hat. Zu diesem Punkt waren die Beweise in Köln so schlüssig, daß selbst der Staatsanwalt Stiebers wichtiges Dokument ein »wahrhaft unseliges Buch«, eine bloße Fälschung nannte. Dieselbe Persönlichkeit weigerte sich, Notiz zu nehmen von einem Brief, der zum Beweismaterial der Regierung gehörte und in dem die Handschrift von Dr. Marx nachgeahmt worden war; auch dieses Dokument hatte sich als eine plumpe und offensichtliche Fälschung herausgestellt. Genauso erwies sich jedes weitere Dokument, das beigebracht worden war, nicht etwa um die revolutionären Tendenzen, sondern um die tatsächliche [Beteiligung] der Angeklagten an irgendeinem weithergeholten Komplott zu beweisen, als eine Fälschung durch die Polizei. Die Furcht der Regierung vor einer Enthüllung war so groß, daß sie nicht nur die Post veranlaßte, alle an die Verteidigung adressierten Dokumente zurückzuhalten, sondern diese auch durch Stieber mit der Drohung einer strafrechtlichen Verfolgung wegen ihrer »kriminellen Verbindung« mit den Unterzeichneten einschüchtern ließ.

Wenn nun ein Urteilsspruch zustande kam, obwohl auch nicht ein überzeugender Beweis vorlag, so war ein solches Ergebnis sogar vor einer solchen Jury nur möglich auf Grund der rückwirkenden Anwendung des neuen Strafgesetzbuches, mit dessen Hilfe selbst die »Times« und die Friedensgesellschaft* jederzeit wegen Hochverrats unter furchtbarste Anklage gestellt werden könnten. Darüber hinaus hat der Kölner Prozeß, schon durch seine Dauer und durch die außerordentlichen

Mittel, die seitens der Anklage angewandt wurden, solch enorme Dimensionen angenommen, daß ein Freispruch einer Verurteilung der Regierung selbst gleichgekommen wäre; und in der Rheinprovinz war man allgemein davon überzeugt, daß ein Freispruch die Aufhebung der gesamten Einrichtung der Geschworenengerichte zur unmittelbaren Folge gehabt hätte.

Wir verbleiben, Sir, Ihre sehr ergebenen Diener,

F. Engels
F. Freiligrath
K. Marx
London, 20. Nov. 1852 *W. Wolff*

Marx/Engels

Heuchelei und Barbarei der Bourgeoisie zeigen sich in den Kolonien unverschleiert

Die tiefe Heuchelei der bürgerlichen Zivilisation und die von ihr nicht zu trennende Barbarei liegen unverschleiert vor unseren Augen, sobald wir den Blick von ihrer Heimat, in der sie unter respektablen Formen auftreten, nach den Kolonien wenden, wo sie sich in ihrer ganzen Nacktheit zeigen. Die Bourgeoisie ist die Verfechterin des Eigentums; hat aber je eine revolutionäre Partei solche Agrarrevolutionen hervorgerufen wie die in Bengalen, in Madras und in Bombay? Hat nicht die Bourgeoisie in Indien, um einen Ausdruck des großen Räubers Lord Clive zu gebrauchen, zu grausamer Erpressung gegriffen, wenn einfache Korruption nicht genügte, um ihre Raubgier zu befriedigen? Hat sie nicht zur gleichen Zeit, wo sie in Europa über die unantastbare Heiligkeit der Staatsschuld schwätzte, in Indien die Dividenden der Radschas beschlagnahmt, die ihre Privatersparnisse in Obligationen der Ostindischen Kompanie angelegt hatten? Hat sie nicht zur gleichen Zeit, wo sie unter dem Vorwand der Verteidigung »unserer heiligen Religion« die Französische Revolution bekämpfte, die Verbreitung des Christentums in Indien verboten, und hat sie nicht, um aus den nach den Tempeln Orissas und Bengalens strömenden Pilgern Geld herauszuschlagen, den gewerbsmäßigen Betrieb von Mord und Prostitution im Tempel des Dschagannat* fortgesetzt? So sehen die Männer »des Eigentums, der Ordnung, der Familie und der Religion« aus!

Die verheerenden Wirkungen der englischen Industrie auf Indien, ein Land von der Größe Europas, mit einer Fläche von 150 Millionen Acres, treten erschütternd zutage. Wir dürfen jedoch nicht vergessen, daß sie nur das organische Ergebnis des gesamten Produktionssystems sind, so wie es heute besteht. Grundlage dieser Produktion ist die absolute Herrschaft des Kapitals. Wesentlich für die Existenz des Kapitals als einer unabhängigen Macht ist die Zentralisation des Kapitals. Der zerstörende Einfluß dieser Zentralisation auf die Märkte der Welt enthüllt nur in gigantischem Ausmaß die immanenten organischen Gesetze der politischen Ökonomie, die heute in jedem zivilisierten Gemeinwesen wirksam sind. Die bürgerliche Periode der Geschichte hat die materielle Grundlage einer neuen Welt zu schaffen: einerseits den auf der gegenseitigen Abhängigkeit der Völker beruhenden Weltverkehr und die hierfür erforderlichen Verkehrsmittel, andererseits die Entwicklung der menschlichen Produktivkräfte und die Umwandlung der materiellen Produktion in wissenschaftliche Beherrschung der Naturkräfte.

Bürgerliche Industrie und bürgerlicher Handel schaffen diese materiellen Bedingungen einer neuen Welt in der gleichen Weise, wie geologische Revolutionen die Oberfläche der Erde geschaffen haben. Erst wenn eine

10
Aufständische indische Soldaten (Sepoys), in Firospur vor Kanonen gebunden, werden grausam ermordet

13. Juni 1857

große soziale Revolution die Ergebnisse der bürgerlichen Epoche, den Weltmarkt und die modernen Produktivkräfte, gemeistert und sie der gemeinsamen Kontrolle der am weitesten fortgeschrittenen Völker unterworfen hat, erst dann wird der menschliche Fortschritt nicht mehr jenem scheußlichen heidnischen Götzen gleichen, der den Nektar nur aus den Schädeln Erschlagener trinken wollte.

Marx, 1853

Palmerston ist als Staatsmann nicht jeder Aufgabe, doch als Schauspieler jeder Rolle gewachsen

Die Orientwirren haben in England eine große Veränderung hervorgerufen, die, wenn nicht die Parteien, so zumindest die Männer an der Spitze der Parteien berührt. Lord Palmerston ist wieder zum Liebling des Publikums geworden. Er ist in jedermanns Munde, er ist der einzige Mensch, der England retten kann, er wird zuversichtlich zum unumgänglichen Premierminister jedes veränderten Kabinetts erklärt und gleichermaßen von den Tories, den Whigs, von den angeblichen Patrioten, der Presse und der allgemeinen öffentlichen Meinung gepriesen.

Das Phänomen der Palmerston-Manie ist so außergewöhnlich, daß man versucht ist, es nur für ein künstliches Phänomen zu halten, das nicht für den Hausgebrauch, sondern als Exportartikel für auswärtigen Gebrauch gedacht ist. Dies wäre jedoch ein Irrtum.

Ruggiero wird immer und immer wieder durch die

falschen Reize Alcinens gefesselt, hinter denen sich doch, wie er weiß, eine alte Hexe verbirgt –

»Ohn' Aug', ohn' Zahn, ohne Geschmack, ohn' alles.« *

Und der fahrende Ritter verliebt sich immer wieder aufs neue in sie, obwohl er weiß, daß sie alle ihre früheren Anbeter in Esel und andere Tiere verwandelt hat. Das englische Publikum ist ein neuer Ruggiero und Palmerston eine neue Alcine. Er bringt es fertig, obgleich er ein Siebziger ist und seit 1807 fast ununterbrochen auf der politischen Bühne agiert, immer als Neuheit zu wirken und immer wieder Hoffnungen zu erwecken, die man sonst nur an einen unerprobten, vielversprechenden Jüngling knüpft. Steht er auch schon mit einem Fuß im Grabe, so erwartet man noch immer, er werde seine eigentliche Karriere erst beginnen. Stürbe er morgen, so würde ganz England darüber staunen, daß er schon ein halbes Jahrhundert lang Minister war.

Ist er auch als Staatsmann nicht jeder Aufgabe gewachsen, so doch als Schauspieler jeder Rolle. Das komische wie das heroische Fach, das Pathos und der familiäre Ton, die Tragödie wie die Farce liegen ihm gleich gut; die letztere mag seinem Gefühl allerdings besser entsprechen. Er ist kein erstklassiger Redner, aber ein vollendeter Debattierer. Er besitzt ein wundervolles Gedächtnis, große Erfahrung, feinsten Takt, nie versagende présence d'esprit [Geistesgegenwart], vornehme Schmiegsamkeit und ist der genaueste Kenner aller parlamentarischen Tricks, Intrigen, Parteien und Männer, so daß er die schwierigsten Fälle auf höchst elegante Art mit angenehmer Nonchalance zu behandeln versteht, indem er dabei auf die Vorurteile und die Empfänglichkeit seines Publikums spekuliert. Seine zynische Frechheit schützt ihn vor jeder Überrumplung, seine selbstsüchtige Geschicklichkeit vor jedem Selbstverrat, seine große Frivolität, seine vollkommene

Gleichgültigkeit, seine aristokratische Geringschätzung vor der Gefahr, jemals heftig zu werden. Durch seinen feinen Witz weiß er sich bei jedermann beliebt zu machen. Und da er unter allen Umständen seine Ruhe bewahrt, so ziehen seine leidenschaftlicheren Gegner den kürzeren. Wenn er einen Gegenstand nicht beherrscht, so versteht er doch, mit ihm zu spielen. Und wenn ihm allgemeine Gesichtspunkte fehlen, so besitzt er dafür die nie versagende Fertigkeit, ein ganzes Gewebe aus eleganten Gemeinplätzen herzustellen.

Sein rastloser, unermüdlicher Geist verabscheut die Untätigkeit und sehnt sich, wenn schon nicht nach Tätigkeit, so doch nach Aufregung. Ein Land wie England bietet ihm natürlich Gelegenheit, sich in jedem Winkel der Welt zu betätigen. Er strebt weniger den Erfolg selbst als den Schein des Erfolgs an.

Kann er nichts tun, so will er wenigstens etwas ersinnen. Wo er nicht einzugreifen wagt, da spielt er wenigstens den Vermittler. Ist er unfähig, sich mit einem starken Feind zu messen, so schafft er sich einen schwachen.

Er ist nicht der Mann für großangelegte Pläne, weitschauende Entwürfe, er verfolgt keine großen Ziele, sondern verwickelt sich nur in Schwierigkeiten, um sich effektvoll wieder aus ihnen herauswinden zu können. Er braucht Komplikationen, um nicht untätig zu sein, und findet er sie nicht vor, so schafft er sie sich künstlich. Er schwelgt in Scheinkonflikten, in Scheinkämpfen mit Scheingegnern, in diplomatischen Notenwechseln, in Befehlen zur Ausfahrt von Schiffen, bis sich endlich das ganze Getriebe in heftige Parlamentsdebatten auflöst, die ihm einen Eintagsruhm einbringen, der für ihn das ständige und einzige Ziel seiner Bestrebungen bildet. Internationale Konflikte dirigiert er wie ein Künstler, er treibt die Dinge bis zu einem gewissen Höhepunkt, und drohen sie dann allzu ernsthaft zu werden, so zieht er sich zurück, da er doch auf alle Fälle die dramatische Erregung ausgekostet hat, die ihm unentbehrlich ist. In seinen Augen ist die historische Entwicklung selbst nichts anderes als ein Zeitvertreib, der ausschließlich zum Privatvergnügen des edlen Viscount Palmerston von Palmerston erfunden wurde.

Er, der in der Tat sich fremdem Einfluß beugt, widersetzt sich ihm in Worten. Als Erbschaft von Canning übernahm er die Doktrin von Englands Mission, den Konstitutionalismus auf dem Kontinent zu propagieren; daher fehlt es ihm nie an einem Anlaß, die nationalen Vorurteile anzustacheln, der Revolution in andern Ländern entgegenzuwirken und gleichzeitig die argwöhnische Eifersucht der fremden Mächte wachzuhalten. Nachdem es ihm auf diese bequeme Weise gelungen, zum bête noire [schwarzen Mann] aller Höfe des Kontinents zu werden, wurde es ihm ein leichtes, gleichzeitig zu Hause als das Muster des echten englischen Ministers zu gelten. Obgleich ursprünglich ein Tory, hat er es doch fertiggebracht, in die Verwaltung der auswärtigen Angelegenheiten all den widerspruchsvollen Lug und Trug einzuführen, der die Quintessenz des Whiggismus* bildet. Er weiß eine demokratische Phraseologie mit oligarchischen Ansichten wohl zu vereinen, weiß die Politik des Friedensschachers der Bourgeoisie gut hinter der stolzen Sprache des aristokratischen Engländers aus alter Zeit zu verbergen; er versteht es, als Angreifer zu erscheinen, wo er kneift, und als Verteidiger, wo er verrät; er weiß einen scheinbaren Feind schlau zu schonen und einen angeblichen Bundesgenossen zur Verzweiflung zu bringen; er versteht es, im entscheidenden Moment des Streites auf der Seite des Stärkeren gegen den Schwachen zu sein und im Davonlaufen noch mit großen, tapferen Redensarten um sich zu werfen.

Eine Partei klagt ihn an, im Solde Rußlands zu stehen; die andere verdächtigt ihn des Karbonarismus*.

Hatte er sich 1848 gegen die drohende gerichtliche Anklage zu verteidigen, als ein Minister des Zaren Nikolaus gehandelt zu haben, so hatte er dafür 1850 die Genugtuung, sich von einer ganzen Verschwörung ausländischer Botschafter verfolgt zu sehen, die im Oberhaus den Sieg gegen ihn davontrugen, jedoch im Unterhaus zurückgewiesen wurden. Wenn er fremde Völker verriet, tat er es mit der größten Höflichkeit, wie denn Höflichkeit überhaupt die kleine Münze des Teufels ist, mit der er die Dummen bezahlt, die ihm ihr Herzblut dahingeben. Stets konnten die Unterdrücker auf seine Hilfe zählen; an die Unterdrückten jedoch verschwendete er seinen großen Aufwand an rednerischer Großmut. Ob es nun Polen, Italiener, Ungarn, Deutsche zu überwältigen galt, er war stets dienstbereit zur Stelle; und dennoch verdächtigten ihn deren Unterdrücker der geheimen Konspiration mit den Opfern, die sie mit seiner Erlaubnis gemeuchelt hatten. Bisher erwies es sich in allen Fällen als ein Vorzeichen des Erfolges, ihn zum Gegner und als ein Vorzeichen des Verderbens, ihn zum Freunde zu haben. Tritt aber auch seine diplomatische Kunst in den wirklichen Erfolgen seiner Außenpolitik nicht eben glänzend zutage, so erglänzt sie um so leuchtender in der Auslegung, die er dem englischen Volk von ihr beibringt, so daß es Phrasen für Tatsachen, Phantastereien für Realitäten hält und hochtrabende Vorwände niedriger Motive akzeptiert.

Marx, 1853

Glänzende Gelegenheiten, die von der Arbeiterklasse vertan worden sind

»Glänzende Gelegenheiten und welchen Gebrauch man von ihnen machte«, so lautet der Titel einer der äußerst tragikomischen Ergüsse des gewichtigen und tiefgründigen »Economist«. Die »glänzenden Gelegenheiten« wurden selbstverständich vom Freihandel* geboten, und der »Gebrauch« oder vielmehr »Mißbrauch«, der von ihnen gemacht wurde, bezieht sich auf die Arbeiterklasse.

»Zum ersten Male hielt die Arbeiterklasse ihre Zukunft in eigenen Händen! Die Bevölkerung des Vereinigten Königreichs begann tatsächlich *abzunehmen*, die Auswanderung überwog den natürlichen Zuwachs. Wie haben die Arbeiter ihre Gelegenheit genutzt? Was haben sie gemacht? Genau das, was sie vorher zu tun pflegten, wenn wieder einmal vorübergehend die Sonne schien: geheiratet und sich so schnell wie möglich vermehrt. Bei dieser Zuwachsrate wird es nicht lange dauern, bis die Wirkung der Auswanderung wieder aufgewogen ist und die glänzende Gelegenheit vertan.«

Die glänzende Gelegenheit, *nicht* zu heiraten und sich *nicht* zu vermehren, es sei denn, in dem von Malthus und seinen Jüngern gestatteten begrenzten Umfang! Welch glänzende Moralität! Aber wie der »Economist« selbst feststellt, hat die Bevölkerung bisher abgenommen und die Auswanderung noch nicht wettgemacht. Übervölkerung ist also nicht für die katastrophalen Zeiten verantwortlich zu machen.

»Weiter hätten die arbeitenden Klassen die seltene Gelegenheit nutzen sollen, zu sparen und Kapitalisten zu werden. In kaum einem Falle scheinen sie in die Reihen der Kapitalisten emporgestiegen zu sein oder auch nur damit begonnen zu haben. Sie haben ihre Gelegenheit vertan!«

Die Gelegenheit, Kapitalisten zu werden! Gleichzeitig erzählt der »Economist« den Arbeitern, sie könnten anstatt 15 Schilling jetzt 16 Schilling 6 Pence die Woche einstecken, nachdem sie endlich 10 % über ihren früheren Verdienst erhalten. Nun ist aber der Durchschnittslohn zu hoch berechnet mit 15 Schilling pro Woche. Aber das tut nichts. Wie soll man von 15 Schilling in der Woche ein Kapitalist werden! Dieses Problem ist wert, daß man es studiert. Die Arbeiter hatten die falsche Vorstellung, daß sie versuchen müßten, ihr Einkommen zu verbessern, um ihre Lage zu verbessern. »Sie haben für mehr gestreikt, als ihnen dienlich gewesen wäre«, sagt der »Economist«. Mit 15 Schilling die Woche hatten sie die beste Gelegenheit, *Kapitalisten* zu werden, aber mit 16 Schilling 6 Pence wäre diese Gelegenheit vorbei. Einerseits müssen die Arbeiter dafür sorgen, daß Arbeitskräfte knapp und Kapital im Überfluß vorhanden ist, um die Kapitalisten zu einer Lohnerhöhung zwingen zu können. Aber wenn es so kommt, daß Kapital im Überfluß vorhanden und Arbeiter knapp sind, dann dürfen sie sich auf keinen Fall dieser Macht bedienen, um derentwillen sie aufhören sollten zu heiraten und sich zu vermehren.

»Sie haben verschwenderischer gelebt.« Während der Korngesetze*, sagt uns der gleiche »Economist«, waren sie nur halbwegs ernährt, halbwegs gekleidet und mehr oder weniger am Verhungern. Wenn sie denn überhaupt leben sollen, wie könnten sie es dann zuwege bringen, weniger verschwenderisch als vorher zu leben? Die Einfuhrtabellen wurden immer und immer wieder vom »Economist« hervorgeholt, um den wachsenden Wohlstand der Bevölkerung und die Solidität der getätigten Geschäfte zu beweisen. Das, was also als ein Prüfstein für die unaussprechlichen Segnungen des Freihandels proklamiert wurde, wird jetzt als ein Beweis für die törichte Verschwendung der Arbeiterklasse angeprangert. Es bleibt uns jedoch weiter unverständlich, wieso die Einfuhr bei abnehmender Bevölkerung und einer rückläufigen Konsumtion weiter zunehmen kann; wieso die Ausfuhr bei abnehmender Einfuhr weiter ansteigen kann und wieso Industrie und Handel sich bei schrumpfender Ein- und Ausfuhr ausdehnen können?

»Als drittes hätten sie von der glänzenden Gelegenheit Gebrauch machen sollen, indem sie sich und ihren Kindern die bestmögliche Bildung verschaffen, um sich ihren verbesserten Lebensumständen anzupassen und zu lernen, das beste daraus zu machen. Unglücklicherweise müssen wir feststellen, daß selten Schulen so schlecht besucht und Schulgelder derart schlecht bezahlt wurden.«

Ist diese Tatsache so erstaunlich? Lebhafter Handel ging Hand in Hand mit vergrößerten Fabriken, mit verstärkter Anwendung von Maschinen, damit, daß mehr erwachsene Arbeiter durch Frauen und Kinder ersetzt wurden, mit verlängerter Arbeitszeit. Je mehr Mütter und Kinder in die Fabrik gingen, um so weniger konnten die Schulen besucht werden. Und für welche Art Bildung hättet ihr schließlich den Eltern und ihren Kindern Gelegenheit geboten? Gelegenheit zu lernen, wie man den Bevölkerungszuwachs in dem von Malthus vorgeschriebenen Umfang hält, sagt der »Economist«. Bildung, sagt Herr Cobden, würde die Arbeiter erkennen lassen, daß schmutzige, schlecht gelüftete, überfüllte Behausungen nicht das beste Mittel sind, Gesundheit und Kraft zu erhalten. Das ist, als wolle man einen Menschen vom Hungertod erretten, indem man ihm sagt, die Naturgesetze verlangen, daß dem menschlichen Körper regelmäßig Nahrung zugeführt wird. Bildung, schreibt die »Daily News«, hätte unseren Arbeitern vermittelt, wie man trockenen Knochen nahrhafte Substanzen entzieht, wie man Teegebäck aus Stärke herstellt und wie man Suppe aus Fabrikstaub kocht.

Wenn wir also die glänzenden Gelegenheiten, die von der Arbeiterklasse vertan worden sind, noch einmal zusammenfassen, so bestehen sie aus der glänzenden Gelegenheit, *nicht* zu heiraten, aus der Gelegenheit, *weniger* verschwenderisch zu leben, keine höheren Löhne zu verlangen, mit 15 Schilling in der Woche Kapitalisten zu werden und zu lernen, wie man mit schlechterer Nahrung den Körper zusammenhält und mit den verderblichen Lehren von Malthus die Seele erniedrigt.

Marx, 1853

Die Arbeiterklasse hat die Natur erobert; jetzt muß sie die Menschen erobern

Ich bedaure zutiefst, daß ich, wenigstens im Moment, London nicht verlassen kann und somit der Möglichkeit beraubt bin, mündlich auszudrücken, wie sehr mich die Einladung als Ehrendelegierter zum Arbeiterparlament mit Stolz und Dankbarkeit erfüllt. Schon die Einberufung dieses Parlaments zeugt von einer neuen Epoche in der Weltgeschichte. Die Kunde von diesem bedeutsamen Ereignis wird die Hoffnungen der Arbeiterklasse in ganz Europa und Amerika wachrufen.

In keinem anderen Lande hat die Despotie des Kapitals und die Arbeitssklaverei einen so hohen Grad der Entwicklung erreicht wie in Großbritannien. Nirgends sind die Zwischengruppen zwischen dem Millionär, der über ganze industrielle Armeen herrscht, und dem Lohnsklaven, der nur von der Hand in den Mund lebt, so gründlich vom Erdboden hinweggefegt worden. Hier existieren nicht mehr, wie in den Ländern des Konti-

11 *Auswahl von Zeitungen und Zeitschriften, in denen Marx und Engels in den fünfziger und sechziger Jahren publizierten*

nents, die großen Klassen der Bauern und Handwerker, die fast ebensosehr von ihrem Eigentum wie von ihrer Arbeit abhängen. In Großbritannien hat sich eine vollständige Scheidung des Eigentums von der Arbeit vollzogen. Deshalb hat der Krieg zwischen den beiden Klassen, die die moderne Gesellschaft bilden, in keinem anderen Lande so kolossale Ausmaße und so ausgeprägte und unverhüllte Züge angenommen.

Gerade deshalb auch ist niemand so sehr kompetent und berufen wie die britische Arbeiterklasse, Führer der großen Bewegung zu sein, deren Ergebnis schließlich die völlige Emanzipation der Arbeit sein muß. Sie ist dies durch das klare Bewußtsein ihrer Lage, durch ihre gewaltige zahlenmäßige Überlegenheit, ihre Erfahrung aus den verheerenden Kämpfen der Vergangenheit und ihre moralische Stärke der Gegenwart.

Die Millionen Arbeiter Großbritanniens haben als erste die reale Basis für eine neue Gesellschaft gelegt — die moderne Industrie, welche die zerstörenden Kräfte der Natur in die Produktivkräfte des Menschen verwandelte. Die englische Arbeiterklasse hat mit unbezwingbarer Energie, mit ihrem Schweiß und Verstand die materiellen Voraussetzungen dafür geschaffen, die Arbeit selbst zu adeln und ihre Früchte in solchem Maße zu vervielfachen, daß ein allgemeiner Überfluß ermöglicht wird.

Indem sie die unerschöpflichen Produktivkräfte der modernen Industrie schuf, hat sie die erste Bedingung für die Befreiung der Arbeit erfüllt. Jetzt muß sie die zweite Bedingung hierfür verwirklichen. Sie muß jene Reichtum produzierenden Kräfte von den schmachvollen Ketten des Monopols befreien und sie der gemeinsamen Kontrolle der Produzenten unterwerfen, die es bis jetzt zuließen, daß gerade die Produkte ihrer Arbeit sich gegen sie wenden und sich in ebensoviele Instrumente ihrer eigenen Unterjochung verwandeln.

Die Arbeiterklasse hat die Natur erobert; jetzt muß sie die Menschen erobern. Zum Gelingen dieses Unternehmens mangelt es ihr nicht an Kraft, wohl aber an der Organisation ihrer gemeinsamen Kraft; die Organisation der Arbeiterklasse im nationalen Maßstab – das, denke ich, ist das große und glorreiche Ziel, welches das Arbeiterparlament anstrebt.

Wenn das Arbeiterparlament sich treu der Idee zeigt, welche es ins Leben gerufen hat, so werden künftige Geschichtsschreiber zu berichten haben, daß es im Jahre 1854 zwei Parlamente in England gab, ein Parlament in London und ein Parlament in Manchester – ein Parlament der Reichen und ein Parlament der Armen –, daß aber wirkliche Männer nur in dem Parlament der Arbeiter saßen und nicht im Parlament der Herren.

Ihr sehr ergebener
Karl Marx

1854

Die modernen Heiligen kasteien den Leib der Masse für ihr eignes Seelenheil

Alt und historisch ist die Lehre, daß überlebte gesellschaftliche Mächte nominell noch im Besitz aller Attribute der Gewalt, nachdem ihr Daseinsgrund längst unter ihren Füßen weggemodert – fortvegetierend, weil unter den Erben schon Hader über den Antritt der Hinterlassenschaft ausgebrochen, bevor der Totenzettel gedruckt und das Testament eröffnet ist –, sich vor dem letzten Todeskampf noch einmal zusammenfassen, aus der Defensive in die Offensive übergehen, herausfordern statt auszuweichen, und extremste Schlüsse aus

Prämissen zu ziehen suchen, die nicht nur in Frage gestellt, sondern schon verurteilt sind. So jetzt die englische Oligarchie. So die *Kirche*, ihre Zwillingsschwester. Unzählig sind die Versuche innerhalb der Staatskirche, der hohen und der niedern, sich zu reorganisieren, die Versuche, sich mit den Dissidenten* auszugleichen und so der profanen Masse der Nation gegenüber eine kompakte Macht herzustellen, rasch aufeinanderfolgend die religiösen Zwangsmaßregeln – der fromme Graf Shaftesbury, früher bekannt als Lord Ashley, konstatierte jammernd im Oberhaus, daß in England allein 5 Millionen durchaus nicht nur der Kirche, sondern dem Christentum entfremdet seien. »Compelle intrare« [»Nötige sie, hereinzukommen«], antwortet die Staatskirche. Sie überläßt es Lord Ashley und ähnlichen dissentierenden, sektiererischen und überreizten Frömmlern, die Kastanien aus dem Feuer zu ziehen, die sie zu essen gedenkt.

Erstes religiöses Zwangsmittel war die Beer Bill [das Biergesetz], die alle öffentlichen Vergnügungsorte an Sonntagen schloß, mit Ausnahme von 6 bis 10 Uhr abends. Sie wurde in einem dünnen Hause am Schluß der Sitzung durchgeschmuggelt, nachdem die Frommen die Unterstützung der großen Bierwirte von London dadurch erkauft, daß sie ihnen die Fortdauer des Patentsystems, d.h. des Monopols der großen Kapitalien, garantiert hatten. Dann kam die Sunday Trading Bill [das Gesetz über den Sonntagshandel], die jetzt in dritter Lesung durch die Gemeinen* gegangen und deren einzelne Klauseln eben im Komitee des ganzen Hauses debattiert worden. In dieser neuen Zwangsmaßregel war wieder die Stimme des großen Kapitals gesichert, weil nur Kleinkrämer am Sonntag handeln und das große Warenhaus durchaus bereit ist, die Sonntagskonkurrenz der kleinen Butike parlamentarisch aus dem Wege zu räumen. In beiden Fällen Verschwörung der Kirche mit dem Monopol des Kapitals, aber in beiden Fällen religiöse Strafgesetze gegen die niedern Klassen zur Beruhigung des Gewissens der vornehmen Klassen. Die *Beer Bill* traf ebensowenig die aristokratischen Klubs, wie die *Sunday Trading Bill* vornehme Sonntagsbeschäftigungen trifft. Die Arbeiterklasse empfängt ihren Arbeitslohn spät am Sonnabend; nur für sie existiert daher der Sonntagshandel. Nur sie ist gezwungen, am Sonntag ihre kleinen Einkäufe zu machen. Nur gegen sie ist daher die neue Bill gerichtet. Im 18. Jahrhundert sagte die französische Aristokratie: Für uns Voltaire, für das Volk die Messe und der Zehnte. Im 19. Jahrhundert sagt die englische Aristokratie: Für uns die frömmelnde Phrase, für das Volk die christliche Praxis. Die klassischen Heiligen des Christentums kasteiten *ihren* Leib für das Seelenheil der Masse; die modernen, gebildeten Heiligen kasteien den *Leib der Masse* für ihr eignes Seelenheil.

Dieses Bündnis einer liederlichen, verfallenden und genußsüchtigen Aristokratie mit der Kirche, gestützt auf schmutzige Profit-Kalküls von Biermagnaten und monopolisierenden Großkrämern, rief gestern eine *Massendemonstration* im Hyde Park hervor, wie London sie seit dem Tode Georgs IV., des »ersten Gentleman von Europa«, nicht mehr erlebt hat. Wir waren Zuschauer von Beginn bis zum Schlusse, und wir glauben nicht zu übertreiben, wenn wir versichern, daß *gestern im Hyde Park die englische Revolution begonnen hat.* Die letzten Nachrichten aus der Krim* bildeten ein wesentliches Ferment dieser *»unparlamentarischen«, »außerparlamentarischen«* und *»antiparlamentarischen«* Demonstration.

Lord *Robert Grosvenor*, der Urheber der Sonntagshandelsbill, hatte dem Einwurf, sein Gesetz sei nur gegen die armen, nicht gegen die reichen Klassen gerichtet, mit den Worten geantwortet:

»Die Aristokratie enthalte sich, in großem Maßstab ihre Diener und ihre Pferde sonntags zu beschäftigen.«

In den letzten Tagen der vergangenen Woche war an allen Mauern Londons folgendes großgedruckte, *von den Chartisten** ausgehende Plakat zu lesen:

»*Neue Sonntagsbill* zur Beseitigung von Zeitungen, Rasieren, Rauchen, Essen und Trinken und aller Arten von Nahrung und Erholung, leiblicher oder geistiger, die augenblicklich noch vom *armen Volk* genossen werden. *Ein Meeting in freier Luft* von Handwerkern, Arbeitern und den ›*niederen Ständen*‹ der Hauptstadt wird im Hyde Park abgehalten werden, am Sonntag nachmittag, um zu sehen, wie religiös die Aristokratie den Sabbat beobachtet und wie ängstlich sie ist, ihre Diener und Pferde an diesem Tage nicht ins Werk zu setzen. Siehe Lord Robert Grosvenors Rede. Das Meeting ist zusammenberufen für 3 Uhr an der rechten Seite der Serpentine (Flüßchen im Hyde Park) nach den Kensington Gärten zu. Kommt! Und bringt eure Weiber und Familien mit euch! Damit sie profitieren von dem Beispiel, das ihre ›Besseren‹ geben!«

Man muß nämlich wissen, daß, was *Longchamps* für die Pariser, der Weg im Hyde Park längs der Serpentine für die englische *Hautevolée* ist – der Platz, wo sie am Nachmittage, namentlich sonntags, ihre Prunkkarossen und ihren Putz Revue passieren lassen und ihre Rosse tummeln, gefolgt von Lakaienschwärmen. Man wird aus dem obigen Plakat ersehen, wie der Kampf gegen Pfäfferei denselben Charakter annimmt wie jeder ernstliche Kampf in England, den Charakter des *Klassenkampfes* von arm gegen reich, Volk gegen Aristokratie, der »niederen« gegen die »besseren« Ränge.

Um 3 Uhr waren auf dem angesagten Platze, auf dem rechten Ufer der Serpentine, auf den ungeheuern Wiesen des Hyde Park, ungefähr 50 000 Menschen versammelt, die nach und nach durch Zugänge auch vom linken Ufer zu wenigstens 200 000 anschwollen. Man sah kleinere Menschenknäuel von einem Punkt auf den andern fortgeschoben. Die zahlreich aufgestellten Konstabler [Polizisten] suchten offenbar den Urhebern des Meetings zu entziehen, was Archimedes verlangte, um die Welt aus den Angeln zu heben, einen festen Standpunkt. Endlich faßte ein größerer Haufen Posto [nahm Stellung ein], und *Bligh*, der Chartist, konstituierte sich als Präsident auf einer kleinen Anhöhe in der Mitte des Haufens. Er hatte kaum seine Harangue [Ansprache] begonnen, als Polizeiinspektor Banks an der Spitze von 40 knüttelschwingenden Konstablern ihm erklärte, der Park sei *königliches* Privateigentum, und man dürfe hier kein Meeting abhalten. Nach einigen Pourparlers [Verhandlungen], worin Bligh ihm zu demonstrieren suchte, die Parks seien Eigentum des Publikums, und worin Banks erwiderte, er habe gemessenen Befehl, ihn zu arretieren, wenn er auf seinem Vorhaben beharre, unter ungeheurem Gebrüll der umstehenden Masse, rief Bligh:

»Ihrer Majestät Polizei erklären, daß der Hyde Park königliches Privateigentum und daß Ihre Majestät dem Volke ihren Grund und Boden nicht zu seinen Meetings leihen will. Vertagen wir uns daher nach Oxford Market.«

Unter dem ironischen Ruf: »God save the Queen!« [Gott schütze die Königin!] entstrahlte sich der Knäuel, um nach Oxford Market zu pilgern. Unterdes aber war *Finlen*, Mitglied des Zentralchartistenkomitees, an einen fernstehenden Baum gestürzt, Massen folgten ihm, umschlossen ihn in einem Nu in einem so engen und dichten Zirkel, daß die Polizei den Versuch aufgab, bis zu ihm vorzudringen.

»Wir sind 6 Tage in der Woche geknechtet, das Parlament will uns noch das bißchen Freiheit am siebenten rauben. *Buße* wollen sie tun, nicht an sich, sondern an uns, diese mit augenverdrehenden Pfaffen koalitionierten Oligarchen und Kapitalisten, für den gewissenlosen

Mord, womit sie die Kinder des Volks in der Krim geopfert haben.«

Wir verließen die Gruppe, um uns einer andern zu nähern, wo ein Redner, der Länge nach auf den Boden gestreckt, in dieser horizontalen Situation seine Audienz harangierte [das große Wort führte]. Plötzlich erscholl es von allen Seiten: »Hin zum Fahrweg, hin zu den Karossen!« Unterdes hatte der Insult auf Equipagen und Reiter schon begonnen. Die Konstabler, die beständig Zuzüge aus der Stadt erhielten, trieben die Spaziergänger weg von dem Fahrweg. Sie trugen so dazu bei, auf beiden Seiten des Wegs dichte Menschenspaliere zu bilden, von Apsley-House Rotten-Row hinauf der Serpentine entlang bis nach Kensington Garden, mehr als eine Viertelstunde in der Ausdehnung. Das Publikum bestand zu etwa $\frac{2}{3}$ aus Arbeitern, zu $\frac{1}{3}$ aus Mitgliedern der Mittelklasse, alle mit Weibern und Kindern. Die Schauspieler wider Willen, elegante Herren und Damen, »Gemeine und Lords« in hohen Staatskarossen, galonierte Dienerschaft vorn und hinten, einzelne ältliche, von Portwein erhitzte Herrn zu Pferde, passierten diesmal nicht Revue. Sie liefen Spießruten. Ein Babylon* aller höhnenden, provozierenden, übelklingenden Laute, an denen keine Sprache so reich wie die englische, umwogte sie bald von beiden Seiten. Da das Konzert improvisiert war, fehlte es an Instrumenten. Der Chor mußte daher von seinen eignen Organen Gebrauch machen und sich auf Vokalmusik beschränken. Und ein diabolisches Konzert war es von grunzenden, zischenden, pfeifenden, schnarrenden, knurrenden, murrenden, quäkenden, gellenden, ächzenden, rasselnden, quirksenden, knirschenden Tönen. Eine Musik, Menschen rasend zu machen und Steine zum Bewußtsein zu bringen. Sonderbares Gemisch dazu von Ausbrüchen echten altenglischen Humors und lang verhaltener kochender Wut. »Go to the church!« (Geht zur Kirche!)

war der einzige artikulierte Laut, der sich unterscheiden ließ. Eine Lady streckte beschwichtigend ein orthodox-eingebundenes Prayerbook (Gebetbuch) aus der Equipage hervor. »Give it to read to your horses!« (Gebt es euren Pferden zu lesen!), donnerte das tausendstimmige Echo zurück. Wenn die Pferde scheu wurden, bäumten, bockten, ausrissen, Lebensgefahr ihrer eleganten Last drohte, erhob sich das Hohngeschrei lauter, drohender, unerbittlicher. Edle Lords und Ladies, u. a. die Gräfin Granville, Frau des Ministers und Präsidenten des Geheimen Rates, wurden gezwungen, auszusteigen und Gebrauch von ihren eigenen Füßen zu machen. Wenn ältliche Gentlemen vorbeiritten, deren Tracht, namentlich der Hut mit breiten Krempen, besondere Ansprüche auf Vollkommenheit im Glauben kundgab, erlöschten alle Wuttöne, wie auf ein Kommando, in unauslöschlichem Gelächter. Einem dieser Gentlemen riß die Geduld aus. Er machte, wie Mephistopheles, eine unanständige Gebärde, er streckte die Zunge dem Feinde entgegen. »He is a wordcatcher! a parliamentary man! He fights with his own weapons!« (Er ist ein Wortdrescher, ein Parlamentler, er kämpft mit seinen eigenen Waffen!) erscholl es von der einen Seite des Weges. »He is a Saint! he is psalm singing!« (Er ist ein Heiliger, er singt Psalmen!) war die Antistrophe von der andern Seite. Unterdes hatte der metropolitane [hauptstädtische] elektrische Telegraph allen Polizeistationen angekündigt, eine Emeute [ein Aufstand] im Hyde Park stehe bevor, und sie auf das Kriegstheater verordnet. In kurzen Zwischenräumen marschierte daher eine Polizeiabteilung nach der andern durch das doppelte Menschenspalier von Apsley-House nach Kensington Garden durch, jedesmal empfangen mit dem Volksliede:

»Where are gone the geese?
Ask the police!«

(Wo sind die Gänse hin?
Fragt die Polizei!),

mit Anspielung auf einen notorischen Gänsediebstahl, den ein Konstabler vor kurzem in Clerkenwell verübt. Drei Stunden währte dieser Spektakel. Nur englische Lungen sind einer solchen Parforcetour fähig. Während der Aufführung hörte man in den verschiedenen Gruppen: »Dies ist nur der Anfang!« »Das ist der erste Schritt!« »Wir hassen sie!« usw. Während auf den Gesichtern der Arbeiter Wut zu lesen war, sahen wir nie vorher in den Physiognomien der Mittelklassen ein so wohlgefälliges, selbstzufriedenes Lächeln sich abspiegeln. Kurz vor Schluß steigerte sich die Heftigkeit der Demonstration. Stöcke wurden gegen die Karossen geschwungen, und die unendliche Lautdissonanz kam zu Wort in dem Ausruf: »You rascals!« (Ihr Schurken!). Eifrige Chartisten und Chartistinnen durchwühlten während der drei Stunden die Massen und teilten ihnen Druckzettel aus, worauf in großen Buchstaben zu lesen:

»*Reorganisation des Chartismus!* Ein großes öffentliches Meeting wird in dem literarischen und wissenschaftlichen Institut Friar Street, Doktor Commons, nächsten Dienstag, den 26. Juni, abgehalten werden zur Wahl von Abgeordneten zu einer Konferenz für die Reorganisation des Chartismus in der Hauptstadt. Keine Eintrittskarten.«

Die Londoner Presse bringt heute im Durchschnitt nur einen kurzen Bericht über das Ereignis im Hyde Park. Noch keine Leitartikel, mit Ausnahme von Lord Palmerstons »Morning Post«.

»Ein Schauspiel«, sagt sie, »im höchsten Grad schmählich und gefährlich, hat im Hyde Park stattgefunden, eine offene Verletzung des Gesetzes und des Anstandes — eine illegale Einmischung durch physische Gewalt, mit der freien Aktion der gesetzgebenden Ge-

12
*Zusammenstoß
Londoner
Arbeiter
mit der Polizei
bei einem
Massenmeeting
im Hyde Park*

Juli 1866

walt. Die Szene darf sich nächsten Sonntag nicht wiederholen, wie gedroht worden ist.«

Zugleich aber erklärt sie den »fanatischen« Lord Grosvenor für den einzig »verantwortlichen« Urheber des Unfugs und den Herausforderer der »gerechten Erbitterung des Volkes«! Als ob das Parlament nicht Lord Grosvenors Bill in drei Lesungen angenommen! Hat er etwa auch »durch physische Gewalt auf die freie Aktion der Legislatur« eingewirkt?

Marx, 1855

Die neuen Kräfte der Gesellschaft bedürfen neuer Menschen, die ihrer Meister werden

Die sogenannten Revolutionen von 1848 waren nur kümmerliche Episoden – kleine Brüche und Risse in der harten Kruste der europäischen Gesellschaft. Sie offenbarten jedoch einen Abgrund. Sie enthüllten unter der scheinbar festen Oberfläche Ozeane flüssiger Masse, die nur der Expansion bedarf, um Kontinente aus festem Gestein in Stücke zerbersten zu lassen. Lärmend und verworren verkündeten sie die Emanzipation des Proletariers, d. h. das Geheimnis des 19. Jahrhunderts und der Revolution dieses Jahrhunderts.

Diese soziale Revolution war allerdings keine 1848 erfundene Neuheit. Dampf, Elektrizität und Spinnmaschine waren Revolutionäre von viel gefährlicherem Charakter als selbst die Bürger Barbès, Raspail und Blanqui. Aber obgleich die Atmosphäre, in der wir leben, auf jedem mit einem Gewicht von 20 000 Pfund lastet, empfinden wir es etwa? Nicht mehr, als die europäische Gesellschaft vor 1848 die revolutionäre Atmosphäre empfand, die sie von allen Seiten umgab und drückte.

Es gibt eine große Tatsache, die für dieses unser 19. Jahrhundert bezeichnend ist, eine Tatsache, die keine Partei zu leugnen wagt. Auf der einen Seite sind industrielle und wissenschaftliche Kräfte zum Leben erwacht, von der keine Epoche der früheren menschlichen Geschichte je eine Ahnung hatte. Auf der andern Seite gibt es Verfallssymptome, welche die aus der letzten Zeit des Römischen Reiches berichteten Schrecken bei weitem in den Schatten stellen.

In unsern Tagen scheint jedes Ding mit seinem Gegenteil schwanger zu gehen. Wir sehen, daß die Maschinerie, die mit der wundervollen Kraft begabt ist, die menschliche Arbeit zu verringern und fruchtbarer zu machen, sie verkümmern läßt und bis zur Erschöpfung auszehrt. Die neuen Quellen des Reichtums verwandeln sich durch einen seltsamen Zauberbann zu Quellen der Not. Die Siege der Wissenschaft scheinen erkauft durch Verlust an Charakter. In dem Maße, wie die Menschheit die Natur bezwingt, scheint der Mensch durch andre Menschen oder durch seine eigne Niedertracht unterjocht zu werden. Selbst das reine Licht der Wissenschaft scheint nur auf dem dunklen Hintergrund der Unwissenheit leuchten zu können. All unser Erfinden und unser ganzer Fortschritt scheinen darauf hinauszulaufen, daß sie materielle Kräfte mit geistigem Leben ausstatten und das menschliche Leben zu einer materiellen Kraft verdummen. Dieser Antagonismus zwischen moderner Industrie und Wissenschaft auf der einen Seite und modernem Elend und Verfall auf der andern Seite, dieser Antagonismus zwischen den Produktivkräften und den gesellschaftlichen Beziehungen unserer Epoche ist eine handgreifliche, überwältigende und unbestreitbare Tatsache. Einige Parteien mögen darüber wehklagen; andere mögen wünschen, die modernen technischen Errungenschaften loszuwerden, um die modernen Konflikte loszuwerden. Oder sie mögen sich einbilden, daß ein so bemerkenswerter Fortschritt in der Industrie eines ebenso bemerkenswerten Rückschritts in der Politik zu seiner Vervollständigung bedarf. Wir für unsern Teil verkennen nicht die Gestalt des arglistigen Geistes, der sich fortwährend in all diesen Widersprüchen offenbart. Wir wissen, daß die neuen Kräfte der Gesellschaft, um richtig zur Wirkung zu kommen, nur neuer Menschen bedürfen, die ihrer Meister werden – und das sind die Arbeiter.

Sie sind so gut die Erfindung der neuen Zeit wie die Maschinerie selbst. In den Anzeichen, die die Bourgeoisie, den Adel und die armseligen Rückschrittspropheten in Verwirrung bringen, erkennen wir unsern wackern Freund Robin Goodfellow, den alten Maulwurf, der so hurtig wühlen kann, den trefflichen Minierer – die Revolution. Die englischen Arbeiter sind die erstgeborenen Söhne der modernen Industrie. Sie werden also gewiß nicht die letzten sein, der durch diese Industrie erzeugten sozialen Revolution zu helfen, einer Revolution, die die Emanzipation ihrer eignen Klasse in der ganzen Welt bedeutet, die so universal ist wie die Herrschaft des Kapitals und die Lohnsklaverei. Ich kenne die heldenmütigen Kämpfe, die die englische Arbeiterklasse seit Mitte des vorigen Jahrhunderts bestanden hat – Kämpfe, nur darum weniger berühmt, weil sie in Dunkel gehüllt sind und die bürgerlichen Historiker sie vertuschen.

Im Mittelalter gab es in Deutschland ein geheimes Gericht, Femgericht genannt. Es existierte, um die Untaten der herrschenden Klasse zu rächen. Wenn man ein Haus mit einem roten Kreuz gezeichnet fand, so wußte man, daß der Besitzer von der Feme verurteilt war. Alle Häuser Europas sind jetzt mit dem geheimnisvollen roten Kreuz gezeichnet. Die Geschichte ist der Richter – ihr Urteilsvollstrecker der Proletarier.

Marx, 1856

Jeder neue Friedensschluß wird als neue Kriegserklärung gierig ausgebeutet

Von allen Dogmen der bigotten Politik unserer Tage hat keine mehr Unheil angerichtet als die, daß »um Frieden zu haben, man sich zum Kriege rüsten muß«. Diese große Wahrheit, die sich hauptsächlich dadurch auszeichnet, daß sie eine große Lüge enthält, ist der Schlachtruf, welcher ganz Europa zu den Waffen gerufen und einen solchen Landsknechtsfanatismus erzeugt hat, daß jeder neue Friedensschluß als neue Kriegserklärung betrachtet und gierig ausgebeutet wird. Während so die Staaten Europas ebensoviele Heerlager geworden sind, deren Söldner vor Begierde brennen, aufeinander loszustürzen und sich zu Ehren des Friedens gegenseitig die Gurgeln abzuschneiden, handelt es sich vor jedem neuen Ausbruche nur um die unbedeutende Kleinigkeit, zu wissen, auf welche Seite man sich stellen soll. Sobald diese nebensächliche Erwägung von den diplomatischen Parlementairs [Parlamentären] mit Hülfe des bewährten: »si vis pacem, para bellum« [»willst du Frieden, rüste zum Kriege«] befriedigend erledigt ist, beginnt einer jener Zivilisationskriege, deren frivole Barbarei der besten Zeit des Raubrittertums, deren raffinierte Perfidie jedoch ausschließlich der modernsten Periode des imperialistischen Bürgertums angehört.

Unter solchen Umständen dürfen wir uns nicht wundern, wenn die allgemeine Disposition zur Barbarei eine gewisse Methode annimmt, die Unsittlichkeit zum System wird, die Gesetzlosigkeit ihre Gesetzgeber und das Faustrecht seine Gesetzbücher erhält.

Marx, 1859

Politische Macht zu erobern ist jetzt die große Pflicht der Arbeiterklassen

Nach dem Fehlschlag der Revolutionen von 1848 wurden auf dem Kontinent alle Parteiorganisationen und Parteijournale der arbeitenden Klasse von der eisernen Hand der Gewalt unterdrückt, die fortgeschrittensten Söhne der Arbeit flohen in Verzweiflung nach der transatlantischen Republik [den Vereinigten Staaten von Amerika], und der kurzlebige Traum der Emanzipation zerrann vor einer Epoche von fieberhaftem Industrialismus, moralischem Marasmus [Verfall] und politischer Reaktion. Die Niederlagen der kontinentalen Arbeiterklassen, wozu die diplomatische Einmischung des britischen Kabinetts, damals wie jetzt im brüderlichen Bund mit dem Kabinett von St. Petersburg, nicht wenig beitrug, verbreitete ihre ansteckende Wirkung bald diesseits des Kanals. Während der Untergang der kontinentalen Arbeiterbewegung die britische Arbeiterklasse entmannte und ihren Glauben in ihrer eignen Sache brach, stellte er das bereits etwas erschütterte Vertrauen der Landlords und der Geldlords wieder her. Bereits öffentlich angekündigte Konzessionen wurden mit absichtlicher Insolenz zurückgezogen. Die Entdeckung neuer Goldlande führte kurz darauf zu einem ungeheuren Exodus, der unersetzliche Lücken in den Reihen des britischen Proletariats hinter sich ließ. Andre seiner früher tätigsten Glieder, durch den Köder größerer Beschäftigung und augenblicklicher Lohnerhöhung bestochen, »trugen den bestehenden Verhältnissen Rechnung«. Alle Versuche, die Chartistenbewegung* aufrechtzuerhalten oder neu zu gestalten, scheiterten vollständig, alle Preßorgane der Arbeiterklasse starben, eins nach dem andern, an der Apathie der Masse, und in der Tat, nie zuvor schien die englische Arbeiterklasse so ausgesöhnt mit einem Zustand politischer Nichtigkeit. Hatte daher zwischen den britischen und den kontinentalen Arbeiterklassen keine Gemeinsamkeit der Aktion existiert, so existierte jetzt jedenfalls eine Gemeinsamkeit der Niederlage.

Und dennoch war die Periode von 1848 bis 1864 nicht ohne ihre Lichtseite. Hier seien nur zwei große Ereignisse erwähnt.

Nach einem dreißigjährigen Kampf, der mit bewundrungswürdiger Ausdauer geführt ward, gelang es der englischen Arbeiterklasse durch Benutzung eines augenblicklichen Zwiespalts zwischen Landlords und Geldlords, die *Zehnstundenbill* durchzusetzen.* Die großen physischen, moralischen und geistigen Vorteile, die den Fabrikarbeitern aus dieser Maßregel erwuchsen und die man in den Berichten der Fabrikinspektoren halbjährig verzeichnet findet, sind jetzt von allen Seiten anerkannt. Die meisten kontinentalen Regierungen nehmen das englische Fabrikgesetz in mehr oder minder veränderter Form an, und in England selbst wird seine Wirkungssphäre jährlich vom Parlament ausgedehnt. Aber von der praktischen Wichtigkeit abgesehen, hatte der Erfolg dieser Arbeitermaßregel eine andre große Bedeutung. Die Mittelklasse hatte durch die notorischsten Organe ihrer Wissenschaft, durch Dr. Ure, Professor Senior und andre Weisen von diesem Schlag, vorhergesagt und nach Herzenslust demonstriert, daß jede gesetzliche Beschränkung der Arbeitszeit die Totenglocke der englischen Industrie läuten müsse, einer Industrie, die vampirmäßig Menschenblut saugen müsse, vor allem Kinderblut. In alten Zeiten war der Kindermord ein mysteriöser Ritus der Religion des Moloch, aber er ward nur bei besonders feierlichen Gelegenheiten praktiziert, vielleicht einmal im Jahr, und zudem hatte Moloch keine besondere Liebhaberei für die Kinder der Armen.

Der Kampf über die gesetzliche Beschränkung der Arbeitszeit wütete um so heftiger, je mehr er, abgesehen von aufgeschreckter Habsucht, in der Tat die große Streitfrage traf, die Streitfrage zwischen der blinden Herrschaft der Gesetze von Nachfrage und Zufuhr, welche die politische Ökonomie der Mittelklasse bildet, und der Kontrolle sozialer Produktion durch soziale Ein- und Vorsicht, welche die politische Ökonomie der Arbeiterklasse bildet. Die Zehnstundenbill war daher nicht bloß eine große praktische Errungenschaft, sie war der Sieg eines Prinzips. Zum erstenmal erlag die politische Ökonomie der Mittelklasse in hellem Tageslicht vor der politischen Ökonomie der Arbeiterklasse.

Ein noch größerer Sieg der politischen Ökonomie der Arbeit über die politische Ökonomie des Kapitals stand bevor.

Wir sprechen von der *Kooperativbewegung*, namentlich den Kooperativfabriken, diesem Werk weniger kühnen *»Hände«* (hands). Der Wert dieser großen Experimente kann nicht überschätzt werden. Durch die Tat, statt durch Argumente, bewiesen sie, daß Produktion auf großer Stufenleiter und im Einklang mit dem Fortschritt moderner Wissenschaft vorgehen kann ohne die Existenz einer Klasse von *Meistern* (masters), die eine Klasse von *»Händen«* anwendet; daß, um Früchte zu tragen, die Mittel der Arbeit nicht monopolisiert zu werden brauchen als Mittel der Herrschaft über und Mittel der Ausbeutung gegen den Arbeiter selbst und daß wie Sklavenarbeit, wie Leibeigenenarbeit so *Lohnarbeit* nur eine vorübergehende und untergeordnete gesellschaftliche Form ist, bestimmt zu verschwinden vor der *assoziierten Arbeit*, die ihr Werk mit williger Hand, rüstigem Geist und fröhlichen Herzens verrichtet. In England wurde der Samen des Kooperativsystems von *Robert Owen* ausgestreut; die auf dem Kontinent versuchten Arbeiterexperimente waren in der Tat der nächste praktische Ausgang der Theorien, die 1848 nicht erfunden, wohl aber laut proklamiert wurden.

Zur selben Zeit bewies die Erfahrung der Periode von 1848 bis 1864 unzweifelhaft, was die intelligentesten Führer der Arbeiterklasse in den Jahren 1851 und 1852 gegenüber der Kooperativbewegung in England bereits geltend machten, daß, wie ausgezeichnet im Prinzip und wie nützlich in der Praxis, kooperative Arbeit, wenn beschränkt auf den engen Kreis gelegentlicher Versuche vereinzelter Arbeiter, unfähig ist, das Wachstum des Monopols in geometrischer Progression aufzuhalten, die Massen zu befreien, ja die Wucht ihres Elends auch nur merklich zu erleichtern. Es ist vielleicht gerade dies der Grund, warum plausible Lords, bürgerlich-philanthropische Salbader und ein paar trockne politische Ökonomen jetzt mit demselben Kooperativsystem schöntun, das sie früher in seinem Keim zu ersticken versucht hatten, das sie verhöhnt hatten als die Utopie des Träumers und verdammt hatten als die Ketzerei des Sozialisten. Um die arbeitenden Massen zu befreien, bedarf das Kooperativsystem der Entwicklung auf nationaler Stufenleiter und der Förderung durch nationale Mittel. Aber die Herren von Grund und Boden und die Herren vom Kapital werden ihre politischen Privilegien stets gebrauchen zur Verteidigung und zur Verewigung ihrer ökonomischen Monopole. Statt die Emanzipation der Arbeit zu fördern, werden sie fortfahren, ihr jedes mögliche Hindernis in den Weg zu legen. Lord Palmerston sprach aus ihrer Seele, als er in der letzten Parlamentssitzung den Verteidigern der Rechte der irischen Pächter höhnend zuschrie: »Das Haus der Gemeinen ist ein Haus von Grundeigentümern!« *

Politische Macht zu erobern ist daher jetzt die große Pflicht der Arbeiterklassen. Sie scheinen dies begriffen zu haben, denn in England, Frankreich, Deutschland und Italien zeigt sich ein gleichzeitiges Wiederaufleben und finden gleichzeitige Versuche zur Reorganisation der Arbeiterpartei statt. Ein Element des Erfolges besitzt sie, die *Zahl.* Aber Zahlen fallen nur in die Waagschale, wenn Kombination sie vereint und Kenntnis sie leitet. Die vergangene Erfahrung hat gezeigt, wie Mißachtung des Bandes der Brüderlichkeit, welches die Arbeiter der verschiedenen Länder verbinden und sie anfeuern sollte, in allen ihren Kämpfen für Emanzipation fest beieinanderzustehen, stets gezüchtigt wird durch die gemeinschaftliche Vereitlung ihrer zusammenhangslosen Versuche. Es war dies Bewußtsein, das die Arbeiter verschiedener Länder, versammelt am 28. September 1864 in dem öffentlichen *Meeting* zu St. Martin's Hall, London, ansporte zur Stiftung der *Internationalen Assoziation.*

Eine andere Überzeugung beseelte jenes Meeting.

Wenn die Emanzipation der Arbeiterklassen das Zusammenwirken verschiedener Nationen erheischt, wie jenes große Ziel erreichen mit einer auswärtigen Politik, die frevelhafte Zwecke verfolgt, mit Nationalvorurteilen ihr Spiel treibt und in piratischen Kriegen des Volkes Blut und Gut vergeudet? Nicht die Weisheit der herrschenden Klassen, sondern der heroische Widerstand der englischen Arbeiterklasse gegen ihre verbrecherische Torheit bewahrte den Westen Europas vor einer transatlantischen Kreuzfahrt für die Verewigung und Propaganda der Sklaverei.* Der schamlose Beifall, die Scheinsympathie oder idiotische Gleichgültigkeit, womit die höheren Klassen Europas dem Meuchelmord des heroischen Polen und der Erbeutung der Bergveste des Kaukasus durch Rußland zusahen; die ungeheueren und ohne Widerstand erlaubten Übergriffe dieser barbarischen Macht, deren Kopf zu St. Petersburg und deren Hand in jedem Kabinett von Europa, haben den Arbeiterklassen die Pflicht gelehrt, in die Geheimnisse der internationalen Politik einzudringen, die diplomatischen

Akte ihrer respektiven Regierungen zu überwachen, ihnen wenn nötig entgegenzuwirken; wenn unfähig zuvorzukommen, sich zu vereinen in gleichzeitigen Denunziationen und die einfachen Gesetze der Moral und des Rechts, welche die Beziehungen von Privatpersonen regeln sollten, als die obersten Gesetze des Verkehrs von Nationen geltend zu machen.

Der Kampf für solch eine auswärtige Politik ist eingeschlossen im allgemeinen Kampf für die *Emanzipation der Arbeiterklasse.*

Proletarier aller Länder, vereinigt euch!

Marx, 1864

Die Arbeiter müssen die Bourgeoisie auch gegen deren Willen vorantreiben

Wir haben gesehen, daß Bourgeoisie und Proletariat beides Kinder einer neuen Epoche sind, daß sie beide in ihrer gesellschaftlichen Tätigkeit darauf hinarbeiten, die Reste des aus früherer Zeit überkommenen Gerümpels zu beseitigen. Sie haben zwar unter sich einen sehr ernsten Kampf auszumachen, aber dieser Kampf kann erst ausgefochten werden, wenn sie einander allein gegenüberstehen. Erst dadurch, daß der alte Plunder über Bord fliegt, wird »klar Schiff zum Gefecht« gemacht – nur daß diesmal das Gefecht nicht zwischen zwei Schiffen, sondern am Bord des einen Schiffs zwischen Offizieren und Mannschaft geschlagen wird.

Die Bourgeoisie kann ihre politische Herrschaft nicht erkämpfen, diese politische Herrschaft nicht in einer Verfassung und in Gesetzen ausdrücken, ohne gleichzeitig dem Proletariat Waffen in die Hand zu geben. Gegenüber den alten, durch Geburt unterschiedenen Ständen muß sie die Menschenrechte, gegenüber dem Zunftwesen die Handels- und Gewerbefreiheit, gegenüber der bürokratischen Bevormundung die Freiheit und die Selbstregierung auf ihre Fahne schreiben. Konsequenterweise muß sie also das allgemeine, direkte Wahlrecht, Preß-, Vereins- und Versammlungsfreiheit und Aufhebung aller Ausnahmsgesetze gegen einzelne Klassen der Bevölkerung verlangen. Dies ist aber auch alles, was das Proletariat von ihr zu verlangen braucht. Es kann nicht fordern, daß die Bourgeoisie aufhöre, Bourgeoisie zu sein, aber wohl, daß sie ihre eigenen Prinzipien konsequent durchführe. Damit bekommt das Proletariat aber auch alle die Waffen in die Hand, deren es zu seinem endlichen Siege bedarf. Mit der Preßfreiheit, dem Versammlungs- und Vereinsrechte erobert es sich das allgemeine Stimmrecht, mit dem allgemeinen, direkten Stimmrecht, in Vereinigung mit den obigen Agitationsmitteln, alles übrige.

Es ist also das Interesse der Arbeiter, die Bourgeoisie in ihrem Kampfe gegen alle reaktionären Elemente zu unterstützen, *solange sie sich selbst treu bleibt.* Jede Eroberung, die die Bourgeoisie der Reaktion abzwingt, kommt, unter dieser Bedingung, der Arbeiterklasse schließlich zugut. Diesen richtigen Instinkt haben die deutschen Arbeiter auch gehabt. Sie haben, mit vollem Recht, in allen deutschen Staaten überall für die radikalsten Kandidaten gestimmt, die Aussicht zum Durchkommen hatten.

Aber wenn nun die Bourgeoisie sich selbst untreu wird, ihre eigenen Klasseninteressen und die daraus folgenden Prinzipien verrät?

Dann bleiben den Arbeitern zwei Wege übrig!

Entweder die Bourgeoisie gegen ihren Willen voranzutreiben, sie soweit möglich zu zwingen, das Wahlrecht auszudehnen, die Presse, die Vereine und Versammlungen zu befreien und damit dem Proletariat ein Gebiet zu schaffen, auf dem es sich frei bewegen und sich organisieren kann. Dies haben die englischen Arbeiter seit der Reformbill* von 1832, die französischen Arbeiter seit der Julirevolution 1830* getan und gerade durch und mit dieser Bewegung, deren nächste Ziele rein bürgerlicher Natur waren, ihre eigene Entwicklung und Organisation mehr als durch irgendein anderes Mittel gefördert. Dieser Fall wird immer eintreten, denn die Bourgeoisie, bei ihrem Mangel an politischem Mut, wird sich von Zeit zu Zeit überall untreu.

Oder aber, die Arbeiter ziehen sich ganz von der bürgerlichen Bewegung zurück und überlassen die Bourgeoisie ihrem Schicksale. Dieser Fall trat in England, Frankreich und Deutschland nach dem Scheitern der europäischen Arbeiterbewegung von 1848 bis 1850 ein. Er ist nur möglich nach gewaltsamen und momentanen fruchtlosen Anstrengungen, nach denen die Klasse Ruhe bedarf. Im gesunden Zustand der Arbeiterklasse ist er unmöglich; er käme ja einer vollständigen politischen Abdankung gleich, und deren ist eine ihrer Natur nach mutige Klasse, eine Klasse, die nichts zu verlieren und alles zu gewinnen hat, auf die Dauer unfähig.

Selbst in dem äußersten Fall, daß die Bourgeoisie, aus Furcht vor den Arbeitern, sich unter der Schürze der Reaktion verkriechen und an die Macht der ihr feindlichen Elemente um Schutz gegen die Arbeiter appellieren sollte – selbst dann wird der Arbeiterpartei nichts übrigbleiben, als die von den Bürgern verratene Agitation für bürgerliche Freiheit, Preßfreiheit, Versammlungs- und Vereinsrecht trotz der Bürger fortzuführen. Ohne diese Freiheiten kann sie selbst sich nicht frei bewegen; sie kämpft in diesem Kampf für ihr eigenes Lebenselement, für die Luft, die sie zum Atmen nötig hat.

Es versteht sich von selbst, daß in allen diesen Fällen die Arbeiterpartei nicht als der bloße Schwanz der

Bourgeoisie, sondern als eine durchaus von ihr unterschiedene, selbständige Partei auftreten wird. Sie wird der Bourgeoisie bei jeder Gelegenheit ins Gedächtnis rufen, daß die Klasseninteressen der Arbeiter denen der Kapitalisten direkt entgegengesetzt und daß die Arbeiter sich dessen bewußt sind. Sie wird ihre eigene Organisation gegenüber der Parteiorganisation der Bourgeoisie festhalten und fortbilden und mit der letzteren nur unterhandeln wie eine Macht mit der andern. Auf diese Weise wird sie sich eine achtunggebietende Stellung sichern, die einzelnen Arbeiter über ihre Klasseninteressen aufklären und bei dem nächsten revolutionären Sturm — und diese Stürme sind ja jetzt von so regelmäßiger Wiederkehr wie die Handelskrisen und Äquinoktialstürme — zum Handeln bereit sein.

Engels, 1865

Ihm gelang es, groß zu werden, ohne aufzuhören, gut zu sein

An Andrew Johnson, Präsident der Vereinigten Staaten

Sir,
der Dämon der »eigentümlichen Einrichtung«*, für deren Herrschaft sich der Süden in Waffen erhob, konnte seinen Anbetern nicht erlauben, ehrenvoll in offenem Felde zu unterliegen. Was mit Verrat begonnen hatte, mußte notwendigerweise mit Niedertracht enden. Wie Philipps II. Krieg für die Inquisition einen Gérard hervorbrachte, so Jefferson Davis' Rebellion der Sklavenhalter einen Booth.

Es ist nicht an uns, nach Worten der Trauer und des Entsetzens zu suchen, wo das Herz zweier Welten vor Erregung erbebt. Selbst die Sykophanten [gewerbsmäßigen Verleumder], die Jahr für Jahr und Tag für Tag eine Sisyphusarbeit leisteten, um Abraham Lincoln und die große Republik, an deren Spitze er stand, moralisch zu meucheln, stehen jetzt entsetzt vor diesem allgemeinen Ausbruch des Volksempfindens und wetteifern miteinander, rhetorische Blumen auf sein offenes Grab zu streuen. Sie sind jetzt endlich darauf gekommen, daß er ein Mann war, den der Mißerfolg nicht niederschlagen, den der Erfolg nicht berauschen konnte, der unerschütterlich seinem großen Ziele entgegendrängte, ohne es je durch blinde Hast aufs Spiel zu setzen, bedächtig seine Schritte fördern, ohne je einen zurück zu tun, nie fortgerissen von der Flut der Volksgunst, nie entmutigt durch die Abkühlung der Volksbewegung, der Akte der Strenge durch die Wärme eines liebevollen Herzens mildert, düstere Auftritte der Leidenschaft durch das Lächeln des Humors erhellt und sein titanisches Werk ebenso einfach und bescheiden verrichtet, wie Herrscher von Gottes Gnaden kleine Dinge mit prahlerischem Glanz und Aufwand zu tun pflegen; mit einem Worte, er war einer der seltenen Männer, denen es gelingt, groß zu werden, ohne daß sie aufhören, gut zu sein. So groß war in der Tat die Bescheidenheit dieses großen und guten Mannes, daß die Welt erst dann entdeckte, er sei ein Held gewesen, nachdem er als Märtyrer gefallen.

Neben einem solchen Führer als das zweite Opfer der höllischen Dämonen der Sklaverei auserwählt zu werden, war eine Ehre, der Herr Seward würdig war. War er nicht zu einer Zeit allgemeiner Unschlüssigkeit so scharfblickend, den »unabwendbaren Konflikt« * weise vorauszusehen und so unerschrocken, ihn voraus zusagen? Erwies er sich nicht in den düstersten Stunden dieses Konflikts treu der Pflicht des Römers, niemals an der Republik und ihren Sternen zu verzweifeln? Wir hoffen aus vollem Herzen, daß er und sein Sohn viel schneller als nach »neunzig Tagen« * der Gesundheit, der öffentlichen Tätigkeit und den wohlverdienten Ehren wiedergegeben werden.

Nach einem schrecklichen Bürgerkrieg, der, wenn wir seine kolossale Ausdehnung und seinen weiten Schauplatz in Betracht ziehen, im Vergleich zu den Hundertjährigen, Dreißigjährigen und dreiundzwanzigjährigen Kriegen* der Alten Welt kaum neunzig Tage gedauert zu haben scheint, ist Ihnen, Sir, die Aufgabe zugefallen, durch das Gesetz auszurotten, was das Schwert gefällt, die schwere Arbeit des politischen Umbaus und der sozialen Wiedergeburt zu leiten. Das tiefe Bewußtsein Ihrer großen Mission wird Sie vor jedem Nachgeben gegenüber Ihren strengen Pflichten bewahren. Sie werden niemals vergessen, daß das amerikanische Volk zu Beginn der neuen Ära der Emanzipation der Arbeit die Verantwortung der Führung zwei Männern der Arbeit übertrug — der eine Abraham Lincoln, der andere Andrew Johnson.

Marx, 1865

Deutsche Arbeiter dürfen sich nicht zu willenlosen Landsknechten des Kapitals hergeben

Vor einiger Zeit bildeten die Londoner Schneidergesellen eine allgemeine Assoziation zur Geltendmachung ihrer Ansprüche gegen die Londoner Schneidermeister, die großenteils große Kapitalisten sind. Es galt nicht nur die Löhne ins Gleichgewicht mit den gestiegenen Preisen der Lebensmittel zu setzen, sondern auch der ausnahmsweise brutalen Behandlung der Arbeiter in diesem Gewerbszweig ein Ende zu machen. Die Meister suchten diese Kombination durch Werbung von Schneidergesellen namentlich in Belgien, Frankreich und der

Schweiz zu brechen. Die Sekretäre des Zentralrats der Internationalen Arbeiterassoziation veröffentlichten darauf in den belgischen, französischen und Schweizer Zeitungen eine Warnung, deren Erfolg vollständig war. Das Manöver der Londoner Meister wurde vereitelt; sie mußten die Waffen strecken und die gerechten Ansprüche ihrer Arbeiter befriedigen.

In England geschlagen, versuchen die Meister jetzt von *Schottland* aus eine Reaktion herbeizuführen. Infolge der Londoner Ereignisse waren sie nämlich genötigt, auch in Edinburgh zunächst eine Lohnerhöhung von 15 % zu bewilligen. Unter der Hand jedoch sandten sie Agenten nach Deutschland, um, namentlich im Hannöverschen und Mecklenburgischen, Schneidergesellen zur Importation nach Edinburgh zu werben. Die erste Verschiffung dieser Art hat bereits stattgefunden. Der Zweck dieser Importation ist derselbe, wie der der Importation von indischen Coolies (Kulis) nach Jamaika — *Verewigung der Sklaverei.* Gelänge es den Meistern von Edinburgh vermittelst deutscher Einfuhr ihre bereits gemachten Zugeständnisse zu brechen, so wäre ein Rückschlag auf England unvermeidlich. *Niemand würde schwerer darunter büßen als die deutschen Arbeiter selbst,* die zahlreicher in Großbritannien vertreten sind als die Arbeiter aller andern kontinentalen Nationen. Die Neuimportierten aber, völlig hilflos im fremden Lande, würden bald zu einer Pariastellung herabsinken.

Es ist außerdem ein Ehrenpunkt für die deutschen Arbeiter, dem Ausland zu beweisen, daß sie, gleich ihren Brüdern in Frankreich, Belgien und der Schweiz, das gemeinsame Interesse ihrer Klasse zu vertreten wissen und sich nicht zu *willenlosen Landsknechten des Kapitals* in seinem Kampfe gegen die Arbeit hergeben.

Im Auftrage des Zentralrats
der Internationalen Arbeiterassoziation
London, den 4. Mai 1866 *Karl Marx*

Die deutschen Schneidergesellen, die näheren Aufschluß über die britischen Verhältnisse wünschen, sind ersucht, ihre Briefe an das deutsche Zweigkomitee der Londoner Schneiderassoziation zu richten unter der Adresse: *Albert F. Haufe*, Crown Public House, Hedden Court, Regent Street, London.

Die Stunde des kapitalistischen Privateigentums schlägt

Worauf kommt die ursprüngliche Akkumulation des Kapitals, d. h. seine historische Genesis, hinaus? Soweit sie nicht unmittelbare Verwandlung von Sklaven und Leibeignen in Lohnarbeiter, also bloßer Formwechsel ist, bedeutet sie nur die Expropriation der unmittelbaren Produzenten, d. h. die Auflösung des auf eigner Arbeit beruhenden Privateigentums.

Privateigentum, als Gegensatz zum gesellschaftlichen, kollektiven Eigentum, besteht nur da, wo die Arbeitsmittel und die äußeren Bedingungen der Arbeit Privatleuten gehören. Je nachdem aber diese Privatleute die Arbeiter oder die Nichtarbeiter sind, hat auch das Privateigentum einen andern Charakter. Die unendlichen Schattierungen, die es auf den ersten Blick darbietet, spiegeln nur die zwischen diesen beiden Extremen liegenden Zwischenzustände wider.

Das Privateigentum des Arbeiters an seinen Produktionsmitteln ist die Grundlage des Kleinbetriebs, der Kleinbetrieb eine notwendige Bedingung für die Entwicklung der gesellschaftlichen Produktion und der freien Individualität des Arbeiters selbst. Allerdings existiert diese Produktionsweise auch innerhalb der Sklaverei, Leibeigenschaft und andrer Abhängigkeitsverhältnisse. Aber sie blüht nur, schnellt nur ihre ganze

Energie, erobert nur die adäquate klassische Form, wo der Arbeiter freier Privateigentümer seiner von ihm selbst gehandhabten Arbeitsbedingungen ist, der Bauer des Ackers, den er bestellt, der Handwerker des Instruments, worauf er als Virtuose spielt.

Diese Produktionsweise unterstellt Zersplitterung des Bodens und der übrigen Produktionsmittel. Wie die Konzentration der letztren, so schließt sie auch die Kooperation, Teilung der Arbeit innerhalb derselben Produktionsprozesse, gesellschaftliche Beherrschung und Reglung der Natur, freie Entwicklung der gesellschaftlichen Produktivkräfte aus. Sie ist nur verträglich mit engen naturwüchsigen Schranken der Produktion und der Gesellschaft. Sie verewigen wollen hieße, wie Pecqueur mit Recht sagt, »die allgemeine Mittelmäßigkeit dekretieren« *. Auf einem gewissen Höhegrad bringt sie die materiellen Mittel ihrer eignen Vernichtung zur Welt. Von diesem Augenblick regen sich Kräfte und Leidenschaften im Gesellschaftsschoße, welche sich von ihr gefesselt fühlen. Sie muß vernichtet werden, sie wird vernichtet. Ihre Vernichtung, die Verwandlung der individuellen und zersplitterten Produktionsmittel in gesellschaftlich konzentrierte, daher des zwerghaften Eigentums vieler in das massenhafte Eigentum weniger, daher die Expropriation der großen Volksmasse von Grund und Boden und Lebensmitteln und Arbeitsinstrumenten, diese furchtbare und schwierige Expropriation der Volksmasse bildet die Vorgeschichte des Kapitals. Sie umfaßt eine Reihe gewaltsamer Methoden, wovon wir nur die epochemachenden als Methoden der ursprünglichen Akkumulation des Kapitals Revue passieren ließen. Die Expropriation der unmittelbaren Produzenten wird mit schonungslosestem Vandalismus und unter dem Trieb der infamsten, schmutzigsten, kleinlichst gehässigsten Leidenschaften vollbracht. Das selbsterarbeitete, sozusagen auf Verwachsung des einzelnen, unabhängigen Arbeitsindividuums mit seinen Arbeitsbedingungen beruhende Privateigentum wird verdrängt durch das kapitalistische Privateigentum, welches auf Exploitation fremder, aber formell freier Arbeit beruht.

Sobald dieser Umwandlungsprozeß nach Tiefe und Umfang die alte Gesellschaft hinreichend zersetzt hat, sobald die Arbeiter in Proletarier, ihre Arbeitsbedingungen in Kapital verwandelt sind, sobald die kapitalistische Produktionsweise auf eignen Füßen steht, gewinnt die weitere Vergesellschaftung der Arbeit und weitere Verwandlung der Erde und andrer Produktionsmittel in gesellschaftlich ausgebeutete, also gemeinschaftliche Produktionsmittel, daher die weitere Expropriation der Privateigentümer, eine neue Form. Was jetzt zu expropriieren, ist nicht länger der selbstwirtschaftende Arbeiter, sondern der viele Arbeiter exploitierende Kapitalist.

Diese Expropriation vollzieht sich durch das Spiel der immanenten Gesetze der kapitalistischen Produktion selbst, durch die Zentralisation der Kapitale. Je ein Kapitalist schlägt viele tot. Hand in Hand mit dieser Zentralisation oder der Expropriation vieler Kapitalisten durch wenige entwickelt sich die kooperative Form des Arbeitsprozesses auf stets wachsender Stufenleiter, die bewußte technische Anwendung der Wissenschaft, die planmäßige Ausbeutung der Erde, die Verwandlung der Arbeitsmittel in nur gemeinsam verwendbare Arbeitsmittel, die Ökonomisierung aller Produktionsmittel durch ihren Gebrauch als Produktionsmittel kombinierter, gesellschaftlicher Arbeit, die Verschlingung aller Völker in das Netz des Weltmarkts und damit der internationale Charakter des kapitalistischen Regimes. Mit der beständig abnehmenden Zahl der Kapitalmagnaten, welche alle Vorteile dieses Umwandlungsprozesses usurpieren und monopolisieren, wächst die Masse des Elends, des Drucks, der Knechtschaft, der Entartung, der Ausbeutung, aber auch die Empörung der stets anschwellenden und durch den Mechanismus des kapitalistischen Produktionsprozesses selbst geschulten, vereinten und organisierten Arbeiterklasse. Das Kapitalmonopol wird zur Fessel der Produktionsweise, die mit und unter ihm aufgeblüht ist. Die Zentralisation der Produktionsmittel und die Vergesellschaftung der Arbeit erreichen einen Punkt, wo sie unverträglich werden mit ihrer kapitalistischen Hülle. Sie wird gesprengt. Die Stunde des kapitalistischen Privateigentums schlägt. Die Expropriateurs werden expropriiert.

Marx, 1867

Belgien, das Paradies des Grundbesitzers, des Kapitalisten und des Pfaffen

An die Arbeiter von Europa und den Vereinigten Staaten

In England vergeht kaum eine Woche ohne Strikes – und Strikes von einem großartigen Umfange. Ließe die Regierung bei solchen Gelegenheiten ihre Soldaten gegen die Arbeiterklasse los, so würde dieses Land der Strikes bald zum Land der Metzeleien werden – aber nicht für lange. Nach einigen derartigen Probestücken physischer Gewalt würde die derzeitige Macht verschwinden. In den Vereinigten Staaten nahmen während der letzten Jahre ebenfalls die Strikes beständig an Zahl und Umfang zu und haben zuweilen sogar den Charakter von Unruhen angenommen. Aber kein Blut ward vergossen. In einigen der großen Militärstaaten des europäischen Kontinents kann die Ära der Strikes vom Ende des Amerikanischen Bürgerkriegs datiert werden. Aber auch hier ward kein Blut vergossen. Es gibt nur ein Land in der zivilisierten Welt, wo jeder Strike begierig und nur zu gern als Vorwand ergriffen wird, um die Arbeiterklasse offiziell niederzumetzeln. Das so einzig beglückte Land ist *Belgien*, der Musterstaat des kontinentalen Konstitutionalismus, das behagliche, wohlumzäunte kleine Paradies des Grundbesitzers, des Kapitalisten und des Pfaffen. Die Erde vollendet ihre jährliche Umwälzung nicht sicherer als die belgische Regierung ihre jährliche Arbeitermetzelei. Die diesjährige Metzelei unterscheidet sich von der vorjährigen nur durch die greulichere Anzahl der Schlachtopfer, die scheußlicheren Greueltaten einer sonst lächerlichen Armee, das lärmendere Frohlocken der Pfaffen- und Kapitalistenpresse und die unverschämtere Nichtigkeit des Vorwands, den die Regierungsschlächter vorbringen.

Es ist jetzt erwiesen, selbst durch die unbedachtsamerweise veröffentlichten Berichte der Kapitalistenpresse, daß der durchaus rechtmäßige Strike der Puddler der Cockerillschen Eisenwerke zu Seraing nur in eine Emeute [einen Aufstand] verwandelt wurde durch eine starke Abteilung Kavallerie und Gendarmerie, die plötzlich auf den Platz geworfen wurde, um das Volk zu provozieren. Vom 9. bis zum 12. April fielen diese mutigen Krieger nicht allein mit Säbeln und Bajonetten über wehrlose Arbeiter her – sie töteten und verwundeten ohne Unterschied friedliche Fußgänger, brachen gewaltsam in Privathäuser ein und belustigten sich sogar damit, wiederholt rasende Angriffe auf die in der Serainger Bahnstation eingesperrten Reisenden zu machen. Als diese Schreckenstage vorüber waren, verbreitete sich das Gerücht, daß Herr *Kamp*, der Bürgermeister von Seraing, ein Agent der Cockerillschen Aktiengesellschaft war, daß der belgische Minister des Innern, ein gewisser Herr *Pirmez*, der größte Aktionär einer benachbarten Kohlenmine ist, die ebenfalls im Strike stand, und daß Seine Königliche Hoheit der Prinz [Philipp] von Flandern 1 500 000 Francs in den Cockerillschen Werken angelegt hat. Daher der wahrhaft befremdende Schluß, die Metzelei von Seraing sei eine Art von Coup d'état [Staatsstreich] der Aktiengesellschaften, im stillen ausgeheckt zwischen der Firma Cockerill und dem belgischen Minister des Innern zu dem einfachen Zwecke, ihre unzufriedenen Untergebenen mit Schrekken zu erfüllen. Diese Verleumdung ward indessen bald schlagend widerlegt durch die später sich ereignenden Vorfälle in der Borinage, einem Kohlendistrikt, wo der belgische Minister des Innern, besagter Herr *Pirmez*, nicht führender Kapitalist zu sein scheint. Als in diesem Distrikt ein Strike fast alle Knappen erfaßte, wurden zahlreiche Truppen zusammengezogen, die zu Frameries ihren Feldzug mit einem Gewehrfeuer eröffneten, das neun Knappen tötete und zwanzig schwer verwundete. Nach diesem kleinen heldenmütigen Vorspiel ward das Aufruhrgesetz, komischerweise französisch »les sommations préalables« * genannt, verkündet und dann mit der Metzelei fortgefahren. [...]

Der belgische Kapitalist hat sich einen guten Ruf in der Welt erworben durch seine exzentrische Leidenschaft für das, was er *die Freiheit der Arbeit* (la liberté du travail) nennt. Er ist so eingenommen für die Freiheit seiner Arbeiter, ohne Unterschied von Alter und Geschlecht, alle Stunden ihres Lebens für ihn zu arbeiten, daß er stets jedes Fabrikgesetz, das diese Freiheit beeinträchtigt, mit der größten Entrüstung zurückgewiesen hat. Schon die Idee, daß ein gemeiner Arbeiter so verrucht sein sollte, ein höheres Ziel zu erstreben, als das, seinen Herrn und Meister, den natürlichen Vorgesetzten, zu bereichern, macht ihn schaudern. Er will nicht allein, daß sein Arbeiter ein elender Knecht bleibt, überarbeitet und unterbezahlt, sondern wie jeder Sklavenhalter will er, daß sein Arbeiter ein kriechender, untertäniger, moralisch geknechteter, religiös demütiger Knecht ist mit zerknirschtem Herzen. Daher seine wahnwitzige Wut gegen die Strikes. Ein Strike ist ihm eine Gotteslästerung, eine Sklavenrevolte, das Signal einer sozialen Sündflut. Bekleidet nun solche Menschen — die aus Feigheit grausam sind — mit der ungeteilten, unkontrollierten, also absoluten Staatsgewalt, wie es tatsächlich in Belgien der Fall ist, und ihr braucht euch nicht mehr zu wundern, daß in einem solchen Lande der Säbel, das Bajonett und der Schießprügel als rechtmäßige und normale Instrumente angewandt werden, um den Lohn hinab- und die Profite hinaufzuschrauben. Aber welch anderen Zwecken könnte die belgische Armee wirklich dienen? Als auf das Geheiß des offiziellen Europas Belgien für ein *neutrales Land* erklärt wurde*, hätte man diesem selbstverständlich auch den kostspieligen Luxus einer Armee untersagen sollen, ausgenommen vielleicht eine Handvoll dem königlichen Marionettenspiel unentbehrliche Paradesoldaten. Dennoch birgt Belgien innerhalb seiner 536 Quadratmeilen Erdoberfläche ein größeres stehendes Heer als das Vereinigte Königreich oder die Vereinigten Staaten. Der Felddienst dieser neutralisierten Armee wird fatalerweise nach ihren *Razzien* auf die Arbeiterklasse berechnet.

Es ist leicht begreiflich, daß die *Internationale Arbeiterassoziation* kein willkommener Gast in Belgien war. Von der Priesterschaft exkommuniziert, von der ehrbaren Presse verleumdet, geriet sie bald in Streit mit der Regierung. Diese bot alles auf, um sie loszuwerden, indem man sie verantwortlich zu machen suchte für die Strikes in den Kohlenbergwerken von Charleroi 1867 bis 1868, Strikes, die nach der unveränderlichen belgischen Regel mit offiziellen Metzeleien und gerichtlicher Verfolgung der Opfer endeten. Nicht allein ward diese

Kabale der Regierung vereitelt, sondern durch die tätigen Schritte der Assoziation wurden sämtliche angeklagten Arbeiter von Charleroi für *unschuldig* und mithin die belgische Regierung für *schuldig* befunden. Ergrimmt über diese Niederlage machten die belgischen Minister ihren beklommenen Herzen Luft durch heftige Denunziationen von der Tribüne der Deputiertenkammer gegen die *Internationale Arbeiterassoziation* und erklärten hochtrabend, daß sie es nimmer zugeben würden, daß sich der allgemeine Kongreß der Internationale in Brüssel versammle. Der Kongreß ward trotz dieser Drohung in Brüssel abgehalten. Aber endlich soll die *Internationale* doch der belgischen Allmacht von 536 Quadratmeilen unterliegen. Ihre straffällige Mitschuld an den jüngsten Ereignissen liegt klar zutage. Die Emissäre des Brüsseler Zentralkomitees für Belgien und andere lokale Ausschüsse sind verschiedener abscheulicher Taten überführt worden. Sie haben versucht, die strikenden Arbeiter zu beschwichtigen und sie vor den Regierungsschlingen zu warnen. In einigen Lokalitäten ist es ihnen sogar gelungen, Blutvergießen zu verhüten. Endlich haben die übelverheißenden Emissäre an Ort und Stelle Beobachtungen angestellt, sie durch Augenzeugen beglaubigen lassen, sorgfältig protokolliert und die blutdürstigen Grillen der Verteidiger der Ordnung öffentlich denunziert. Durch das einfache Verfahren der Einkerkerung wurden die Emissäre aus Anklägern in Angeklagte verwandelt. Sodann wurden die Wohnungen der Mitglieder des Brüsseler Komitees auf brutale Weise überfallen, ihre Papiere in Beschlag genommen und einige von ihnen auf die Anschuldigung festgesetzt, einer Gesellschaft anzugehören, *»die zu dem Zwecke gegründet worden sei, Anschläge auf das Leben und Eigentum von Personen zu machen«*. Mit anderen Worten: Sie wurden angeschuldigt, einer *Gesellschaft von Thugs* *, benannt *Internationale Arbeiterassoziation*, anzugehören. Gehetzt durch die Kapuzinaden* der Klerikalen und das wilde Geheul der Kapitalistenpresse, ist diese großprahlerische Zwergregierung ängstlich bemüht, nachdem sie sich in einem Blutbad gewälzt, in einem Meer von Lächerlichkeiten zu ersaufen.

Das belgische Zentralkomitee zu Brüssel hat bereits seine Absicht angezeigt, eine vollständige Untersuchung der Metzeleien zu Seraing und in der Borinage einzuleiten und das Resultat zu veröffentlichen. Wir wollen seine Enthüllungen in verschiedenen Sprachen über die ganze Welt verbreiten, um der Welt die Augen zu öffnen über die Lieblingsaufschneiderei des belgischen Kapitalisten: La liberté, pour faire le tour du monde, n'a pas besoin de passer par ici (la Belgique)*. [...]

Der Generalrat der *Internationalen Arbeiterassoziation* ruft die Arbeiter von Europa und den Vereinigten Staaten auf, Geldsammlungen zu veranstalten, um die Leiden der Witwen, Weiber und Kinder der belgischen Opfer zu lindern, die Verteidigungskosten der angeklagten Arbeiter zu bestreiten und die vom Brüsseler Komitee beabsichtigte Untersuchung zu fördern.

Marx, 1869

Die Allianz der Arbeiter aller Länder wird schließlich den Krieg ausrotten

Das Kriegskomplott vom Juli 1870 ist nur eine verbesserte Ausgabe des Staatsstreichs vom Dezember 1851*. Auf den ersten Blick erschien die Sache so albern, daß Frankreich nicht an ihren wirklichen Ernst glauben wollte. Viel eher glaubte es dem Abgeordneten [Jules Favre], der in den kriegerischen Ministerreden ein bloßes Börsenmanöver sah. Als am 15. Juli der Krieg end-

13 *Das Kaiserreich ist der Friede*

Karikatur auf die Rüstungen Napoleons III.

lich dem gesetzgebenden Körper amtlich angezeigt wurde, da verweigerte die ganze Opposition die Bewilligung der vorläufigen Gelder; selbst Thiers brandmarkte den Krieg als »abscheulich«; alle unabhängigen Journale von Paris verdammten ihn, und sonderbarerweise stimmte ihnen die Provinzialpresse fast widerspruchslos bei.

Inzwischen waren die Pariser Mitglieder der Internationale wieder an der Arbeit. Im »Réveil« vom 12. Juli veröffentlichten sie ihr Manifest »an die Arbeiter aller Nationen«, worin es heißt:

»Abermals bedroht politischer Ehrgeiz den Frieden der Welt unter dem Vorwand des europäischen Gleichgewichts und der Nationalehre. Französische, deutsche und spanische Arbeiter! Vereinigen wir unsre Stimmen zu einem Ruf des Abscheus gegen den Krieg ... Krieg wegen einer Frage des Übergewichts oder wegen einer Dynastie kann in den Augen von Arbeitern nichts sein als eine verbrecherische Torheit. Gegenüber den kriegerischen Aufrufen derjenigen, die sich von der Blutsteuer loskaufen und im öffentlichen Unglück nur eine Quelle neuer Spekulationen sehn, protestieren wir laut, wir, die wir Frieden und Arbeit nötig haben! ... Brüder in Deutschland! Unsere Spaltung würde nur im Gefolg haben den vollständigen Triumph des Despotismus auf beiden Seiten des Rheins ... Arbeiter aller Länder! Was auch für den Augenblick das Ergebnis unsrer gemeinsamen Anstrengungen sein möge, wir, die Mitglieder der Internationalen Arbeiterassoziation, für die es keine Grenzen gibt, wir schicken euch, als Pfand unauflöslicher Solidarität, die guten Wünsche und die Grüße der Arbeiter Frankreichs.«

Diesem Manifeste unserer Pariser Sektionen folgten zahlreiche französische Adressen, wovon wir hier nur eine anführen können: die Erklärung von Neuilly-sur-Seine, veröffentlicht in der »Marseillaise« vom 22. Juli:

»Ist der Krieg gerecht? Nein! Ist der Krieg national? Nein! Er ist ausschließlich dynastisch. Im Namen der Gerechtigkeit, der Demokratie, der wahren Interessen Frankreichs schließen wir uns vollständig und energisch den Protesten der Internationale gegen den Krieg an.«

Diese Proteste sprachen die wahren Gefühle der französischen Arbeiter aus, wie ein eigentümliches Ereignis dies alsbald deutlich bewies. Als die ursprünglich unter der Präsidentschaft von Louis Bonaparte organisierte *Bande vom 10. Dezember*, in Blusen als Arbeiter verkleidet, auf die Straßen losgelassen wurde, um dort durch indianische Kriegstänze das Kriegsfieber zu schüren*, da antworteten die wirklichen Arbeiter der Vorstädte mit so überwältigenden Friedensdemonstrationen, daß der Polizeipräfekt Piétri es für geraten hielt, aller ferneren Straßenpolitik plötzlich ein Ende zu machen unter dem Vorwand, das getreue Volk von Paris habe seinem langverhaltenen Patriotismus und seinem überströmenden Kriegsenthusiasmus genügend Luft gemacht.

Was immer auch der Verlauf des Krieges Louis Bonapartes mit Preußen sein möge, die Totenglocke des zweiten Kaiserreichs hat bereits in Paris geläutet. Es wird enden, wie es begonnen: mit einer Parodie. Aber vergessen wir nicht, daß es die Regierungen und die herrschenden Klassen Europas waren, die es Louis Bonaparte ermöglichten, achtzehn Jahre lang die grausame Posse der *Restauration des Kaiserreichs* zu spielen.

Von deutscher Seite ist der Krieg ein Verteidigungskrieg. Aber wer brachte Deutschland in den Zwang, sich verteidigen zu müssen? Wer ermöglichte Louis Bonaparte, den Krieg gegen Deutschland zu führen? *Preußen!* Bismarck war es, der mit demselben Louis Bonaparte konspirierte, um eine volkstümliche Opposition zu Hause niederzuschlagen und Deutschland an die Hohenzollerndynastie zu annexieren. Wäre die Schlacht bei Sadowa* verloren worden anstatt gewonnen, französische Bataillone hätten Deutschland überschwemmt als Verbündete Preußens. Hat Preußen nach dem Siege auch nur für einen Augenblick geträumt, dem versklavten Frankreich ein freies Deutschland gegenüberzustellen? Gerade das Gegenteil! Es hielt ängstlich die angebornen Schönheiten seines alten Systems aufrecht und fügte obendrein alle Kniffe des zweiten Kaiserreichs hinzu, seinen wirklichen Despotismus und seine Scheindemokratie, seine politischen Blendwerke und seine finanziellen Schwindeleien, seine hochtrabenden Phrasen und seine gemeinen Taschenspielerkünste. Das bonapartistische Regime, das bisher nur auf einer Seite des Rheins blühte, hatte damit auf der andern sein Gegenstück erhalten. Und standen die Dinge so, was anders konnte daraus folgen als der *Krieg*?

Erlaubt die deutsche Arbeiterklasse dem gegenwärtigen Krieg, seinen streng defensiven Charakter aufzugeben und in einen Krieg gegen das französische Volk auszuarten, so wird Sieg oder Niederlage gleich unheilvoll. Alles Unglück, das auf Deutschland fiel nach den sogenannten Befreiungskriegen, wird wieder aufleben mit verstärkter Heftigkeit.

Die Grundsätze der Internationale sind jedoch zu weit verbreitet und zu fest gewurzelt unter der deutschen Arbeiterklasse, als daß wir einen so traurigen Ausgang befürchten müßten. Die Stimme der französischen Arbeiter ist zurückgehallt aus Deutschland. Eine Arbeitermassenversammlung in Braunschweig hat am 16. Juli sich mit dem Pariser Manifest vollständig einverstanden erklärt, jeden Gedanken eines nationalen Gegensatzes gegen Frankreich von sich gewiesen und Beschlüsse gefaßt, worin es heißt:

»Wir sind Gegner aller Kriege, aber vor allem dynastischer Kriege ... Mit tiefem Kummer und Schmerz sehen wir uns hineingenötigt in einen Verteidigungskrieg als in ein unvermeidliches Übel; aber gleichzeitig rufen wir die gesamte denkende Arbeiterklasse auf, die Wiederholung eines solch ungeheuren sozialen Unglücks unmöglich zu machen, indem sie für die Völker selbst die Macht verlangt, über Krieg und Frieden zu entscheiden und sie so zu Herren ihrer eignen Geschicke zu machen.«

In Chemnitz hat eine Versammlung von Vertrauensmännern, 50 000 sächsische Arbeiter vertretend, einstimmig folgenden Beschluß gefaßt:

»Im Namen der deutschen Demokratie und namentlich der Arbeiter der sozialdemokratischen Partei erklären wir den gegenwärtigen Krieg für einen ausschließlich dynastischen ... Mit Freuden ergreifen wir die uns von den französischen Arbeitern gebotene Bruderhand ... Eingedenk der Losung der Internationalen Arbeiterassoziation: *›Proletarier aller Länder, vereinigt euch!‹* werden wir nie vergessen, daß die Arbeiter *aller*

Länder unsre *Freunde* und die Despoten *aller* Länder unsere *Feinde* sind.« *

Die Berliner Sektion der Internationale antwortete ebenfalls auf das Pariser Manifest:

»Wir stimmen mit Herz und Hand in euren Protest ein ... Wir geloben feierlich, daß weder Trompetenschall noch Kanonendonner, weder Sieg noch Niederlage uns abwenden soll von unserm gemeinsamen Werk der Vereinigung der Arbeiter in allen Ländern.«

Im Hintergrund dieses selbstmörderischen Kampfs lauert die unheimliche Gestalt Rußlands. Es ist ein böses Vorzeichen, daß das Signal zum gegenwärtigen Krieg gegeben wurde gerade in dem Augenblick, als die russische Regierung ihre strategischen Eisenbahnen vollendet hatte und bereits Truppen konzentrierte in der Richtung auf den Pruth. Welche Sympathien die Deutschen auch mit Recht beanspruchen mögen in einem Verteidigungskrieg gegen bonapartistischen Überfall, sie würden sie alsbald verlieren, erlaubten sie der deutschen Regierung, die Hülfe der Kosaken anzurufen oder auch nur anzunehmen. Mögen sie sich erinnern, daß nach seinem Unabhängigkeitskrieg gegen den ersten Napoleon Deutschland jahrzehntelang hilflos zu den Füßen des Zaren lag.

Die englische Arbeiterklasse reicht den französischen wie den deutschen Arbeitern brüderlich die Hand. Sie ist fest überzeugt, daß, möge der bevorstehende scheußliche Krieg endigen, wie er will, die Allianz der Arbeiter aller Länder schließlich den Krieg ausrotten wird. Während das offizielle Frankreich und das offizielle Deutschland sich in einen brudermörderischen Kampf stürzen, senden die Arbeiter einander Botschaften des Friedens und der Freundschaft. Diese einzige große Tatsache, ohnegleichen in der Geschichte der Vergangenheit, eröffnet die Aussicht auf eine hellere Zukunft. Sie beweist, daß, im Gegensatz zur alten Gesellschaft mit ihrem ökonomischen Elend und ihrem politischen Wahnwitz, eine neue Gesellschaft entsteht, deren internationales Prinzip der *Friede* sein wird, weil bei jeder Nation dasselbe Prinzip herrscht – die *Arbeit*!

Die Bahnbrecherin dieser neuen Gesellschaft ist die Internationale Arbeiterassoziation.

Marx, 1870

Anton Neithardt von Gneisenau, der Theoretiker des Freischärlertums

Berichte über das Niederbrennen französischer Dörfer durch die Preußen waren in der letzten Zeit fast ganz aus der Presse verschwunden. Wir begannen zu hoffen, die preußischen Behörden hätten ihren Fehler eingesehen und solche Maßnahmen im Interesse ihrer eigenen Truppen eingestellt. Wir waren im Irrtum. Die Zeitungen wimmeln wieder von Nachrichten über die Erschießung von Gefangenen und die Zerstörung von Dörfern. Ein Bericht im »Berliner Börsen-Courier«, datiert Versailles, den 20. November, lautet:

»Gestern langten die ersten Verwundeten von dem am 17. bei Dreux stattgefundenen Kampfe im hiesigen Schlosse an. Es wurde mit den Franktireurs [Freischärlern] gründlich aufgeräumt und ein Exempel statuiert; diese Bande wurde der Reihe nach aufgestellt und einem nach dem andern durch eine Kugel vor den Kopf der Garaus gemacht. Ein extrahierter Armeebefehl verbietet auf das nachdrücklichste, Franktireurs als Gefangene einzubringen, gebietet aber, dieselben, wo sie sich nur zeigen, standrechtlich niederzuschießen. Mit Rücksicht auf das schamlos feige und räuberische Gebaren dieses Lumpengesindels ist das angewendete Verfahren zur eisernen Notwendigkeit geworden.«

Die Wiener »Tages-Presse« läßt sich unter demselben Datum berichten:

»Im Wald von Villeneuve hat man in der letzten Woche vier Franktireurs gehängt, weil sie auf unsere Ulanen aus dem Walde geschossen haben.«

Ein offizieller Bericht, datiert Versailles, den 26. November, teilt mit, die Landbevölkerung rings um Orléans habe – aufgehetzt von Priestern, die Bischof Dupanloup beauftragt habe, einen Kreuzzug zu predigen – den Guerillakrieg gegen die Deutschen begonnen: Patrouillen würden beschossen und Ordonnanzoffiziere von Landleuten niedergemacht, die zum Schein auf dem Felde arbeiteten. Um diese Meuchelmorde zu rächen, würden alle Zivilpersonen, die Waffen trügen, sofort hingerichtet. Nicht wenige Priester – siebenundsiebzig – erwarteten gegenwärtig ihre Aburteilung.

Das sind nur einige Beispiele, die bis ins endlose vermehrt werden könnten; demnach scheint es die feste Absicht der Preußen zu sein, diese Brutalitäten bis zum Kriegsende fortzusetzen. Unter diesen Umständen dürfte es nützlich sein, ihr Augenmerk auf einige Tatsachen der neueren preußischen Geschichte zu lenken.

Der jetzige König [Wilhelm I.] von Preußen wird sich sehr gut der Zeit der tiefsten Erniedrigung seines Landes erinnern: der Schlacht bei Jena*, der langen Flucht an die Oder, der rasch aufeinander folgenden Kapitulationen fast der gesamten preußischen Truppen, des Rückzugs der Überreste hinter die Weichsel und schließlich des völligen Zusammenbruchs des ganzen militärischen und politischen Systems des Landes. Damals setzte unter dem Schutz einer pommerschen Küstenfestung durch persönliche Initiative und persönlichen Patriotismus ein neuer aktiver Widerstand gegen den Feind ein. Ein einfacher Dragonerfähnrich, Schill, begann in Kolberg ein Freikorps (gallisch: francs-tireurs) zu bilden, mit dem er, von Einwohnern unterstützt, Patrouillen, Detachements [kleine Truppenabteilungen] und Feldposten überfiel und öffentliche Gelder, Proviant und Kriegsmaterial sicherte. Er nahm den französischen General Victor gefangen und bereitete einen allgemeinen Aufstand des Landes im Rücken und auf den Verbindungslinien der Franzosen vor. Kurzum, er tat alle jene Dinge, die jetzt den französischen Franktireurs zur Last gelegt werden, welche von seiten der Preußen mit den Titeln Räuber und Lumpengesindel und – als unbewaffnete Gefangene – mit »einer Kugel vor den Kopf« bedacht werden. Aber der Vater [Friedrich Wilhelm III.] des jetzigen preußischen Königs billigte diese Taten ausdrücklich und beförderte Schill. Es ist bekannt, daß derselbe Schill 1809 – als zwar in Preußen Frieden war, aber Österreich gegen Frankreich Krieg führte – mit seinem Regiment auf eigene Faust einen Feldzug gegen Napoleon unternahm, ganz wie Garibaldi, daß er in Stralsund erschossen wurde und seine Soldaten gefangengenommen wurden. Nach den preußischen Kriegsregeln hätte also Napoleon durchaus das Recht gehabt, sämtliche Gefangene zu erschießen, ließ jedoch nur elf Offiziere in Wesel füsilieren. Auf den Gräbern dieser elf Franktireurs mußte der Vater des jetzigen preußischen Königs, sehr gegen seinen Willen, aber gezwungen von der öffentlichen Meinung innerhalb und außerhalb der Armee, zu ihren Ehren ein Denkmal errichten.

Kaum war ein praktischer Anfang des Freischärlertums in Preußen gemacht worden, so begannen die Preußen – wie es einer Nation von Denkern geziemt –, die Sache in ein System zu bringen und eine Theorie dazu auszuarbeiten. Der Theoretiker des Freischärlertums, der große philosophische Franktireur, war kein anderer als Anton Neithardt von Gneisenau, der eine Zeitlang Feldmarschall im Dienste Seiner preußischen Majestät war. Gneisenau hatte 1807 Kolberg verteidigt;

er hatte einige Schillsche Franktireurs unter sich gehabt; er war bei seiner Verteidigung kräftig von den Einwohnern der Stadt unterstützt worden, die durchaus nicht einmal auf den Titel einer mobilen oder sedentären Nationalgarde* Anspruch erheben konnten, weshalb sie — getreu der jüngsten preußischen Auffassung — »auf der Stelle hingerichtet« zu werden verdienten. Die großen Hilfsquellen, die ein überfallenes Land in einem energischen Volkswiderstand besitzt, machten auf Gneisenau so tiefen Eindruck, daß er sich eine Reihe von Jahren intensiv mit dem Problem beschäftigte, wie sich dieser Volkswiderstand am besten organisieren lasse. Der Guerillakrieg in Spanien und die Erhebung der russischen Bauern an der Rückzugslinie der Franzosen von Moskau gaben ihm neue Beispiele, und 1813 konnte er seine Theorie in die Praxis umsetzen.

Bereits im August 1811 hatte Gneisenau einen Plan für die Vorbereitung eines Volksaufstandes ausgearbeitet. Es sollte eine Miliz gebildet werden, die keine Uniform, sondern nur eine Militärmütze (gallisch: képi), eine Schärpe von schwarzen und weißen Streifen und vielleicht einen militärischen Ärmelmantel tragen sollte, kurz, fast genau die Uniform der jetzigen französischen Franktireurs.

»Kommt der Feind sehr stark, so ... versteckt sie ihre Waffen, Mützen und Schärpen, und erscheint so als Bewohner des Landes.«

Gerade das betrachten die Preußen jetzt als ein Verbrechen, das mit Kugel oder Strick geahndet werden muß. Diese Miliztruppen sollten den Feind unablässig beunruhigen, seine Verbindungen unterbrechen, sich seiner Nachschubtransporte bemächtigen oder sie vernichten, dabei aber regelrechte Angriffe vermeiden und sich vor massierten regulären Truppen in die Wälder oder Sümpfe zurückziehen.

»Befehle sollen an sämtliche Geistliche aller christlichen Konfessionen bereitliegen, wonach diese, bei ausgebrochenem Kriege, überall den Aufstand predigen, Frankreichs Unterjochungsplan mit schwarzen Farben schildern, an das jüdische Volk unter den Makkabäern erinnern, ... dessen Beispiel uns anfeuern müsse ...« Jeder Geistliche muß seinen Pfarrkindern den Eid abnehmen, daß sie dem Feinde keinen Proviant, Waffen usw. anders liefern, »als durch Waffengewalt dazu gezwungen«.

Kurz gesagt, sie sollten denselben Kreuzzug predigen, den der Bischof von Orléans seinen Geistlichen zu predigen befohlen hatte und wofür jetzt nicht wenige französische Priester ihre Aburteilung erwarten.

Wer den zweiten Band von Professor Pertz' »Leben Gneisenaus« zur Hand nimmt, wird neben der Titelseite eine Reproduktion eines Teils des obigen Zitats als Faksimile von Gneisenaus Handschrift und daneben das Faksimile einer Randnotiz König Friedrich Wilhelms zu Gneisenaus Gedanken finden:

»Wenn ein Prediger erschossen seyn wird, hat die Sache ein Ende.«

Augenscheinlich hatte der König kein großes Vertrauen zu dem Heroismus seiner Geistlichkeit. Aber das hinderte ihn nicht, Gneisenaus Plan ausdrücklich zu billigen; ebensowenig hinderte das einige Jahre später, als genau dieselben Leute, die die Franzosen aus dem Lande getrieben hatten, verhaftet und als »Demagogen« * verfolgt wurden, einen der gescheiten Demagogenjäger jener Zeit, in dessen Hände das Originaldokument gefallen war, gegen den unbekannten Autor wegen dieses Versuchs, das Volk zum Erschießen der Geistlichkeit aufzureizen, Anklage zu erheben!

Bis zum Jahre 1813 wurde Gneisenau nicht müde, nicht nur die reguläre Armee, sondern auch den Volksaufstand vorzubereiten als ein Mittel, das französische

Joch abzuschütteln. Als schließlich der Krieg ausbrach, war er sofort von Aufständen, vom Widerstand der Bauern und Franktireurs begleitet. Im April griff das Land von der Weser bis zur Elbe zu den Waffen. Kurz darauf erhob sich die Bevölkerung in der Gegend von Magdeburg, und Gneisenau selbst schrieb an seine Freunde in Franken – der Brief ist von Pertz* veröffentlicht worden – und rief sie auf, sich an der feindlichen Etappenlinie zu erheben. Schließlich kam die offizielle Anerkennung dieser Volkskriegführung: die Landsturm-Ordnung vom 21. April 1813 (die erst im Juli veröffentlicht wurde), worin jeder wehrbare Mann, der nicht schon bei dem stehenden Heere oder der Landwehr diene, verpflichtet ist, sich bei seinem Landsturmbataillon zu stellen, um so den Kampf der Notwehr, der alle Mittel heiligt, vorzubereiten. Der Landsturm ist dazu bestimmt, dem Feind den Einbruch wie den Rückzug zu versperren, ihn beständig in Atem zu halten; seine Munition und Lebensmittel, Kuriere und Rekruten aufzufangen und Hospitäler aufzuheben; nächtliche Überfälle auszuführen, ihn einzeln und in Trupps zu vernichten, ihn zu beunruhigen, zu peinigen; ferner ist er verpflichtet, die preußische Armee zu unterstützen, alle Eskorten an Geld, Proviant und Munition zu besorgen und die gefangenen Feinde usw. zu bewachen und zu begleiten. Dieses Gesetz kann tatsächlich ein mustergültiges Vademekum für Franktireurs genannt werden, und – von keinem mittelmäßigen Strategen entworfen – ist es gegenwärtig in Frankreich ebenso anwendbar wie zu jener Zeit in Deutschland.

Zum Glück für Napoleon I. wurde es aber sehr unvollkommen verwirklicht. Der König war über sein eigenes Werk erschrocken. Dem Volk zu erlauben, für sich selbst zu kämpfen – ohne des Königs Kommando –, das war zu antipreußisch. So wurde der Landsturm ausgesetzt, bis ihn der König aufrufen würde, was er niemals tat. Gneisenau tobte, aber schließlich mußte er ohne den Landsturm auskommen. Wenn er mit all seinen späteren preußischen Erfahrungen heute lebte, würde er vielleicht sein beau-idéal [Vorbild] des Volkswiderstands in den französischen Franktireurs annähernd erreicht, wenn nicht verwirklicht sehen. Denn Gneisenau war ein Mann – und ein Mann von Genie.

Engels, 1870

Aber der große Geist unseres Vogt hatte keine Ruhe

Seit der Augsburger Kampagne von 1859*, die ihm eine so gewaltige Tracht Prügel eingebracht hatte, schien Herr Vogt die Politik satt bekommen zu haben. Er wandte sich mit ganzer Energie den Naturwissenschaften zu, in denen er bereits früher, wie er selbst sagt, so »staunenerregende« Entdeckungen geleistet hatte. So hatte er – um dieselbe Zeit, wo durch Küchenmeister und Leuckardt die höchst komplizierte Entwicklungsgeschichte der Eingeweidewürmer nachgewiesen und damit ein wirklich großer Fortschritt in der Wissenschaft gemacht wurde – die staunenerregende Entdeckung gemacht, daß die Eingeweidewürmer aus zwei Klassen bestehen: Rundwürmer, welche rund, und Plattwürmer, welche platt sind. Jetzt stellte er dieser gewaltigen Errungenschaft eine noch größere zur Seite. Die Auffindung vieler fossilen Menschenknochen aus vorgeschichtlichen Zeiten hatte das vergleichende Studium der Schädel aus verschiedenen Menschenracen in die Mode gebracht. Man maß die Schädel in allen Richtungen, man verglich, man diskutierte, man kam zu keinem Resultat, bis Vogt endlich mit gewohnter Siegesgewißheit die Lösung des Rätsels verkündigte, daß sämtliche Menschenschädel in zwei Klassen zerfallen: solche, welche länglich (Langköpfe, Dolichozephalen) und solche, welche rundlich sind (Kurzköpfe, Brachyzephalen). Was die genauesten und fleißigsten Beobachter durch langjährige, mühsame Arbeit nicht fertiggebracht hatten, Vogt brachte es zustande durch die einfache Anwendung seines Würmerprinzips. Stellen wir neben diese staunenerregenden Entdeckungen noch die Entdeckung einer neuen Spezies im Gebiet der politischen Zoologie, nämlich die Entdeckung der Schwefelbande*, so wird auch der Unbescheidenste zugeben müssen, daß Vogt für ein Menschenleben genug geleistet hatte.

Aber der große Geist unseres Vogt hatte keine Ruhe. Die Politik behielt ihre unwiderstehlichen Reize für den Mann, der auch auf der Bierbank so Großes leistete. Die Tracht Prügel von Anno Sechzig war glücklich verwunden, der Marxsche »Herr Vogt« nicht mehr im Buchhandel zu haben, über alle die faulen Geschichten war aber und abermals Gras gewachsen, unser Vogt hatte unter dem Beifall des deutschen Philisters Vorlesungsreisen gehalten, hatte sich auf allen Naturforscherversammlungen, ethnographischen und antiquarischen Kongressen breitgemacht und an die wirklichen wissenschaftlichen Größen herangedrängt; er konnte sich also wieder einigermaßen »anständig« vorkommen und berufen glauben, den deutschen Philister, den er naturwissenschaftlich eingepaukt, auch politisch einzupauken. Es gingen große Dinge vor: Napoleon der Kleine [Napoleon III.] hatte bei Sedan kapituliert, die Preußen standen vor Paris, Bismarck verlangte Elsaß und Lothringen. Da war es die höchste Zeit für Vogt, sein gewichtiges Wort zu sprechen.

Dies Wort nennt sich: »Carl Vogt's Politische Briefe an Friedrich Kolb«, Biel 1870; es enthält zwölf Briefe, die zuerst in der Wiener »Tages-Presse« erschienen und außerdem in Vogts Moniteur [Zeitung], dem »Bieler Handels-Courier«, abgedruckt wurden. Vogt erklärt sich gegen Annexion und gegen die Verpreußung Deutschlands, und es ärgert ihn schändlich, daß er hierin als reiner Nachtreter der verhaßten Sozialdemokraten, d. h. der »Schwefelbande«, dasteht. Auf den allgemeinen Inhalt des Pamphlets einzugehen wäre überflüssig, da es ganz gleichgültig ist, wie ein Vogt über dergleichen Dinge denkt. Zudem sind die Argumente, die er vorbringt, nur die der gewöhnlichsten Bierphilister-Kannegießerei, nur daß Vogt diesmal nicht den deutschen, sondern den Schweizer Philister zurückspiegelt. Uns interessiert nur die angenehme Persönlichkeit des Herrn Vogt selbst, wie sie sich durch ihre verschiedenen Wendungen und Wandlungen durchwindet.

Wir nehmen also das Broschürchen und legen daneben Vogts Unglücksbuch, die »Studien zur gegenwärtigen Lage Europas«, 1859, an deren Nachwehen er so schwer und so lange gelitten hat. Da finden wir, bei aller Geistesverwandtschaft, bei der ganz gleichen Lüderlichkeit der Schreibart – auf Seite 10 gewinnt Vogt seine »Anschauungen« »mit eignen Ohren«, was allerdings ganz eigne Ohren sein müssen –, da finden wir, daß heute Herr Vogt gerade das Gegenteil von dem sagt, was er vor elf Jahrn predigte. Die »Studien« hatten den Zweck, den deutschen Philister zu überreden, daß Deutschland kein Interesse habe, sich in den Krieg zu mischen, den Louis Bonaparte damals gegen Österreich beabsichtigte. Zu diesem Zweck mußte Louis Bonaparte als ein völkerbefreiender »Schicksalsmensch« dargestellt, mußte gegen die landläufigen Angriffe der Republikaner und selbst mancher bürgerlichen Liberalen in Schutz genommen werden. Und der angebliche Republikaner Vogt ließ sich auch dazu herbei – mit arg sauersüßer Miene freilich und nicht ohne daß man ihm einiges Bauchgrimmen ansah, aber er tat es doch. Böse

Zungen und Leute von der »Schwefelbande« wollten behaupten, der brave Vogt unterziehe sich allen diesen Beschwerden und Grimassen, nur weil er von bonapartistischer Seite das erhalten habe, was die Engländer »consideration« [»Entgelt«] nennen, nämlich bares Geld. Es waren auch allerhand verdächtige Dinge vorgekommen. Vogt hatte verschiedentlichen Leuten Geld angeboten, wenn sie in seinem Sinn, d.h. in Anpreisung der völkerbefreienden Absichten des Louis Bonaparte, in der Presse wirken wollten. Herr Braß, dessen Tugend bekanntlich über allen Zweifel erhaben ist, seitdem er die »Norddeutsche Allgemeine Zeitung« leitet, selbst Herr Braß wies öffentlich »den französischen Futtertrog zurück, den Vogt ihm vorsetzen wollte«. Aber wir wollen von diesen unangenehmen Geschichten nicht weiter sprechen und zunächst annehmen, daß Vogts Bauchgrimmen und Grimassen ihm erbeigentümlich gehörten. [...]

In den »Studien« wird Rußland und die russische Politik durchweg gelobt, dies Reich sei seit Aufhebung der Leibeigenschaft »eher ein Genosse der freiheitlichen Bewegung als ein Gegner derselben«; Polen sei auf dem besten Wege, mit Rußland zu verschmelzen (wie der Aufstand 1863 bewiesen hat!), und Vogt findet es ganz natürlich, daß Rußland »den festen Punkt bildet, um welchen sich die slawischen Nationalitäten mehr und mehr zu gruppieren streben«.

Und daß damals, 1859, die russische Politik mit Louis-Napoleon Hand in Hand ging, war natürlich in Vogts Augen ein enormes Verdienst. Jetzt ist das alles anders – jetzt heißt es:

»Ich bin keinen Augenblick im Zweifel, daß ein Konflikt zwischen der slawischen und germanischen Welt bevorsteht ... und daß Rußland in diesem die Führerschaft auf der einen Seite übernehmen wird.« (S. 30, 31.)

Und nun wird nachgewiesen, daß nach der Annexion des Elsasses Frankreich in diesem Konflikt sofort sich auf Seite der Slawen stellen, ja den Ausbruch dieses Konflikts möglichst beschleunigen wird, um das Elsaß wiederzugewinnen, so daß dieselbe russisch-französische Allianz, die 1859 ein Glück für Deutschland gewesen sein soll, ihm jetzt als Popanz und Schreckensgespenst vorgehalten wird. Aber Vogt kennt seinen deutschen Philister. Er weiß, daß er ihm alles bieten, sich zehnmal widersprechen darf. Wir fragen nun unwillkürlich, wie es kam, daß Vogt vor elf Jahren die Schamlosigkeit haben konnte, eine Allianz zwischen Rußland und dem bonapartistischen Frankreich als die beste Garantie der freiheitlichen Entwicklung Deutschlands und Europas auszuposaunen?

Und nun gar Preußen! In den »Studien« wird Preußen deutlich zu verstehn gegeben, es möge Louis-Napoleons Pläne gegen Österreich indirekt unterstützen, sich auf Verteidigung des deutschen Bundesgebiets beschränken und dann »bei späteren Friedensverhandlungen seinen Lohn in norddeutschen Flachlanden erhalten«. Die Grenzen des späteren Nordbundes* — das Erzgebirge, der Main und das Meer — werden Preußen schon damals als Köder vorgehalten. Und im Nachwort zur zweiten Auflage, die während des italienischen Krieges erschienen, als das Feuer den Bonapartisten schon auf den Nägeln brannte und keine Zeit mehr zu verlieren war mit Umschweifen und Redensarten — da platzt auch Vogt direkt mit der Sprache heraus, fordert Preußen auf, einen Bürgerkrieg in Deutschland zu beginnen zur Stiftung einer einheitlichen Zentralgewalt, zur Einverleibung Deutschlands in Preußen — diese Einigung Deutschlands werde nicht so viel Wochen kosten wie der Krieg in Italien Monate. Nun gut. Genau sieben Jahre später, und ebenfalls im Einverständnis mit Louis-Napoleon, handelt Preußen genau nach den von

Vogt nachgeplapperten bonapartistischen Einflüsterungen; es stürzt sich in einen Bürgerkrieg, holt sich einstweilen seinen Lohn in norddeutschen Flachlanden, schafft für den Norden wenigstens eine einheitliche Zentralgewalt – und Herr Vogt? Herr Vogt kommt jetzt plötzlich und jammert uns vor, daß »der Krieg von 1870 die notwendige unausbleibliche Folge desjenigen von 1866 war«! (S. 1.) Er lamentiert über die unersättliche Eroberungspolitik Preußens, die stets »auf eine angebotene Eroberung angebissen wie der Haifisch auf ein Stück Speck« (S. 20).

»Nie und nirgends habe ich einen Staat und ein Volk gesehen, das besser diesen Namen« (Raubstaat) »verdiente als Preußen.« (S. 35.)

Er beklagt die Einverleibung Deutschlands in Preußen als das größte Unglück, daß Deutschland und Europa zustoßen konnte (achter und neunter Brief). Das hat nun Bismarck davon, daß er Vogts Rat gefolgt ist, und das hat Vogt davon, daß er Bismarck einen Rat gegeben hat.

Soweit schien indes alles noch gut für unsern Vogt zu gehen. Die alten anrüchigen Geschichten waren beim Philister wirklich vergessen, die »Studien« waren total verschollen, Vogt konnte sich wieder für einen anständigen Bürger und passablen Demokraten ausgeben und sich etwas darauf zugute tun, daß diese seine »Politischen Briefe« der banalen Philisterströmung in Deutschland entgegentraten. Selbst die fatale Übereinstimmung in der Annexionsfrage mit den Sozialdemokraten konnte ihm nur zur Ehre gereichen: Da Vogt nicht zur Schwefelbande übergetreten war, so mußte notwendig die Schwefelbande sich zu Vogt bekehrt haben! Da auf einmal fällt der Blick auf eine schmale dünne Zeile in den neuerdings veröffentlichten Verwendungslisten der geheimen Fonds von Louis-Napoleon: »Vogt – il lui a été remis en Août 1859 ... frs. 40 000.«

»Vogt – es sind ihm im August 1859 übermacht worden 40 000 Francs.«*

Vogt? Wer ist Vogt? Welch ein Unglück für Vogt, daß keine nähere Bezeichnung dabeisteht! Ja, stände da, der Professor Karl Vogt in Genf, mit Straße und Hausnummer, so könnte Vogt sagen: Das bin ich nicht, das ist mein Bruder, meine Frau, mein ältester Sohn, alles, nur ich nicht – aber so! Vogt kurzweg, ohne Signalement, Vornamen, Adresse, das kann nur der eine Vogt sein, der weltberühmte Gelehrte, der große Entdecker der Rundwürmer und der Plattwürmer, der Langschädel und der Kurzschädel und der Schwefelbande, der Mann, dessen Renommee selbst bei den Polizisten der geheimen Fonds so bekannt ist, daß jede nähere Bezeichnung überflüssig wäre! Und dann – gibt es einen andern Vogt, der der bonapartistischen Regierung 1859 solche Dienste geleistet hätte, daß sie sie im August jenes Jahres *(und Vogt war gerade damals in Paris)* mit 40 000 Francs bezahlte? Daß Sie die Dienste geleistet haben, Herr Vogt, ist notorisch; Ihre »Studien« sind der Beweis dafür; diese »Studien« erschienen in erster Auflage im Frühjahr, in zweiter im Sommer; daß Sie vom 1. April 1859 bis in den Sommer hinein Leute über Leute aufforderten, gegen Bezahlung Ihrerseits im bonapartistischen Interesse tätig zu sein, haben Sie selbst zugestanden; *im August 1859, nach Beendigung des Krieges, waren Sie in Paris* – und nun sollen wir glauben, daß der Vogt kurzweg, dem Bonaparte im August 1859 die 40 000 Francs auszahlen ließ, ein anderer, ganz unbekannter Vogt sei? Unmöglich. Wir schwören es bei allen Rundwürmern und Plattwürmern: Solange Sie uns nicht das Gegenteil beweisen, müssen wir annehmen, daß Sie der fragliche Vogt sind.

Aber, sagen Sie vielleicht, das ist ja eine Behauptung, die auf nichts beruht als auf dem Wort der jetzigen französischen Regierung, d.h. der Kommunalisten oder, was dasselbe ist, Kommunisten, die auch Schwefelbande heißen; wer wird solchen Menschen glauben? Hierauf wäre zu antworten, daß die Veröffentlichung der »Correspondance et papiers de la famille impériale« durch die *»Regierung der nationalen Verteidigung«* erfolgte, deren *offizieller* Akt sie ist, für den sie einsteht. Und was hielten Sie von dieser Regierung, Jules Favre, Trochu usw.?

»Die Männer, welche jetzt an die Spitze geschnellt worden sind, stehen niemand nach an Intelligenz, Tatkraft und erprobter Gesinnung – aber das Unmögliche können sie nicht leisten.«

Das sagen Sie von ihnen auf S. 52. Nein, Herr Vogt, das Unmögliche können sie nicht leisten, aber sie hätten doch wenigstens Ihren Namen unterdrücken können als Dank für diese warme Anerkennung, die ihnen so selten zuteil geworden!

Indes, wie Sie selbst sagen, Herr Vogt, »Geld ist nun einmal das Äquivalent des Schadens, welchen das Individuum erleidet an seiner Person« (S. 24) und, wenn Ihre werte Person durch Ihre politischen Sprünge von 1859 »Schaden« – hoffentlich nur moralischen – erlitten hat, so trösten Sie sich gefälligst mit dem »Äquivalent«.

Als der Kriegslärm vorigen Sommer losging, waren Sie »überzeugt, daß der ganze französische Regierungsspektakel nur dazu dienen sollte, in scheinbaren Rüstungen die furchtbaren Verschleuderungen des Kaiserreichs zu decken. Unter Louis-Philippe taten dies die *Holzwürmer* – die über den Etat gehenden geheimen Ausgaben wurden auf das Holzkonto der Marine geschrieben; unter dem Kaiserreich hätten alle Holzwürmer der Erde nicht genügt, die Ausfälle zu decken«. (S. 4.)

Da sind wir also wieder bei den beliebten Würmern angekommen, und zwar bei den Holzwürmern. Zu welcher Klasse gehören diese, zu den Rundwürmern oder zu den Plattwürmern? Wer könnte das entscheiden? Nur Sie, Herr Vogt, und Sie entscheiden es in Wirklichkeit. Laut der »Correspondance etc.« gehören Sie selbst zu den »Holzwürmern« und haben Sie »die über den Etat gehenden geheimen Ausgaben« mit aufgegessen bis zum Belauf von 40 000 Francs. Und daß Sie ein *»Rundwurm«* sind, weiß jeder, der Sie kennt.

Engels, 1871

Thiers, ein Virtuose des Verrats

Thiers, diese Zwergmißgeburt, hat die französische Bourgeoisie mehr als ein halbes Jahrhundert lang bezaubert, weil er der vollendetste geistige Ausdruck ihrer eigenen Klassenverderbtheit ist. Ehe er Staatsmann wurde, hatte er schon seine Stärke im Lügen als Geschichtsschreiber dargetan. Die Chronik seines öffentlichen Lebens ist die Geschichte der Unglücke Frankreichs. Verbündet, vor 1830, mit den Republikanern, erhaschte er unter Louis-Philippe eine Ministerstelle, indem er seinen Protektor Laffitte verriet. Beim König schmeichelte er sich ein durch Anhetzung von Pöbelexzessen gegen die Geistlichkeit, während deren die Kirche Saint-Germain l'Auxerrois und der erzbischöfliche Palast geplündert wurden, und durch sein Benehmen gegen die Herzogin von Berry, bei der er zu gleicher Zeit den Ministerspion und den Gefängnisgeburtshelfer spielte*. *Sein* Werk war die Niedermetzlung der Republikaner in der Rue Transnonain, *sein* Werk die daraufhin folgenden infamen Septembergesetze gegen Presse und Assoziationsrecht. 1840, wo er als Ministerpräsident wieder auftauchte, setzte er Frankreich in Erstaunen mit seinem Plan, Paris zu befestigen. Den Republikanern,

14 *Thiers, der Henker von Paris*

Karikatur

die diesen Plan als heimtückisches Komplott gegen die Freiheit von Paris anklagten, antwortete er in der Deputiertenkammer:

»Wie? Sie bilden sich ein, daß Festungswerke je die Freiheit gefährden könnten? Vor allem verleumden Sie jede mögliche Regierung, wenn Sie voraussetzen, sie könnte je versuchen, sich durch ein Bombardement von Paris aufrechtzuerhalten ... eine solche Regierung wäre nach ihrem Siege hundertmal unmöglicher als vorher.« *

In der Tat, keine Regierung würde je gewagt haben, Paris von den Forts zu bombardieren, außer der Regierung, die vorher diese selben Forts den Preußen ausgeliefert hatte.

Als König Bomba sich im Januar 1848 an Palermo versuchte*, erhob sich Thiers, damals schon lange kein Minister mehr, abermals in der Kammer:

»Sie wissen, meine Herren, was in Palermo vorgeht. Sie alle erbeben vor Schauder« (im parlamentarischen Sinn), »wenn Sie hören, daß achtundvierzig Stunden lang eine große Stadt bombardiert worden ist – von wem? Von einem fremden Feind, in Anwendung des Kriegsrechts? Nein, meine Herren, von ihrer eignen Regierung. Und weswegen? Weil die unglückliche Stadt ihre Rechte forderte. Und für die Forderung ihrer Rechte erhielt sie achtundvierzig Stunden Bombardement ... Erlauben Sie mir, an die Meinung von Europa zu appellieren. Es heißt der Menschlichkeit einen Dienst erweisen, wenn man sich erhebt und von vielleicht der größten Tribüne Europas widerhallen läßt einige Worte« (jawohl, Worte!) »der Entrüstung gegen solche Taten. Als der Regent Espartero, der seinem Lande Dienste geleistet hatte« (und das war mehr, als Thiers je getan), »beabsichtigte, Barcelona zu bombardieren zur Unterdrückung eines Aufstandes, da erhob sich von allen Enden der Welt ein allgemeiner Schrei der Entrüstung.« *

Achtzehn Monate später befand sich Thiers unter den wütendsten Verteidigern des Bombardements von Rom durch eine französische Armee.* Der Fehler des Königs Bomba scheint in der Tat nur darin gelegen zu haben, daß er sein Bombardement auf achtundvierzig Stunden beschränkte.

Wenige Tage vor der Februarrevolution*, unwirsch ob der langen Verbannung von Amt und Unterschleif, wozu Guizot ihn verurteilt hatte, und in der Luft eine herannahende Volksbewegung witternd, erklärte Thiers, in dem falschen Heldenstil, der ihm den Spottnamen Mirabeau-mouche (Mirabeau-Fliege) einbrachte, der Deputiertenkammer:

»*Ich gehöre zur Partei der Revolution*, nicht allein in Frankreich, sondern in Europa. Ich wünsche, daß die Regierung der Revolution in den Händen gemäßigter Männer bleiben möge; ... aber sollte diese Regierung in die Hände heftiger Leute fallen, selbst in die von Radikalen, so werde ich darum doch meine Sache nicht im Stich lassen. Ich werde immer zur Partei der Revolution gehören.« *

Die Februarrevolution kam. Statt das Ministerium Guizot durch das Ministerium Thiers zu ersetzen, wie das Männlein geträumt hatte, verdrängte sie Louis-Philippe durch die Republik. Am ersten Tage des Sieges versteckte er sich sorgfältig, vergessend, daß die Verachtung der Arbeiter ihn vor ihrem Haß schützte. Dennoch hielt er sich, mit seinem altbekannten Mut, von der öffentlichen Bühne fern, bis die Junimetzeleien* sie für seine Sorte Aktion freigefegt hatten. Dann wurde er der leitende Kopf der »Ordnungspartei« * mit ihrer parlamentarischen Republik, jenem anonymen Zwischenreich, in dem alle die verschiedenen Fraktionen der herrschenden Klasse *mit*einander konspirierten zur Unterdrückung des Volkes, und *gegen*einander, jede zur Wiederherstellung ihrer eigenen Monarchie. Damals wie jetzt klagte Thiers die Republikaner an als das einzige Hindernis der Befestigung der Republik; damals wie jetzt sprach er zur Republik wie der Henker zu Don Carlos: »Ich werde dich morden, aber zu deinem eignen Besten.« Jetzt wie damals wird er ausrufen müssen am Tag nach seinem Siege: »L'Empire est fait!« – Das Kaiserreich ist fertig. Trotz seiner heuchlerischen Predigten von »notwendigen Freiheiten« und seines persönlichen Ärgers gegen Louis Bonaparte, der ihn gebraucht und den Parlamentarismus hinausgeworfen hatte – und außerhalb der künstlichen Atmosphäre des Parlamentarismus schrumpft das Männlein, wie es wohl weiß, zu einem Nichts zusammen –, trotz alledem hatte Thiers seine Hand in allen Infamien des zweiten Kaiserreichs, von der Besetzung Roms durch französische Truppen bis zum Kriege gegen Preußen, zu dem er aufhetzte durch seine heftigen Ausfälle gegen die deutsche Einheit – nicht als Deckmantel für den preußischen Despotismus, sondern als Eingriff in das ererbte Anrecht Frankreichs auf die deutsche Uneinigkeit. Während seine Zwergsarme gern im Angesicht Europas das Schwert des ersten Napoleon umherschwangen, dessen historischer Schuhputzer er geworden war, gipfelte seine auswärtige Politik stets in der äußersten Erniedrigung Frankreichs, von der Londoner Konvention von 1841* bis zur Pariser Kapitulation von 1871 und zum jetzigen Bürgerkrieg*, worin er, mit hoher obrigkeitlicher Erlaubnis Bismarcks, die Gefangenen von Sedan und Metz gegen Paris hetzte*. Trotz der Beweglichkeit seines Talents und der Veränderlichkeit seiner Zielpunkte ist dieser Mann sein ganzes Leben lang an die allerfossilste Routine gekettet gewesen. Es ist klar, daß ihm die tiefer liegenden Strömungen der modernen Gesellschaft ewig verborgen bleiben mußten; aber selbst die handgreiflichsten Veränderungen auf der gesellschaftlichen Oberfläche widerstrebten einem Gehirn, dessen ganze Lebenskraft in die Zunge geflüchtet war. So wurde er nie müde, jede Abweichung von dem veralteten französischen Schutzzollsystem als eine Heiligtumsschändung anzuklagen. Als Minister Louis-Philippes versuchte er, die Eisenbahnen als ein hirnverbranntes Blendwerk niederzuschreien; in der Opposition unter Louis Bonaparte brandmarkte er als eine Entheiligung jeden Versuch zur Reform des verfaulten französischen Heerwesens. Niemals in seiner langen politischen Laufbahn hat er sich einer einzigen, auch nicht der geringsten Maßregel von praktischem Nutzen schuldig gemacht. Thiers war konsequent nur in seiner Gier nach Reichtum und in seinem Haß gegen die Leute, die ihn hervorbringen. Er trat in sein erstes Ministerium unter Louis-Philippe arm wie Hiob; er verließ es als Millionär. Als sein letztes Ministerium unter demselben König (vom 1. März 1840) ihm in der Kammer öffentliche Anklagen wegen Unterschleif zuzog, begnügte er sich, durch Tränen zu antworten – ein Artikel, in dem er ebenso flott »macht« wie Jules Favre oder irgendein andres Krokodil. In Bordeaux 1871 war sein erster Schritt zur Rettung Frankreichs vom hereinbrechenden Finanzruin der, sich selbst mit drei Millionen jährlich auszustatten; es war dies das erste und letzte Wort jener »sparsamen Republik«, worauf er seinen Pariser Wählern 1869 Aussicht gemacht hatte. Einer seiner früheren Kollegen aus der Kammer von 1830, selbst ein Kapitalist – was ihn nicht verhinderte, ein aufopferndes Mitglied der Pariser Kommune zu sein –, Herr Beslay, sagte neulich in einem Maueranschlage zu Thiers:

»Die Knechtung der Arbeit durch das Kapital ist jederzeit der Eckstein Ihrer Politik gewesen, und seit Sie die Republik der Arbeit im Pariser Stadthaus eingesetzt sehn, haben Sie ohne Aufhören Frankreich zugerufen: ›Seht diese Verbrecher!‹ «

Ein Meister kleiner Staatsschufterei, ein Virtuose des Meineids und Verrats, ausgelernt in allen den niedrigen Kriegslisten, heimtückischen Kniffen und gemeinen Treulosigkeiten des parlamentarischen Parteikampfs; stets bereit, wenn vom Amte verdrängt, eine Revolution anzufachen und sie im Blut zu ersticken, sobald er am Staatsruder; mit Klassenvorurteilen an Stelle von Ideen; mit Eitelkeit an Stelle eines Herzens; sein Privatleben so infam, wie sein öffentliches Leben niederträchtig – kann er nicht umhin, selbst jetzt, wo er die Rolle eines französischen Sulla spielt, die Scheußlichkeiten seiner Taten zu erhöhen durch die Lächerlichkeit seiner Großtuerei.

Marx, 1871

Das Paris der Arbeiter, mit seiner Kommune, wird ewig gefeiert werden

Die Zivilisation und Gerechtigkeit der Bourgeoisordnung tritt hervor in ihrem wahren, gewitterschwangern Licht, sobald die Sklaven in dieser Ordnung sich gegen ihre Herren empören. Dann stellt sich diese Zivilisation und Gerechtigkeit dar als unverhüllte Wildheit und gesetzlose Rache. Jede neue Krisis im Klassenkampf zwischen dem Aneigner und dem Hervorbringer des Reichtums bringt diese Tatsache greller zum Vorschein. Selbst die Scheußlichkeiten der Bourgeois vom Juni 1848* verschwinden vor der unsagbaren Niedertracht von 1871*. Der selbstopfernde Heldenmut, womit das Pariser Volk – Männer, Weiber und Kinder – acht Tage lang nach dem Einrücken der Versailler fortkämpften, strahlt ebensosehr zurück die Größe ihrer Sache, wie die höllischen Taten der Soldateska zurückstrahlen den eingebornen Geist jener Zivilisation, deren gemietete Vorkämpfer und Rächer sie sind. Eine ruhmvolle Zivilisation in der Tat, deren Lebensfrage darin besteht: wie die Haufen von Leichen loswerden, die sie mordete, nachdem der Kampf vorüber war!

Um ein Seitenstück zu finden für das Benehmen des Thiers und seiner Bluthunde, müssen wir zurückgehn zu den Zeiten des Sulla und der beiden römischen Triumvirate.* Dieselbe massenweise Schlächterei bei kaltem Blut; dieselbe Mißachtung, beim Morden, von Alter und Geschlecht; dasselbe System, Gefangne zu martern; dieselben Ächtungen, aber diesmal gegen eine ganze Klasse; dieselbe wilde Jagd nach den versteckten Führern, damit auch nicht einer entkomme; dieselbe Angeberei gegen politische und Privatfeinde; dieselbe Gleichgültigkeit bei der Niedermetzlung von dem

Kampf ganz fremden Leuten. Nur der eine Unterschied ist da, daß die Römer noch keine Mitrailleusen* hatten, um die Geächteten schockweise abzutun, und daß sie nicht »in ihren Händen das Gesetz« trugen, noch auf ihren Lippen den Ruf der »Zivilisation«.* [...]

In jedem ihrer blutigen Triumphe über die selbstopfernden Vorkämpfer einer neuen und bessern Gesellschaft übertäubt diese, auf die Knechtung der Arbeit gegründete, schmähliche Zivilisation das Geschrei ihrer Schlachtopfer durch einen Hetzruf der Verleumdung, den ein weltweites Echo widerhallt. Das heitere Arbeiter-Paris der Kommune verwandelt sich plötzlich, unter den Händen der Bluthunde der »Ordnung«, in ein Pandämonium [die Gesamtheit aller bösen Geister]. Und was beweist diese ungeheure Verwandlung dem Bourgeoisverstand aller Länder? Nichts, als daß die Kommune sich gegen die Zivilisation verschworen hat! Das Pariser Volk opfert sich begeistert für die Kommune; die Zahl seiner Toten ist unerreicht in irgendeiner früheren Schlacht. Was beweist das? Nichts, als daß die Kommune nicht des Volks eigne Regierung, sondern die Gewalthandlung einer Handvoll Verbrecher war! Die Weiber von Paris geben freudig ihr Leben hin, an den Barrikaden wie auf dem Richtplatz. Was beweist das? Nichts, als daß der Dämon der Kommune sie in Megären und Hekaten verwandelt hat! Die Mäßigung der Kommune, während zweimonatlicher unbestrittner Herrschaft, findet ihresgleichen nur in dem Heldenmut ihrer Verteidigung. Was beweist das? Nichts, als daß die Kommune zwei Monate lang, unter der Maske der Mäßigung und Menschlichkeit, den Blutdurst ihrer teuflischen Gelüste sorgfältig verbarg, um sie in der Stunde ihres Todeskampfs loszulassen!

Das Paris der Arbeiter hat im Akt seiner heroischen Selbstopferung Gebäude und Monumente mit in die Flammen gezogen. Wenn die Beherrscher des Proletariats seinen lebendigen Leib in Stücke reißen, dürfen sie nicht länger darauf rechnen, triumphierend in die unangetasteten Mauern ihrer Wohnsitze wieder einzuziehn. Die Versailler Regierung schreit: Brandstiftung! und flüstert dies Stichwort allen ihren Handlangern zu bis ins entfernteste Dorf, auf ihre Gegner überall Jagd zu machen als der gewerbsmäßigen Brandstiftung verdächtig. Die Bourgeoisie der ganzen Welt sieht der Massenschlächterei *nach* der Schlacht wohlgefällig zu, aber sie entsetzt sich über die Entweihung von Dach und Fach!

Wenn Regierungen ihren Kriegsflotten Staatsfreibrief geben, »zu töten, zu verbrennen und zu zerstören«, ist das ein Freibrief für Brandstiftung? Als die britischen Truppen mutwillig das Kapitol in Washington und den Sommerpalast des Kaisers von China* verbrannten, war das Brandstiftung? Als Thiers sechs Wochen lang Paris bombardierte, unter dem Vorwand, daß er bloß solche Häuser anzünden wollte, in denen Leute seien, war das Brandstiftung? – Im Krieg ist Feuer eine vollständig rechtmäßige Waffe. Gebäude, vom Feinde besetzt, bombardiert man, um sie anzuzünden. Müssen die Verteidiger sie verlassen, so stecken sie selber sie in Brand, damit die Angreifer sich nicht darin festsetzen können. Niedergebrannt zu werden war stets das unvermeidliche Schicksal aller in der Schlachtfront aller regelmäßigen Armeen der Welt gelegnen Gebäude. Aber im Krieg der Geknechteten gegen ihre Unterdrücker, dem einzig rechtmäßigen Krieg in der Geschichte, da soll dies beileibe nicht gelten! Die Kommune hat das Feuer, im strengsten Sinne des Worts, als Verteidigungsmittel gebraucht. Sie wandte es an, um den Versailler Truppen jene langen graden Straßen zu versperren, die Haussmann absichtlich dem Artilleriefeuer offengelegt hatte; sie wandte es an, um ihren Rückzug zu decken, grade wie die Versailler in ihrem Vordringen ihre Granaten anwandten, die mindestens ebensoviel Häuser zerstörten wie das Feuer der Kommune. Noch jetzt ist es streitig, welche Gebäude durch die Verteidiger und welche durch die Angreifer angezündet wurden. Und die Verteidiger nahmen Zuflucht zum Feuer erst dann, als die Versailler Truppen bereits mit ihrem Massenabmorden der Gefangnen begonnen hatten.[...]

Dieser ganze Verleumdungschor, den die Ordnungspartei in ihren Blutfesten nie verfehlt, gegen ihre Schlachtopfer anzustimmen, beweist bloß, daß der heutige Bourgeois sich für den rechtmäßigen Nachfolger des ehemaligen Feudalherrn ansieht, der jede Waffe, in seiner eignen Hand, für gerechtfertigt hielt gegenüber dem Plebejer, während irgendwelche Waffe in der Hand des Plebejers von vornherein ein Verbrechen ausmachte.

Die Verschwörung der herrschenden Klasse zum Umsturz der Revolution durch einen unter dem Schutz des fremden Eroberers geführten Bürgerkrieg – eine Verschwörung, deren Spuren wir gefolgt sind vom September bis herab zum Einmarsch der Mac-Mahonschen Prätorianer durch das St-Clouder Tor – gipfelte in dem Blutbade von Paris. Bismarck schaut mit vergnügten Sinnen auf die Trümmer von Paris, in denen er vielleicht die »erste Rate« jener allgemeinen Zerstörung der großen Städte sah, die er bereits erfleht hatte, als er noch ein einfacher Rural [Landjunker] in der preußischen Chambre introuvable von 1849* war. Er schaut zufrieden auf die Leichen des Pariser Proletariats. Für ihn ist dies nicht nur die Austilgung der Revolution, sondern zugleich die Austilgung Frankreichs, das jetzt in Wirklichkeit enthauptet ist, und durch die französische Regierung obendrein. Mit der allen erfolgreichen Staatsmännern eignen Seichtigkeit sieht er nur die Oberfläche dieses ungeheuren geschichtlichen Ereignisses. Wo hat je vorher die Geschichte das Schauspiel vorgeführt eines Siegers, der seinen Sieg damit krönt, daß er sich nicht nur zum Gendarmen, sondern auch zum gemieteten Bravo der besiegten Regierung hergibt? Zwischen Preußen und der Kommune von Paris war kein Krieg. Im Gegenteil, die Kommune hatte die Friedenspräliminarien angenommen, und Preußen hatte seine Neutralität erklärt. Preußen war also keine kriegführende Partei. Es handelte als Bravo; als feiger Bravo, weil es keinerlei Gefahr auf sich lud; als gemieteter Bravo, weil es im voraus die Zahlung seines Blutgelds von 500 Millionen von dem Fall von Paris abhängig machte. Und so kam denn endlich an den Tag der wahre Charakter jenes Kriegs, den die Vorsehung angeordnet hatte zur Züchtigung des gottlosen und liederlichen Frankreichs durch das fromme und sittliche Deutschland! Und dieser unerhörte Bruch des Völkerrechts, selbst wie es von den Juristen der alten Welt verstanden, statt die »zivilisierten« Regierungen Europas aufzurütteln, daß sie dies rechtsbrüchige Preußen, das bloße Werkzeug des Petersburger Kabinetts, in die Acht der Völker erklären – treibt sie nur zu der Erwägung, ob die wenigen Schlachtopfer, die der doppelten Postenkette um Paris entgehen, nicht auch noch dem Versailler Henker auszuliefern sind!

Daß nach dem gewaltigsten Krieg der neuern Zeit die siegreiche und die besiegte Armee sich verbünden zum gemeinsamen Abschlachten des Proletariats – ein so unerhörtes Ereignis beweist, nicht wie Bismarck glaubt, die endliche Niederdrückung der sich emporarbeitenden neuen Gesellschaft, sondern die vollständige Zerbröcklung der alten Bourgeoisgesellschaft. Der höchste heroische Aufschwung, dessen die alte Gesellschaft noch fähig war, ist der Nationalkrieg, und dieser erweist sich jetzt als reiner Regierungsschwindel, der keinen andern Zweck mehr hat, als den Klassenkampf hinauszuschieben, und der beiseite fliegt, sobald der Klassenkampf im Bürgerkrieg auflodert. Die Klassenherrschaft

15
*Barrikade
auf der Place
Blanche
in Paris,
die von Frauen
verteidigt
wurde*

Mai 1871

ist nicht länger imstande, sich unter einer nationalen Uniform zu verstecken; die nationalen Regierungen sind eins gegenüber dem Proletariat!

Nach Pfingstsonntag 1871 kann es keinen Frieden und keine Waffenruhe mehr geben zwischen den Arbeitern Frankreichs und den Aneignern ihrer Arbeitserzeugnisse. Die eiserne Hand einer gemieteten Soldateska mag beide Klassen, für eine Zeitlang, in gemeinsamer Unterdrückung niederhalten. Aber der Kampf muß aber und abermals ausbrechen, in stets wachsender Ausbreitung, und es kann kein Zweifel sein, wer der endliche Sieger sein wird – die wenigen Aneigner oder die ungeheure arbeitende Majorität. Und die französischen Arbeiter bilden nur die Vorhut des ganzen modernen Proletariats. [...]

Das Paris der Arbeiter, mit seiner Kommune, wird ewig gefeiert werden als der ruhmvolle Vorbote einer neuen Gesellschaft. Seine Märtyrer sind eingeschreint in dem großen Herzen der Arbeiterklasse. Seine Vertilger hat die Geschichte schon jetzt an jenen Schandpfahl genagelt, von dem sie zu erlösen alle Gebete ihrer Pfaffen ohnmächtig sind.

Marx, 1871

Die Umwälzung muß solidarisch sein

Im achtzehnten Jahrhundert hatten die Könige und die Potentaten die Gewohnheit, in Den Haag zusammenzukommen, um über die Interessen ihrer Dynastien zu verhandeln.

Gerade an diesem Ort haben wir unseren Arbeitertag abhalten wollen, trotz der Besorgnisse, die man in uns wachzurufen suchte. Inmitten der reaktionärsten Bevölkerung haben wir erscheinen wollen, um die Existenz, die Ausbreitung und die Hoffnung auf die Zukunft unserer großen Assoziation zu bekräftigen.

Als man unseren Entschluß erfuhr, hat man von unseren Emissären gesprochen, die wir ausgeschickt, um den Boden vorzubereiten. Ja, wir leugnen es nicht, daß wir überall solche Emissäre haben; aber sie sind uns meistenteils unbekannt. Unsere Emissäre in Den Haag sind jene Arbeiter gewesen, deren Arbeit so mühselig ist wie die unserer Emissäre in Amsterdam; die ebenso Arbeiter sind, Arbeiter, die sechzehn Stunden täglich arbeiten. Das sind unsere Emissäre, wir haben keine anderen; und in allen Ländern, wo wir uns einstellen, finden wir sie bereit, uns mit vollem Herzen zu empfangen, denn sie begreifen gar bald, daß wir die Verbesserung ihres Schicksals erstreben.

Der Kongreß in Den Haag hat drei wichtige Ergebnisse gezeitigt:

Er hat die Notwendigkeit für die Arbeiterklasse proklamiert, die alte, zusammenbrechende Gesellschaft auf dem politischen wie auf dem sozialen Boden zu bekämpfen; und wir beglückwünschen uns dazu, von nun an in unsere Statuten diesen Beschluß der Londoner Konferenz aufgenommen zu sehen.

In unserer Mitte hatte sich eine Gruppe gebildet, welche die Enthaltung der Arbeiter von der politischen Betätigung anpries.

Wir haben es für unsere Pflicht gehalten, zu erklären, wie gefährlich und verhängnisvoll für unsere Sache uns solche Grundsätze erscheinen.

Der Arbeiter muß eines Tages die politische Gewalt ergreifen, um die neue Organisation der Arbeit aufzubauen; er muß die alte Politik, die die alten Institutionen aufrechterhält, umstürzen, wenn er nicht, wie die alten Christen, die das vernachlässigt und verachtet haben, des Himmelreichs auf Erden verlustig gehen will.

Aber wir haben nicht behauptet, daß die Wege, um zu diesem Ziel zu gelangen, überall dieselben seien.

Wir wissen, daß man die Institutionen, die Sitten und die Traditionen der verschiedenen Länder berücksichtigen muß, und wir leugnen nicht, daß es Länder gibt, wie Amerika, England, und wenn mir eure Institutionen besser bekannt wären, würde ich vielleicht noch Holland hinzufügen, wo die Arbeiter auf friedlichem Wege zu ihrem Ziel gelangen können. Wenn das wahr ist, müssen wir auch anerkennen, daß in den meisten Ländern des Kontinents der Hebel unserer Revolutionen die Gewalt sein muß; die Gewalt ist es, an die man eines Tages appellieren muß, um die Herrschaft der Arbeit zu errichten.

Der Haager Kongreß hat dem Generalrat neue und noch ausgedehntere Befugnisse zugestanden. In der Tat, in einem Augenblick, wo sich die Könige in Berlin versammeln*, wo von dieser Zusammenkunft der mächtigen Vertreter des Feudalismus und der Vergangenheit neue und entschiedenere Unterdrückungsmaßregeln gegen uns ausgehen sollen, gerade in dem Augenblick, wo die Verfolgung organisiert wird, hat der Haager Kongreß es für angemessen und für notwendig gehalten, die Befugnisse des Generalrats zu erweitern und für den jetzt einsetzenden Kampf alle Aktionen zu zentralisieren, die in der Isolierung ohnmächtig wären. Und bei wem anders könnten übrigens die Machtbefugnisse des Generalrats Unruhe erregen, wenn nicht bei unseren Feinden? Hat er denn eine Bürokratie, eine bewaffnete Polizei, um sich Gehorsam zu erzwingen? Ist nicht seine Autorität lediglich eine moralische, und unterwirft er nicht seine Beschlüsse dem Urteil der Föderationen, die mit der Ausführung derselben betraut sind? Unter solchen Bedingungen, ohne Heer, ohne Polizei, ohne Gerichte, würden die Könige an dem Tage, wo sie gezwungen sein würden, ihre Macht nur mit moralischem

Einfluß und moralischer Autorität aufrechtzuerhalten, nur schwache Hindernisse für das Vorwärtsschreiten der Revolution sein.

Schließlich hat der Haager Kongreß den Sitz des Generalrats nach New York verlegt. Viele, selbst unter unseren Freunden, scheinen sich über solch einen Beschluß gewundert zu haben. Vergessen sie denn, daß Amerika zum Arbeiter-Erdteil par excellence wird, daß alljährlich eine halbe Million Menschen, Arbeiter, nach diesem anderen Kontinent auswandern und daß die Internationale kräftige Wurzeln auf diesem Boden, wo der Arbeiter dominiert, schlagen muß? Übrigens gibt ja auch der Kongreßbeschluß dem Generalrat das Recht, sich jene Mitglieder beizufügen, deren Mitwirkung er für das Wohl der gemeinsamen Sache für notwendig und für nützlich hält. Verlassen wir uns auf seine Besonnenheit und erwarten wir, daß es ihm gelingen wird, Leute auszuwählen, die ihrer Aufgabe gewachsen sind und es verstehen werden, das Banner unserer Assoziation in Europa mit fester Hand aufrechtzuerhalten.

Bürger, denken wir an jenes Grundprinzip der Internationale: die Solidarität. Nur wenn wir dieses lebenspendende Prinzip unter sämtlichen Arbeitern aller Länder auf sichere Grundlagen stellen, werden wir das große Endziel erreichen, das wir uns gesteckt haben. Die Umwälzung muß solidarisch sein, das lehrt uns das große Beispiel der Pariser Kommune*, die deswegen gefallen ist, weil es in allen Zentren, in Berlin, in Madrid etc. zu keinerlei großen revolutionären Bewegungen gekommen war, die dieser machtvollsten Erhebung des Pariser Proletariats ebenbürtig wären.

Was mich angeht, so werde ich mein Werk fortsetzen und beständig daran arbeiten, unter allen Arbeitern diese für die Zukunft so fruchtbringende Solidarität zu begründen. Nein, ich ziehe mich von der Internationale nicht zurück, und der ganze Rest meines Lebens wird, wie alle meine Bemühungen der Vergangenheit, dem Triumph der sozialen Ideen geweiht sein, die einst – seid davon überzeugt! – die Weltherrschaft des Proletariats herbeiführen werden.

Marx, 1872

Woher kommt die Wohnungsnot?

Es ist das Wesen des bürgerlichen Sozialismus, die Grundlage aller Übel der heutigen Gesellschaft aufrechterhalten und gleichzeitig diese Übel abschaffen zu wollen. Die bürgerlichen Sozialisten wollen, wie schon das »Kommunistische Manifest« sagt, »den sozialen Mißständen abhelfen, um den Bestand der bürgerlichen Gesellschaft zu sichern«, sie wollen *»die Bourgeoisie ohne das Proletariat«**. Wir haben gesehn, daß Herr Sax die Frage genau ebenso stellt. Ihre Lösung findet er in der Lösung der Wohnungsfrage; er ist der Ansicht, daß »durch Verbesserung der Wohnungen der arbeitenden Klassen dem geschilderten leiblichen und geistigen Elend mit Erfolg abzuhelfen und dadurch – durch umfassende Besserung der Wohnungszustände *allein* – der überwiegende Teil dieser Klassen aus dem Sumpf ihrer oft kaum menschenwürdigen Existenz zu den reinen Höhen materiellen und geistigen Wohlbefindens emporzuheben wäre«. (Seite 14.)*

Nebenbei bemerkt, liegt es im Interesse der Bourgeoisie, die Existenz eines durch die bürgerlichen Produktionsverhältnisse geschaffenen und deren Fortbestand bedingenden Proletariats zu vertuschen. Daher erzählt uns Herr Sax, Seite 21, daß unter arbeitenden Klassen alle »unbemittelten Gesellschaftsklassen«, »kleine Leute überhaupt, als Handwerker, Witwen, Pensionisten (!), subalterne Beamte usw.« neben den eigentlichen Arbeitern zu verstehn sind. Der Bourgeoissozialismus reicht dem kleinbürgerlichen die Hand.

Woher kommt nun die Wohnungsnot? Wie entstand sie? Herr Sax darf als guter Bourgeois nicht wissen, daß sie ein notwendiges Erzeugnis der bürgerlichen Gesellschaftsform ist; daß eine Gesellschaft nicht ohne Wohnungsnot bestehen kann, in der die große arbeitende Masse auf Arbeitslohn, also auf die zu ihrer Existenz und Fortpflanzung notwendige Summe von Lebensmitteln, ausschließlich angewiesen ist; in der fortwährend neue Verbesserungen der Maschinerie usw. Massen von Arbeitern außer Arbeit setzen; in der heftige, regelmäßig wiederkehrende industrielle Schwankungen einerseits das Vorhandensein einer zahlreichen Reservearmee von unbeschäftigten Arbeitern bedingen, andrerseits zeitweilig die große Masse der Arbeiter arbeitslos auf die Straße treiben; in der Arbeiter massenhaft in den großen Städten zusammengedrängt werden, und zwar rascher, als unter den bestehenden Verhältnissen Wohnungen für sie entstehn, in der also für die infamsten Schweineställe sich immer Mieter finden müssen; in der endlich der Hausbesitzer, in seiner Eigenschaft als Kapitalist, nicht nur das Recht, sondern, vermöge der Konkurrenz, auch gewissermaßen die Pflicht hat, aus seinem Hauseigentum rücksichtslos die höchsten Mietpreise herauszuschlagen. In einer solchen Gesellschaft ist die Wohnungsnot kein Zufall, sie ist eine notwendige Institution, sie kann mitsamt ihren Rückwirkungen auf die Gesundheit usw. nur beseitigt werden, wenn die ganze Gesellschaftsordnung, der sie entspringt, von Grund aus umgewälzt wird. Das aber darf der Bourgeoissozialismus nicht wissen. Er *darf* sich die Wohnungsnot nicht aus den Verhältnissen erklären. Es bleibt ihm also kein anderes Mittel übrig, als sie mit moralischen Phrasen aus der Schlechtigkeit der Menschen zu erklären, sozusagen aus der Erbsünde.

»Und da ist nicht zu verkennen – und folglich nicht zu leugnen« (kühner Schluß!) – »daß die Schuld ... einesteils *an den Arbeitern selbst* liegt, den Wohnungsbegehrenden, andern, und zwar weit größeren Teils aber an denjenigen, welche die Befriedigung des Bedürfnisses übernehmen oder, obwohl sie über die erforderlichen Mittel gebieten, auch nicht übernehmen, *an den besitzenden, höheren Gesellschaftsklassen.* Die Schuld auf seiten der letzteren ... besteht darin, daß sie es sich nicht angelegen sein lassen, für ausreichendes Angebot guter Wohnungen zu sorgen.«

Wie Proudhon uns aus der Ökonomie in die Juristerei, so versetzt uns hier unser Bourgeoissozialist aus der Ökonomie in die Moral. Und nichts ist natürlicher. Wer die kapitalistische Produktionsweise, die »ehernen Gesetze« der heutigen bürgerlichen Gesellschaft, für unantastbar erklärt und doch ihre mißliebigen, aber notwendigen Folgen abschaffen will, dem bleibt nichts übrig, als den Kapitalisten Moralpredigten zu halten, Moralpredigten, deren Rühreffekt sofort wieder durch das Privatinteresse und nötigenfalls durch die Konkurrenz in Dunst aufgelöst wird. Diese Moralpredigten gleichen genau denen der Henne am Rande des Teichs, auf dem ihre ausgebrüteten Entchen lustig herumschwimmen. Die Entchen gehn aufs Wasser, obwohl es keine Balken, und die Kapitalisten stürzen sich auf den Profit, obwohl er kein Gemüt hat. »In Geldsachen hört die Gemütlichkeit auf«, sagte schon der alte Hansemann, der das besser kannte als Herr Sax.

»Die guten Wohnungen stehn so hoch im Preise, daß es dem größten Teil der Arbeiter *ganz und gar unmöglich ist*, davon Gebrauch zu machen. Das große Kapital ... hält sich von den Wohnungen für die arbeitenden Klassen scheu zurück ... So fallen denn diese Klassen mit ihrem Wohnungsbedürfnisse zum größten Teil der Spekulation anheim.«

Abscheuliche Spekulation — das große Kapital spekuliert natürlich nie! Aber es ist nicht der böse Wille, es ist nur die Unwissenheit, die das große Kapital verhindert, in Arbeiterhäusern zu spekulieren:

»Die Hausbesitzer *wissen* gar nicht, welch große und wichtige Rolle eine normale Befriedigung des Wohnungsbedürfnisses ... spielt, *sie wissen nicht, was sie den Leuten tun*, wenn sie ihnen, wie die Regel, so unverantwortlich schlechte, schädliche Wohnungen anbieten, und sie *wissen* endlich nicht, wie sie sich selbst damit schaden.« (Seite 27.)

Die Unwissenheit der Kapitalisten bedarf aber der Unwissenheit der Arbeiter, um mit ihr die Wohnungsnot zu erzeugen. Nachdem Herr Sax zugegeben, daß die »alleruntersten Schichten« der Arbeiter, »um nicht ganz obdachlos zu bleiben, wo und wie immer ein Nachtlager zu suchen bemüßigt (!) und in dieser Beziehung völlig wehr- und hülflos sind«, erzählt er uns:

»Denn es ist eine allbekannte Tatsache, wie viele unter ihnen« (den Arbeitern) »aus Leichtsinn, vorwiegend aber aus Unwissenheit, ihrem Körper die Bedingungen naturgemäßer Entwickelung und gesunder Existenz, fast möchte man sagen, mit Virtuosität, entziehn, indem sie von einer rationellen Gesundheitspflege, insbesondere aber davon, welch enorme Bedeutung der Wohnung in dieser zukommt, *nicht den mindesten Begriff haben.*« (Seite 27.)

Nun aber kommt das bürgerliche Eselsohr heraus. Während bei den Kapitalisten die »Schuld« sich in Unwissenheit verflüchtigte, ist bei den Arbeitern die Unwissenheit nur der Anlaß zur Schuld. Man höre:

»So kommt es« (nämlich durch die Unwissenheit), »daß sie sich, wenn sie nur etwas an der Miete ersparen, in dunkle, feuchte, unzureichende, kurz allen Anforderungen der Hygiene Hohn sprechende Wohnungen ziehn ... daß oft mehrere Familien in eine einzige

Wohnung, ja, ein einziges Zimmer sich zusammen mieten — alles, um möglichst wenig für die Wohnung auszugeben, während sie daneben auf *Trunk und allerlei eitle Vergnügungen* ihr Einkommen in *wahrhaft sündhafter Weise verschleudern.*«

Das Geld, das die Arbeiter »auf Branntwein und Tabak verschwenden« (Seite 28), das »Wirtshausleben mit all seinen beklagenswerten Folgen, das wie ein Bleigewicht den Arbeiterstand immer wieder in den Schlamm hinabzieht«, liegt Herrn Sax in der Tat wie ein Bleigewicht im Magen. Daß unter den gegebenen Verhältnissen die Trunksucht unter den Arbeitern ein notwendiges Produkt ihrer Lebenslage ist, ebenso notwendig wie Typhus, Verbrechen, Ungeziefer, Gerichtsvollzieher und andere gesellschaftliche Krankheiten, so notwendig, daß man die Durchschnittszahl der der Trunksucht Verfallenden vorher berechnen kann, das darf Herr Sax wieder nicht wissen. Übrigens sagte schon mein alter Elementarlehrer: »Die Gemeinen gehen in das Fuselhaus, und die Vornehmen gehn in den Klub«, und da ich in beiden gewesen bin, kann ich die Richtigkeit bezeugen.

Das ganze Gerede von der »Unwissenheit« beider Teile läuft hinaus auf die alten Redensarten von der Harmonie der Interessen von Kapital und Arbeit. Wenn die Kapitalisten ihr wahres Interesse kennten, würden sie den Arbeitern gute Wohnungen liefern und sie überhaupt besserstellen; und wenn die Arbeiter ihr wahres Interesse verständen, würden sie nicht striken, nicht Sozialdemokratie treiben, nicht politisieren, sondern hübsch ihren Vorgesetzten, den Kapitalisten, folgen. Leider finden beide Teile ihre Interessen ganz woanders als in den Predigten des Herrn Sax und seiner zahllosen Vorgänger. Das Evangelium von der Harmonie zwischen Kapital und Arbeit ist nun schon an die fünfzig Jahre gepredigt worden; die bürgerliche Philanthropie hat es sich schweres Geld kosten lassen, diese Harmonie durch Musteranstalten zu beweisen; und wie wir später sehen werden, sind wir heute grade so weit wie vor fünfzig Jahren.

Engels, 1872

Ist nun Organisation ohne Autorität möglich?

Einige Sozialisten haben in letzter Zeit einen regelrechten Kreuzzug gegen das eröffnet, was sie das *Autoritätsprinzip* nennen. Sie brauchen nur zu sagen, dieser oder jener Akt sei *autoritär*, um ihn zu verurteilen. Mit diesem summarischen Verfahren wird derart Mißbrauch getrieben, daß es nötig ist, die Angelegenheit ein wenig aus der Nähe zu betrachten. Autorität will in dem Sinn des Wortes, um den es sich hier handelt, soviel besagen wie: Überordnung eines fremden Willens über den unseren; Autorität setzt auf der anderen Seite Unterordnung voraus. Da nun diese zwei Worte einen üblen Klang haben und das Verhältnis, das sie zum Ausdruck bringen, für den untergeordneten Teil unangenehm ist, handelt es sich um die Frage, ob es nicht ein Mittel gibt, anders auszukommen; ob wir nicht — unter den gegenwärtigen gesellschaftlichen Verhältnissen — einen anderen sozialen Zustand ins Leben rufen können, in dem diese Autorität keinen Sinn mehr hat und folglich verschwinden muß. Wenn wir die ökonomischen — industriellen und landwirtschaftlichen — Verhältnisse untersuchen, die die Grundlage der gegenwärtigen bürgerlichen Gesellschaft bilden, so finden wir, daß sie die Tendenz haben, die isolierte Tätigkeit mehr und mehr durch die kombinierte Tätigkeit der Individuen zu ersetzen. An die Stelle der kleinen Werkstätten isolierter Produzenten ist die moderne Industrie getreten, mit großen Fabriken und Werkstätten, in denen Hunderte von Arbeitern komplizierte, mit Dampf angetriebene Maschinen überwachen; die Fuhrwerke und Karren der großen Landstraßen sind abgelöst worden durch die Züge der Eisenbahn wie die kleinen Ruderboote und Segelfeluken durch die Dampfboote. Maschinen und Dampf bringen selbst die Landwirtschaft nach und nach unter ihre Herrschaft, indem sie langsam, aber sicher an die Stelle kleiner Eigentümer große Kapitalisten setzen, die mit Hilfe von Lohnarbeitern große Landflächen bebauen. Überall tritt die kombinierte Tätigkeit, die Komplizierung voneinander abhängender Prozesse, an die Stelle der unabhängigen Tätigkeit der Individuen. Wer aber kombinierte Tätigkeit sagt, sagt Organisation; ist nun Organisation ohne Autorität möglich?

Nehmen wir einmal an, eine soziale Revolution habe die Kapitalisten entthront, deren Autorität heutzutage die Produktion und die Zirkulation der Reichtümer lenkt. Nehmen wir, um uns ganz auf den Standpunkt der Antiautoritarier zu stellen, weiter an, der Grund und Boden und die Arbeitsinstrumente seien zum kollektiven Eigentum der Arbeiter geworden, die sich ihrer bedienen. Wird die Autorität dann verschwunden sein, oder wird sie nur die Form gewechselt haben? Sehen wir zu.

Nehmen wir als Beispiel eine Baumwollspinnerei. Die Baumwolle muß mindestens sechs aufeinanderfolgende Operationen durchlaufen, bevor sie die Gestalt des Fadens annimmt, Operationen, die – zum größten Teil – in verschiedenen Sälen vor sich gehen. Außerdem braucht man, um die Maschinen in Gang zu halten, einen Ingenieur, der die Dampfmaschine überwacht, Mechaniker für die laufenden Reparaturen und viele ungelernte Arbeiter, die die Produkte von einem Saal in den anderen zu schaffen haben etc. Alle diese Arbeiter, Männer, Frauen und Kinder, sind gezwungen, ihre Arbeit zu einer Stunde zu beginnen und zu beenden, die von der Autorität des Dampfs festgesetzt ist, der sich keinen Deut um die individuelle Autonomie kümmert. Es ist also zuerst einmal nötig, daß die Arbeiter sich über die Arbeitsstunden einigen; sind diese Stunden einmal festgelegt, so ist jedermann ohne jede Ausnahme ihnen unterworfen. Weiterhin treten in jedem Saal und in jedem Augenblick Detailfragen über die Produktionsweise, die Verteilung des Materials etc. auf, Fragen, die sofort gelöst werden müssen, wenn nicht die gesamte Produktion im selben Augenblick zum Stehen kommen soll; ob sie nun auf Entscheid eines an die Spitze jedes Arbeitszweigs gestellten Delegierten gelöst werden oder, wenn dies möglich ist, durch Majoritätsbeschluß, stets wird sich doch der Wille eines jeden unterordnen müssen; das bedeutet, daß die Fragen autoritär gelöst sein werden. Der mechanische Automat einer großen Fabrik ist um vieles tyrannischer, als es jemals die kleinen Kapitalisten gewesen sind, die Arbeiter beschäftigen. Wenigstens was die Arbeitsstunden betrifft, kann man über die Tore dieser Fabriken schreiben: *Laßt alle Autonomie fahren, die Ihr eintretet!** Wenn der Mensch mit Hilfe der Wissenschaft und des Erfindergenies sich die Naturkräfte unterworfen hat, so rächen diese sich an ihm, indem sie ihn, in dem Maße, wie er sie in seinen Dienst stellt, einem wahren Despotismus unterwerfen, der von aller sozialen Organisation unabhängig ist. Die Autorität in der Großindustrie abschaffen wollen bedeutet, die Industrie selber abschaffen wollen; die Dampfspinnerei vernichten, um zum Spinnrad zurückzukehren.

Nehmen wir als anderes Beispiel eine Eisenbahn. Auch hier ist die Kooperation einer Unmenge von Individuen absolut notwendig: eine Kooperation, die zu ganz bestimmten Stunden stattfinden muß, damit es zu keinem Unglück kommt. Auch hier ist die erste Bedingung des Betriebs ein dominierender Wille, der jede untergeordnete Frage beiseite schiebt, mag dieser Wille nun durch einen einzelnen Delegierten repräsentiert sein oder durch ein Komitee, dem die Ausführung der Beschlüsse einer Mehrheit von Interessenten übertragen ist. In dem einen wie in dem anderen Fall haben wir es mit einer ganz ausgesprochenen Autorität zu tun. Mehr noch: Was geschähe mit dem ersten abgehenden Zuge, wenn die Autorität der Bahnangestellten über die Herren Reisenden abgeschafft wäre?

Aber die Notwendigkeit einer Autorität, und zwar einer gebieterischen Autorität, tritt am anschaulichsten bei einem Schiff auf hoher See zutage. Hier hängt, im Augenblick der Gefahr, das Leben aller davon ab, daß alle sofort und absolut dem Willen eines einzelnen gehorchen.

Jedesmal, wenn ich dergleichen Argumente den wildesten Antiautoritariern unterbreitete, wußten sie mir nichts zu antworten als: »Ah! Das ist wahr, aber hier handelt es sich nicht um eine Autorität, die wir den Delegierten verleihen, *sondern um einen Auftrag!*« Diese Herren glauben die Sache verändert zu haben, wenn sie deren Namen verändern. So machen sich diese tiefen Denker über die Welt lustig.

Wir haben also gesehen, daß einerseits eine gewisse, ganz gleich auf welche Art übertragene Autorität und andererseits eine gewisse Unterordnung Dinge sind, die sich uns aufzwingen unabhängig von aller sozialen Organisation zusammen mit den materiellen Bedingungen, unter denen wir produzieren und die Produkte zirkulieren lassen.

Andererseits haben wir gesehen, daß die materiellen Produktions- und Zirkulationsbedingungen durch die Großindustrie und die Großlandwirtschaft unweigerlich erweitert werden und die Tendenz haben, das Feld dieser Autorität mehr und mehr auszudehnen. Es ist folglich absurd, vom Prinzip der Autorität als von einem absolut schlechten und vom Prinzip der Autonomie als einem absolut guten Prinzip zu reden. Autorität und Autonomie sind relative Dinge, deren Anwendungsbereiche in den verschiedenen Phasen der sozialen Entwicklung variieren. Wenn die Autonomisten sich damit begnügten, zu sagen, daß die soziale Organisation der Zukunft die Autorität einzig und allein auf jene Grenzen beschränken wird, in denen die Produktionsbedingungen sie unvermeidlich machen, so könnte man sich verständigen; sie sind indessen blind für alle Tatsachen, die die Sache notwendig machen, und stürzen sich auf das Wort.

Warum begnügen sich die Antiautoritarier nicht damit, gegen die politische Autorität, den Staat, zu wettern? Alle Sozialisten sind einer Meinung darüber, daß der politische Staat und mit ihm die politische Autorität im Gefolge der nächsten sozialen Revolution verschwinden werden, und das bedeutet, daß die öffentlichen Funktionen ihren politischen Charakter verlieren und sich in einfache administrative Funktionen verwandeln werden, die die wahren sozialen Interessen hüten. Aber die Antiautoritarier fordern, daß der autoritäre politische Staat auf einen Schlag abgeschafft werde, bevor noch die sozialen Bedingungen vernichtet sind, die ihn haben entstehen lassen. Sie fordern, daß der erste Akt der sozialen Revolution die Abschaffung der Autorität sei. Haben diese Herren nie eine Revolution gesehen? Eine Revolution ist gewiß das autoritärste Ding, das es gibt; sie ist der Akt, durch den ein Teil der Bevölkerung dem anderen Teil seinen Willen vermittels Gewehren, Bajonetten und Kanonen, also mit denkbar autoritärsten Mitteln, aufzwingt; und die siegreiche Partei muß, wenn sie nicht umsonst gekämpft haben will, dieser Herrschaft Dauer verleihen durch den Schrecken, den ihre Waffen den Reaktionären einflößen. Hätte die Pariser

Kommune* nur einen einzigen Tag Bestand gehabt, wenn sie sich gegenüber den Bourgeois nicht dieser Autorität des bewaffneten Volks bedient hätte? Kann man sie nicht, im Gegenteil, dafür tadeln, daß sie sich ihrer nicht umfassend genug bedient hat?

Also von zwei Dingen eins: Entweder wissen die Antiautoritarier nicht, was sie sagen, und in diesem Fall säen sie nur Konfusion; oder sie wissen es, und in diesem Fall üben sie Verrat an der Bewegung des Proletariats. In dem einen wie in dem anderen Fall dienen sie der Reaktion.

Engels, 1872/1873

Der Sozialismus will wie eine Wissenschaft betrieben werden

Für den zukünftigen Geschichtsschreiber wird in der Geschichte Deutschlands von 1869 bis 1874 der Schlachtendonner von Spichern, Mars-la-Tour und Sedan, und was daranhängt, weit weniger Bedeutung haben als die anspruchslose, ruhig, aber stetig fortschreitende Entwicklung des deutschen Proletariats. Gleich 1870 trat eine schwere Prüfung an die deutschen Arbeiter heran: die bonapartistische Kriegsprovokation und ihre natürliche Wirkung: der allgemeine nationale Enthusiasmus in Deutschland. Die deutschen sozialistischen Arbeiter ließen sich keinen Augenblick irremachen. Nicht eine Regung von nationalem Chauvinismus trat bei ihnen hervor. Mitten im tollsten Siegestaumel blieben sie kalt, verlangten »einen billigen Frieden mit der Französischen Republik und keine Annexionen« *, und selbst der Belagerungszustand konnte sie nicht zum Schweigen bringen. Kein Schlachtenruhm, kein Gerede von deutscher »Reichsherrlichkeit« zog bei ihnen; ihr einziges Ziel blieb die Befreiung des gesamten europäischen Proletariats. Man darf wohl sagen: einer so schweren, so glänzend bestandenen Probe sind die Arbeiter keines andern Landes bisher unterworfen worden.

Auf den Belagerungszustand des Krieges folgten die Hochverrats-, Majestäts- und Beamtenbeleidigungsprozesse, die stets sich steigernden Polizeischikanen des Friedens. Der »Volksstaat« hatte in der Regel drei bis vier Redakteure gleichzeitig im Gefängnis, die andern Blätter im Verhältnis. Jeder einigermaßen bekannte Parteiredner mußte mindestens einmal im Jahr vor Gericht, wo er fast regelmäßig verurteilt wurde. Ausweisungen, Konfiskationen, Auflösungen von Versammlungen folgten hintereinander hageldicht. Alles umsonst. An die Stelle jedes Verhafteten oder Ausgewiesenen trat alsbald ein anderer; für jede aufgelöste Versammlung berief man zwei neue und ermüdete die Polizeiwillkür an einem Ort nach dem andern durch Ausdauer und genaues Einhalten der Gesetze. Alle Verfolgungen bewirkten das Gegenteil des beabsichtigten Zweckes; weit entfernt, die Arbeiterpartei zu brechen oder auch nur zu beugen, führten sie ihr nur stets neue Rekruten zu und befestigten die Organisation. In ihrem Kampf mit den Behörden wie mit den einzelnen Bourgeois zeigten sich die Arbeiter überall als die intellektuell und moralisch Überlegenen und bewiesen namentlich in ihren Konflikten mit den sogenannten »Arbeitgebern«, daß sie, die Arbeiter, jetzt die Gebildeten und die Kapitalisten die Knoten sind. Und dabei führen sie den Kampf vorwiegend mit einem Humor, der der beste Beweis ist, wie sehr sie ihrer Sache sicher und ihrer Überlegenheit sich bewußt sind. Ein so geführter Kampf, auf geschichtlich vorbereitetem Boden, muß große Resultate liefern. Die Erfolge der Januarwahlen* stehen bisher einzig da in der Geschichte der modernen Arbeiterbewegung, und das Erstaunen, das sie in ganz Europa hervorriefen, war vollständig gerechtfertigt.

Die deutschen Arbeiter haben vor denen des übrigen Europas zwei wesentliche Vorteile voraus. Erstens, daß sie dem theoretischsten Volk Europas angehören und daß sie sich den theoretischen Sinn bewahrt haben, der den sogenannten »Gebildeten« Deutschlands so gänzlich abhanden gekommen ist. Ohne Vorausgang der deutschen Philosophie, namentlich Hegels, wäre der deutsche wissenschaftliche Sozialismus – der einzige wissenschaftliche Sozialismus, der je existiert hat – nie zustande gekommen. Ohne theoretischen Sinn unter den Arbeitern wäre dieser wissenschaftliche Sozialismus nie so sehr in ihr Fleisch und Blut übergegangen, wie dies der Fall ist. Und welch ein unermeßlicher Vorzug dies ist, zeigt sich einerseits an der Gleichgültigkeit gegen alle Theorie, die eine der Hauptursachen ist, weshalb die englische Arbeiterbewegung, trotz aller ausgezeichneten Organisation der einzelnen Gewerke, so langsam vom Flecke kommt, und andererseits an dem Unfug und der Verwirrung, die der Proudhonismus in seiner ursprünglichen Gestalt bei Franzosen und Belgiern, in seiner durch Bakunin weiter karikierten Form bei Spaniern und Italienern angerichtet hat.

Der zweite Vorteil ist der, daß die Deutschen in der Arbeiterbewegung der Zeit nach ziemlich zuletzt gekommen sind. Wie der deutsche theoretische Sozialismus nie vergessen wird, daß er auf den Schultern Saint-Simons, Fouriers und Owens steht, dreier Männer, die bei aller Phantasterei und bei allem Utopismus zu den bedeutendsten Köpfen aller Zeiten gehören und zahllose Dinge genial antizipierten, deren Richtigkeit wir jetzt wissenschaftlich nachweisen – so darf die deutsche praktische Arbeiterbewegung nie vergessen, daß sie auf den Schultern der englischen und französischen

Bewegung sich entwickelt hat, ihre teuer erkauften Erfahrungen sich einfach zunutze machen, ihre damals meist unvermeidlichen Fehler jetzt vermeiden konnte. Ohne den Vorgang der englischen Trade-Unions und der französischen politischen Arbeiterkämpfe, ohne den riesenhaften Anstoß, den namentlich die Pariser Kommune* gegeben, wo wären wir jetzt?

Man muß den deutschen Arbeitern nachsagen, daß sie die Vorteile ihrer Lage mit seltnem Verständnis ausgebeutet haben. Zum erstenmal, seit eine Arbeiterbewegung besteht, wird der Kampf nach seinen drei Seiten hin – nach der theoretischen, der politischen und der praktisch-ökonomischen (Widerstand gegen die Kapitalisten) – im Einklang und Zusammenhang und planmäßig geführt. In diesem sozusagen konzentrischen Angriffe liegt gerade die Stärke und Unbesiegbarkeit der deutschen Bewegung.

Einerseits durch diese ihre vorteilhafte Stellung, andererseits durch die insularen Eigentümlichkeiten der englischen und die gewaltsame Niederhaltung der französischen Bewegung sind die deutschen Arbeiter für den Augenblick in die Vorhut des proletarischen Kampfes gestellt worden. Wie lange die Ereignisse ihnen diesen Ehrenposten lassen werden, läßt sich nicht vorhersagen. Aber solange sie ihn einnehmen, werden sie ihn hoffentlich so ausfüllen, wie es sich gebührt. Dazu gehören verdoppelte Anstrengungen auf jedem Gebiet des Kampfes und der Agitation. Es wird namentlich die Pflicht der Führer sein, sich über alle theoretischen Fragen mehr und mehr aufzuklären, sich mehr und mehr von dem Einfluß überkommener, der alten Weltanschauung angehöriger Phrasen zu befreien und stets im Auge zu behalten, daß der Sozialismus, seitdem er eine Wissenschaft geworden, auch wie eine Wissenschaft betrieben, d. h. studiert werden will. Es wird darauf ankommen, die so gewonnene, immer mehr geklärte Einsicht unter den Arbeitermassen mit gesteigertem Eifer zu verbreiten, die Organisation der Partei wie der Gewerksgenossenschaften immer fester zusammenzuschließen. Wenn auch die im Januar abgegebenen sozialistischen Stimmen schon eine hübsche Armee repräsentieren, so machen sie doch bei weitem noch nicht die Majorität der deutschen Arbeiterklasse aus; und so ermutigend auch die Erfolge der Propaganda unter der ländlichen Bevölkerung sind, so bleibt doch gerade hier noch unendlich viel zu tun. Es gilt also nicht zu ermatten im Kampf, es gilt dem Feinde eine Stadt, einen Wahlkreis nach dem andern zu entreißen; vor allem aber gilt es, sich den echt internationalen Sinn zu wahren, der keinen patriotischen Chauvinismus aufkommen läßt und der jeden neuen Schritt in der proletarischen Bewegung mit Freuden begrüßt, einerlei von welcher Nation er ausgeht. Wenn die deutschen Arbeiter so vorangehen, so werden sie nicht gerade an der Spitze der Bewegung marschieren – es ist gar nicht im Interesse dieser Bewegung, daß die Arbeiter irgendeiner einzelnen Nation an ihrer Spitze marschieren –, aber doch einen ehrenvollen Platz in der Schlachtlinie einnehmen; und sie werden gerüstet dastehen, wenn entweder unerwartet schwere Prüfungen oder gewaltige Ereignisse von ihnen erhöhten Mut, erhöhte Entschlossenheit und Tatkraft erheischen.

Engels, 1874

Der Kommunistenprozeß zu Köln selbst brandmarkt die Ohnmacht der Staatsmacht

Die »Enthüllungen über den Kommunisten-Prozeß zu Köln«, deren Wiederveröffentlichung der »Volksstaat« für zeitgemäß hielt, erschienen ursprünglich zu Boston

(Massachusetts) und zu Basel. Letztere Auflage ward größtenteils an der deutschen Grenze konfisziert. Die Schrift sah das Licht wenige Wochen nach Schluß des Prozesses. [...]

Als der »Volksstaat« das Pamphlet in seinen Spalten abzudrucken begann, schwankte ich einen Augenblick, ob es nicht passend sei, Abschnitt VI (Fraktion Willich-Schapper) wegzulassen. Bei näherem Erwägen jedoch erschien jede Verstümmelung des Textes als Fälschung eines historischen Dokuments.

Der gewaltsame Niederschlag einer Revolution läßt in den Köpfen ihrer Mitspieler, namentlich der vom heimischen Schauplatz ins Exil geschleuderten, eine Erschütterung zurück, welche selbst tüchtige Persönlichkeiten für kürzere oder längere Zeit sozusagen unzurechnungsfähig macht. Sie können sich nicht in den Gang der Geschichte finden, sie wollen nicht einsehen, daß sich die Form der Bewegung verändert hat. Daher Konspirations- und Revolutionsspielerei, gleich kompromittierlich für sie selbst und die Sache, in deren Dienst sie stehen; daher auch die Fehlgriffe Schappers und Willichs. Willich hat im nordamerikanischen Bürgerkriege gezeigt, daß er mehr als ein Phantast ist, und Schapper, lebenslang Vorkämpfer der Arbeiterbewegung, erkannte und bekannte, bald nach Ende des Kölner Prozesses, seine augenblickliche Verirrung. Viele Jahre später, auf seinem Sterbebett, einen Tag vor seinem Tode, sprach er mir noch mit beißender Ironie von jener Zeit der »Flüchtlingstölpelei«. – Andererseits erklären die Umstände, in denen die »Enthüllungen« verfaßt wurden, die Bitterkeit des Angriffs auf die unfreiwilligen Helfershelfer des gemeinsamen Feindes. In Augenblicken der Krise wird Kopflosigkeit zum Verbrechen an der Partei, das öffentliche Sühne herausfordert.

»Die ganze Existenz der politischen Polizei hängt von der Entscheidung dieses Prozesses ab!« In diesen

Worten, die Hinckeldey während der Kölner Gerichtsverhandlungen an die Gesandtschaft zu London schrieb (siehe meine Schrift »Herr Vogt«, pag. 27), verriet er das Geheimnis des Kommunistenprozesses. »Die ganze Existenz der politischen Polizei«, das ist nicht nur die Existenz und Tätigkeit des mit diesem Fache unmittelbar betrauten Personals. Es ist die Unterordnung der ganzen Regierungsmaschinerie mit Einschluß der Gerichte (siehe das preußische Disziplinargesetz für die richterlichen Beamten vom 7. Mai 1851) und der Presse (siehe Reptilienfonds*) unter jenes Institut, wie das gesamte Staatswesen in Venedig der Staatsinquisition unterworfen war. Die politische Polizei, während des Revolutionssturms in Preußen lahmgelegt, bedurfte einer Umgestaltung, für welche das zweite französische Kaiserreich mustergültig war und blieb.

Nach dem Untergange der Revolution von 1848 existierte die deutsche Arbeiterbewegung nur noch unter der Form theoretischer, zudem in enge Kreise gebannter Propaganda, über deren praktische Gefahrlosigkeit die preußische Regierung sich keinen Augenblick täuschte. Ihr galt die Kommunistenhetze nur als Einleitung zum Reaktionskreuzzug gegen die liberale Bourgeoisie, und die Bourgeoisie selbst stählte die Hauptwaffe dieser Reaktion, die politische Polizei, durch die Verurteilung der Arbeitervertreter und die Freisprechung von Hinckeldey-Stieber. So verdiente Stieber seine Rittersporen vor den Assisen zu Köln. Damals war Stieber der Name eines untergeordneten Polizei-Individuums, auf wilder Jagd nach Gehalts- und Amtserhöhung; jetzt bedeutet Stieber die unbeschränkte Herrschaft der politischen Polizei im neuen heiligen preußisch-deutschen Reiche. Er hat sich so gewissermaßen in eine moralische Person verwandelt, moralisch in dem bildlichen Sinne, wie z.B. der Reichstag ein moralisches Wesen ist. Und diesmal schlägt die politische Polizei nicht auf den Arbeiter, um den Bourgeois zu treffen. Umgekehrt. Grade in seiner Eigenschaft als Diktator der deutsch-liberalen Bourgeoisie wähnt Bismarck sich stark genug, die Arbeiterpartei aus der Welt stiebern zu können. An dem Wachstum der Größe Stieber kann das deutsche Proletariat daher den Fortschritt der Bewegung messen, die es selbst seit dem Kölner Kommunistenprozeß zurückgelegt hat.

Die Unfehlbarkeit des Papstes ist eine Kinderei verglichen mit der Unfehlbarkeit der politischen Polizei. Nachdem sie in Preußen während ganzer Dezennien jugendliche Brauseköpfe ins Loch gesteckt, von wegen Schwärmerei für deutsche Einheit, deutsches Reich, deutsches Kaisertum, kerkert sie heuerig sogar alte Glatzköpfe ein, die für jene Gottesgaben zu schwärmen verweigern. Heute müht sie sich ebenso vergeblich ab, die *Reichsfeinde* auszuroden, wie damals die *Reichsfreunde*. Welch schlagender Beweis, daß sie nicht dazu berufen ist, Geschichte zu machen, wäre es auch nur die Geschichte des Zanks um des Kaisers Bart!

Der Kommunistenprozeß zu Köln selbst brandmarkt die Ohnmacht der Staatsmacht in ihrem Kampf gegen die gesellschaftliche Entwicklung. Der kgl. preußische Staatsanwalt begründete die Schuld der Angeklagten schließlich damit, daß sie die staatsgefährlichen Prinzipien des *»Kommunistischen Manifestes«* heimlich verbreiteten. Und werden trotzdem dieselben Prinzipien zwanzig Jahre später nicht in Deutschland auf offener Straße verkündet? Erschallen sie nicht selbst von der Tribüne des Reichstags? Haben sie in der Gestalt des *Programms der Internationalen Arbeiterassoziation* nicht die Reise um die Welt gemacht, allen Regierungssteckbriefen zum Trotz? Die Gesellschaft findet nun einmal nicht ihr Gleichgewicht, bis sie sich um die Sonne der Arbeit dreht.

Die »Enthüllungen« sagen am Schluß: »*Jena!* ... das

ist das letzte Wort für eine Regierung, die solcher Mittel zum Bestehen, und für eine Gesellschaft, die solch einer Regierung zum Schutze bedarf. Das ist das letzte Wort des Kommunistenprozesses – *Jena* !« Eine gelungene Vorhersage dies, kichert der erste beste Treitschke mit stolzem Hinweis auf Preußens jüngste Waffentat und das Mausergewehr. Mir genügt zu erinnern, daß es nicht nur ein *inneres Düppel* gibt, sondern auch ein *inneres Jena**.

Marx, 1875

Bismarcks Vertrauter und rechte Hand

An den Redakteur der »Daily News«

Sir,
einem Telegramm von Reuters Büro zufolge ist »Herr Legationsrat Bucher designiert zum ›secretaire archiviste‹ [›Archivsekretär‹] des Kongresses*«.

Sollte dieser »Herr Bucher« etwa der gleiche Lothar Bucher sein, der während seines langen Londoner Exils als ein begeisterter Parteigänger des verstorbenen Herrn David Urquhart glänzte, dessen antirussische Doktrinen er Woche für Woche in seinen Korrespondenzen an die Berliner »National-Zeitung« zum Ausdruck brachte; derselbe Lothar Bucher, der nach seiner Rückkehr nach Berlin ein so glühender Verehrer Ferdinand Lassalles wurde, daß dieser ihn zu seinem Testamentsvollstrecker ernannte, ihm ein jährliches Einkommen vermachte und ihm das Herausgaberecht seiner Werke übertrug? Bald nach Lassalles Tod trat Lothar Bucher in das preußische Auswärtige Amt, wurde zum »Legationsrat« ernannt, er wurde Bismarcks Vertrauter und rechte Hand.

Er hatte die Naivität, an mich einen Brief zu richten,

worin er mich einlud, natürlich mit der Billigung seines Chefs, die Finanzartikel für den preußischen amtlichen »Staats-Anzeiger« zu schreiben.

Die pekuniären Bedingungen dieser Stellung zu bestimmen, wurde mir überlassen, indem mir ausdrücklich versichert wurde, daß ich volle Freiheit genießen sollte, die vorkommenden finanziellen Operationen und diejenigen, die sie ausführten, von meinem eigenen »wissenschaftlichen« Standpunkt aus zu behandeln. Nach diesem seltsamen Vorkommnis amüsierte es mich nicht wenig, als ich die Beiträge des Herrn Lothar Bucher, Mitglieds der Internationalen Arbeiterassoziation, fortwährend in den Spalten des von Johann Philipp Becker in Genf herausgegebenen Organs der Internationale, »Der Vorbote«, fand. Wenn hier keine Verwechslung der Personen vorliegt und wenn die Berichte stimmen, daß die russische und die deutsche Regierung dem Kongreß anläßlich der Attentate von Hödel und Nobiling* internationale Maßregeln gegen die Ausbreitung des Sozialismus vorlegen wollen, so ist Herr Bucher der rechte Mann, dem Kongreß mit aller Autorität zu sagen, daß die Organisation, die Tätigkeit und die Lehren der deutschen sozialistischen Partei mit diesen Attentaten nicht mehr zu tun haben als mit dem Untergang des »Großen Kurfürsten«* oder mit dem Zusammentritt des Kongresses in Berlin; so ist Herr Bucher der rechte Mann, zu sagen, daß die auf Panik abzielenden Verhaftungen in ganz Deutschland und der von den Pressereptilien aufgewirbelte Staub ausschließlich dem Zweck dienen, Forderungen nach Wahl eines Reichstags auszulösen, der bereit ist, endlich die schon seit langem von Fürst Bismarck ausgearbeitete Lösung des paradoxen Problems zum Gesetz zu erheben, nämlich die deutsche Regierung mit all den finanziellen Mitteln eines modernen Staates auszustatten und dabei zur gleichen Zeit dem deutschen Volk wieder das alte politische Regime aufzuzwingen, das der Orkan von 1848 zerfetzte.

Ich verbleibe, Sir, Ihr ergebener Diener

Karl Marx

London, 12. Juni [1878]

Marx/Engels

Ein gerechter Tagelohn für ein gerechtes Tagewerk?

Das ist nun während der letzten fünfzig Jahre der Wahlspruch der englischen Arbeiterbewegung gewesen. Er leistete gute Dienste zur Zeit des Aufstiegs der Trade-Unions nach Aufhebung der schändlichen Antikoalitionsgesetze im Jahre 1824; noch bessere Dienste leistete er zur Zeit der ruhmreichen Chartistenbewegung, als die englischen Arbeiter an der Spitze der europäischen Arbeiterklasse marschierten. Aber die Zeit bleibt nicht stehen, und gar viele Dinge, die vor fünfzig und selbst noch vor dreißig Jahren wünschenswert und notwendig waren, sind nun veraltet und würden völlig fehl am Platze sein. Gehört das altehrwürdige Losungswort auch zu diesen Dingen?

Ein gerechter Tagelohn für ein gerechtes Tagewerk? Aber was ist ein gerechter Tagelohn, und was ist ein gerechtes Tagewerk? Wie werden sie bestimmt durch die Gesetze, unter denen die moderne Gesellschaft existiert und sich entwickelt? Um hierauf eine Antwort zu finden, dürfen wir uns weder auf die Wissenschaft von der Moral oder von Recht und Billigkeit berufen noch auf irgendwelche sentimentalen Gefühle von Humanität, Gerechtigkeit oder gar Barmherzigkeit. Was moralisch gerecht ist, ja, selbst was dem Gesetz nach gerecht ist, kann weit davon entfernt sein, sozial gerecht zu sein.

Über soziale Gerechtigkeit oder Ungerechtigkeit wird durch eine einzige Wissenschaft entschieden – durch die Wissenschaft, die sich mit den materiellen Tatsachen von Produktion und Austausch befaßt, die Wissenschaft von der politischen Ökonomie.

Was wird nun nach der politischen Ökonomie ein gerechter Tagelohn und ein gerechtes Tagewerk genannt? Einfach die Lohnhöhe und die Dauer und Intensität einer Tagesarbeit, die durch die Konkurrenz des Unternehmers und des Arbeiters auf dem freien Markt bestimmt werden. Und was sind sie, wenn sie derart bestimmt werden?

Ein gerechter Tagelohn ist unter normalen Bedingungen die Summe, die erforderlich ist, dem Arbeiter die Existenzmittel zu verschaffen, die er entsprechend dem Lebensstandard seiner Stellung und seines Landes benötigt, um sich arbeitsfähig zu erhalten und sein Geschlecht fortzupflanzen. Die wirkliche Lohnhöhe mag, je nach den Schwankungen des Geschäftsganges, manchmal über, manchmal unter diesem Satze liegen; unter normalen Bedingungen sollte dieser Satz jedoch den Durchschnitt aller Lohnschwankungen bilden.

Ein gerechtes Tagewerk ist diejenige Dauer des Arbeitstages und diejenige Intensität der tatsächlichen Arbeit, bei denen ein Arbeiter die volle Arbeitskraft eines Tages verausgabt, ohne seine Fähigkeit zu beeinträchtigen, am nächsten Tag und an den folgenden Tagen dieselbe Arbeitsmenge zu leisten.

Der Vorgang kann demnach folgendermaßen beschrieben werden: Der Arbeiter gibt dem Kapitalisten die volle Arbeitskraft eines Tages, das heißt, so viel er geben kann, ohne die ununterbrochene Wiederholung des Vorgangs unmöglich zu machen. Im Austausch erhält er gerade so viel und nicht mehr an Existenzmitteln, wie nötig sind, um die Wiederholung desselben Geschäfts jeden Tag zu ermöglichen. Der Arbeiter gibt so viel, und der Kapitalist so wenig, wie es die Natur der Übereinkunft zuläßt. Das ist eine sehr sonderbare Sorte von Gerechtigkeit.

Wir wollen aber etwas tiefer in die Sache eindringen. Da nach den politischen Ökonomen Lohn und Arbeitszeit durch die Konkurrenz bestimmt werden, scheint es die Gerechtigkeit zu verlangen, daß beide Seiten zu den gleichen Bedingungen denselben gerechten Ausgangspunkt haben. Aber das ist nicht der Fall. Wenn der Kapitalist mit dem Arbeiter nicht einig werden kann, kann er es sich leisten zu warten und von seinem Kapital leben. Der Arbeiter kann das nicht. Er hat nur seinen Lohn zum Leben und muß daher Arbeit annehmen, wann, wo und zu welchen Bedingungen er sie bekommen kann. Der Arbeiter hat keinen gerechten Ausgangspunkt. Durch den Hunger ist er außerordentlich benachteiligt. Und dennoch ist das nach der politischen Ökonomie der Kapitalistenklasse der Gipfel der Gerechtigkeit.

Aber das ist noch das wenigste. Die Anwendung von mechanischer Kraft und Maschinerie in neuen Gewerben und die Ausbreitung und Vervollkommnung der Maschinerie in Gewerben, in denen sie sich bereits durchgesetzt hat, verdrängen immer mehr »Hände« von ihrem Arbeitsplatz; und das geschieht in weit schnellerem Tempo, als die überflüssig gewordenen »Hände« von den Fabriken des Landes aufgesogen und beschäftigt werden können. Diese überflüssigen »Hände« stellen dem Kapital eine richtige industrielle Reservearmee zur Verfügung. Bei schlechtem Geschäftsgang mögen sie hungern, betteln, stehlen oder ins Arbeitshaus gehen; bei gutem Geschäftsgang sind sie zur Hand für die Ausdehnung der Produktion; und solange nicht auch der allerletzte Mann, die letzte Frau und das letzte Kind Arbeit gefunden haben sollten – was nur in Zeiten stürmischer Überproduktion der Fall ist –, solange wird die

Konkurrenz dieser Reservearmee die Löhne niedrig halten und durch ihre bloße Existenz die Macht des Kapitals in seinem Kampf gegen die Arbeiter verstärken. In dem Wettlauf mit dem Kapital sind die Arbeiter nicht nur benachteiligt, sie haben eine ans Bein geschmiedete Kanonenkugel mitzuschleppen. Aber das ist nach der kapitalistischen politischen Ökonomie Gerechtigkeit.

Nun wollen wir untersuchen, aus welchem Fonds das Kapital diese so überaus gerechten Löhne zahlt. Aus dem Kapital natürlich. Aber Kapital produziert keine Werte. Arbeit ist, abgesehen vom Grund und Boden, die einzige Quelle des Reichtums; Kapital selbst ist nichts weiter als aufgehäuftes Arbeitsprodukt. Hieraus folgt, daß der Arbeitslohn aus der Arbeit gezahlt wird und daß der Arbeiter aus seinem eigenen Arbeitsprodukt entlohnt wird. Entsprechend dem, was man gewöhnlich Gerechtigkeit nennt, müßte der Lohn des Arbeiters aus dem Produkt seiner Arbeit bestehen. Aber das würde nach der politischen Ökonomie nicht gerecht sein. Im Gegenteil, das Arbeitsprodukt des Arbeiters geht an den Kapitalisten, und der Arbeiter erhält davon nicht mehr als die bloßen Existenzmittel. Und das Ende dieses ungewöhnlich »gerechten« Wettlaufs der Konkurrenz ist somit, daß das Arbeitsprodukt derer, die arbeiten, unvermeidlich in den Händen derer angehäuft wird, die nicht arbeiten, und in ihren Händen zu dem mächtigsten Mittel wird, eben die Menschen zu versklaven, die es hervorgebracht haben.

Ein gerechter Tagelohn für ein gerechtes Tagewerk! Mancherlei wäre auch über das gerechte Tagewerk zu sagen, dessen Gerechtigkeit auf genau der gleichen Höhe steht wie die der Löhne. Aber das müssen wir uns für eine andere Gelegenheit aufsparen. Aus dem Dargelegten geht ganz klar hervor, daß sich das alte Losungswort überlebt hat und heutzutage kaum noch Stich hält. Die Gerechtigkeit der politischen Ökonomie, wie sie in

Wirklichkeit die Gesetze fixiert, die die bestehende Gesellschaft beherrschen, diese Gerechtigkeit ist ganz auf der einen Seite – auf der des Kapitals. Begrabt darum den alten Wahlspruch für immer und ersetzt ihn durch einen anderen:

Besitzer der Arbeitsmittel – der Rohstoffe, Fabriken und Maschinen – soll das arbeitende Volk selbst sein.

Engels, 1881

Er ist gestorben, verehrt, geliebt, betrauert von Millionen revolutionärer Mitarbeiter

Am 14. März, nachmittags ein Viertel vor drei, hat der größte lebende Denker aufgehört zu denken. Kaum zwei Minuten allein gelassen, fanden wir ihn beim Eintreten in seinem Sessel ruhig entschlummert – aber für immer.

Was das streitbare europäische und amerikanische Proletariat, was die historische Wissenschaft an diesem Mann verloren haben, das ist gar nicht zu ermessen. Bald genug wird sich die Lücke fühlbar machen, die der Tod dieses Gewaltigen gerissen hat.

Wie Darwin das Gesetz der Entwicklung der organischen Natur, so entdeckte Marx das Entwicklungsgesetz der menschlichen Geschichte: die bisher unter ideologischen Überwucherungen verdeckte einfache Tatsache, daß die Menschen vor allen Dingen zuerst essen, trinken, wohnen und sich kleiden müssen, ehe sie Politik, Wissenschaft, Kunst, Religion usw. treiben können; daß also die Produktion der unmittelbaren materiellen Lebensmittel und damit die jedesmalige ökonomische Entwicklungsstufe eines Volkes oder eines Zeitabschnitts die Grundlage bildet, aus der sich die Staatseinrichtungen, die Rechtsanschauungen, die Kunst und selbst die religiösen Vorstellungen der betreffenden Menschen entwickelt haben und aus der sie daher auch erklärt werden müssen — nicht, wie bisher geschehen, umgekehrt.

Damit nicht genug. Marx entdeckte auch das spezielle Bewegungsgesetz der heutigen kapitalistischen Produktionsweise und der von ihr erzeugten bürgerlichen Gesellschaft. Mit der Entdeckung des Mehrwerts war hier plötzlich Licht geschaffen, während alle früheren Untersuchungen, sowohl der bürgerlichen Ökonomen wie der sozialistischen Kritiker, im Dunkel sich verirrt hatten.

Zwei solche Entdeckungen sollten für ein Leben genügen. Glücklich schon der, dem es vergönnt ist, nur eine solche zu machen. Aber auf jedem einzelnen Gebiet, das Marx der Untersuchung unterwarf, und dieser Gebiete waren sehr viele und keines hat er bloß flüchtig berührt — auf jedem, selbst auf dem der Mathematik, hat er selbständige Entdeckungen gemacht.

So war der Mann der Wissenschaft. Aber das war noch lange nicht der halbe Mann. Die Wissenschaft war für Marx eine geschichtlich bewegende, eine revolutionäre Kraft. So reine Freude er haben konnte an einer neuen Entdeckung in irgendeiner theoretischen Wissenschaft, deren praktische Anwendung vielleicht noch gar nicht abzusehen — eine ganz andere Freude empfand er, wenn es sich um eine Entdeckung handelte, die sofort revolutionär eingriff in die Industrie, in die geschichtliche Entwicklung überhaupt. So hat er die Entwicklung der Entdeckungen auf dem Gebiet der Elektrizität, und zuletzt noch die von Marc Deprez, genau verfolgt.

Denn Marx war vor allem Revolutionär. Mitzuwirken, in dieser oder jener Weise, am Sturz der kapitalistischen Gesellschaft und der durch sie geschaffenen

Staatseinrichtungen, mitzuwirken an der Befreiung des modernen Proletariats, dem *er* zuerst das Bewußtsein seiner eigenen Lage und seiner Bedürfnisse, das Bewußtsein der Bedingungen seiner Emanzipation gegeben hatte — das war sein wirklicher Lebensberuf. Der Kampf war sein Element. Und er hat gekämpft mit einer Leidenschaft, einer Zähigkeit, einem Erfolg wie wenige. Erste »Rheinische Zeitung« 1842, Pariser »Vorwärts!« 1844, »Brüsseler Deutsche Zeitung« 1847, »Neue Rheinische Zeitung« 1848—1849, »New-York Tribune« 1852—1861 — dazu Kampfbroschüren die Menge, Arbeit in Vereinen in Paris, Brüssel und London, bis endlich die große Internationale Arbeiterassoziation als Krönung des Ganzen entstand — wahrlich, das war wieder ein Resultat, worauf sein Urheber stolz sein konnte, hätte er sonst auch nichts geleistet.

Und deswegen war Marx der bestgehaßte und bestverleumdete Mann seiner Zeit. Regierungen, absolute wie republikanische, wiesen ihn aus, Bourgeois, konservative wie extrem-demokratische, logen ihm um die Wette Verlästerungen nach. Er schob das alles beiseite wie Spinnweb, achtete dessen nicht, antwortete nur, wenn äußerster Zwang da war. Und er ist gestorben, verehrt, geliebt, betrauert von Millionen revolutionärer Mitarbeiter, die von den sibirischen Bergwerken an über ganz Europa und Amerika bis Kalifornien hin wohnen, und ich kann es kühn sagen: Er mochte noch manchen Gegner haben, aber kaum noch einen persönlichen Feind.

Sein Name wird durch die Jahrhunderte fortleben und so auch sein Werk!

Engels, 1883

Der erste und bedeutendste Dichter des deutschen Proletariats

Weerth, der erste und bedeutendste Dichter des deutschen Proletariats, war von rheinischen Eltern in Detmold geboren, wo sein Vater geistlicher Superintendent war. Als ich mich 1843 in Manchester aufhielt, kam Weerth als Kommis [kaufmännischer Angestellter] seiner deutschen Firma nach Bradford, und wir verbrachten viele heitere Sonntage zusammen. 1845, als Marx und ich in Brüssel wohnten, übernahm Weerth die kontinentale Agentur seines Handlungshauses und richtete es so ein, daß er sein Hauptquartier ebenfalls in Brüssel nehmen konnte. Nach der 1848er Märzrevolution* fanden wir uns alle in Köln zur Gründung der »Neuen Rheinischen Zeitung« zusammen. Weerth übernahm das Feuilleton, und ich bezweifle, ob je eine andere Zeitung ein so lustiges und schneidiges Feuilleton hatte. Eine seiner Hauptarbeiten war: »Leben und Thaten des berühmten Ritters Schnapphahnski«, die Abenteuer des von Heine im »Atta Troll« so benamsten Fürsten Lichnowski schildernd. Die Tatsachen sind alle wahr; wie wir sie erfuhren, darüber vielleicht ein andermal. Diese Schnapphahnski-Feuilletons sind 1849 bei Hoffmann u. Campe gesammelt als Buch erschienen und noch heute äußerst erheiternd. Da aber Schnapphahnski-Lichnowski am 18. September 1848 mit dem preußischen General von Auerswald (ebenfalls Parlamentsmitglied) die den Frankfurter Barrikadenkämpfern zuziehenden Bauernkolonnen spionieren ritt, bei welcher Gelegenheit er und Auerswald von den Bauern verdientermaßen als Spione totgeschlagen wurden, richtete die deutsche Reichsverweserschaft eine Anklage gegen Weerth wegen Beleidigung des toten Lichnowski, und Weerth, der längst in England war, bekam drei Monate Gefängnis, lange nachdem die Reaktion der »N[euen]Rh[eini-

16 *Georg Weerth*

schen] Z[ei]t[un]g« ein Ende gemacht hatte. Diese drei Monate hat er denn auch richtig abgesessen, weil seine Geschäfte ihn nötigten, Deutschland von Zeit zu Zeit zu besuchen.

1850/51 reiste er im Interesse einer anderen Bradforder Firma nach Spanien, dann nach Westindien und über fast ganz Südamerika. Nach einem kurzen Besuch in Europa kehrte er nach seinem geliebten Westindien zurück. Dort wollte er sich das Vergnügen nicht versagen, das wirkliche Original des Louis-Napoleon III., den Negerkönig Soulouque auf Haiti, einmal anzusehen. Aber er bekam, wie W. Wolff, 28. August 1856, an Marx schreibt, »Schwierigkeiten mit den Quarantäne-Behörden, mußte sein Projekt aufgeben und sammelte auf der Tour die Keime zu dem (gelben) Fieber, das er mit nach Havanna brachte. Er legte sich nieder, eine Gehirnentzündung trat hinzu und – am 30. Juli – starb unser Weerth in Havanna.«

Ich nannte ihn den ersten und *bedeutendsten* Dichter des deutschen Proletariats. In der Tat sind seine sozialistischen und politischen Gedichte denen Freiligraths an Originalität, Witz und namentlich an sinnlichem Feuer weit überlegen. Er wandte oft Heinesche Formen an, aber nur, um sie mit einem ganz originellen, selbständigen Inhalt zu erfüllen. Dabei unterschied er sich von den meisten Poeten dadurch, daß ihm seine Gedichte, einmal hingeschrieben, total gleichgültig waren. Hatte er eine Abschrift davon an Marx oder mich geschickt, ließ er die Verse liegen und war oft nur schwer dazu zu bringen, sie irgendwo drucken zu lassen. Nur während der »Neuen Rheinischen Zeitung« war das anders. [...]

Worin Weerth Meister war, worin er Heine übertraf (weil er gesunder und unverfälschter war) und in deutscher Sprache nur von Goethe übertroffen wird, das ist der Ausdruck natürlicher, robuster Sinnlichkeit und Fleischeslust. Manche der Leser des »Sozialdemokrat« würden sich entsetzen, wollte ich die einzelnen Feuilletons der »Neuen Rhein. Zeitung« hier abdrucken lassen. Es fällt mir jedoch nicht ein, dies zu tun. Indes kann ich doch die Bemerkung nicht unterdrücken, daß auch für die deutschen Sozialisten einmal der Augenblick kommen muß, wo sie dies letzte deutsche Philistervorurteil, die verlogene spießbürgerliche Moralprüderie, offen abwerfen, die ohnehin nur als Deckmantel für verstohlene Zotenreißerei dient. Wenn man z. B.

Freiligraths Gedichte liest, so sollte man wirklich meinen, die Menschen hätten gar keine Geschlechtsteile. Und doch hatte niemand mehr Freude an einem stillen Zötlein als gerade der in der Poesie so ultrazüchtige Freiligrath. Es wird nachgerade Zeit, daß wenigstens die deutschen Arbeiter sich gewöhnen, von Dingen, die sie täglich oder nächtlich selbst treiben, von natürlichen, unentbehrlichen und äußerst vergnüglichen Dingen ebenso unbefangen zu sprechen wie die romanischen Völker, wie Homer und Plato, wie Horaz und Juvenal, wie das Alte Testament und die »Neue Rheinische Zeitung«.

Übrigens hat Weerth auch minder anstößige Sachen geschrieben, und von diesen werde ich mir die Freiheit nehmen, von Zeit zu Zeit einiges dem Feuilleton des »Sozialdemokrat« zuzuschicken.

Engels, 1883

Der revolutionäre Arbeitersozialismus ist heute eine Macht

Heute abend feiern die Arbeiter der ganzen Welt gemeinsam mit euch den Jahrestag der glorreichsten und tragischsten Etappe in der Entwicklung des Proletariats. Im Jahre 1871 ergriff die Arbeiterklasse zum ersten Male in ihrer Geschichte in einer großen Hauptstadt die politische Macht. Aber leider ging alles vorüber wie ein Traum! Auf der einen Seite bedrängt von den Söldnern des französischen Ex-Kaiserreichs, auf der anderen von den Preußen, wurde die Kommune* schnell in einem Blutbad ohnegleichen erstickt, das nie vergessen werden wird. Die siegreiche Reaktion kannte keine Grenzen mehr; der Sozialismus schien im Blute ertränkt und das Proletariat zur ewigen Sklaverei verurteilt.

Fünfzehn Jahre sind seit dieser Niederlage verflossen. In dieser Zeit ist in allen Ländern die Macht, die im Dienste der Herren des Bodens und des Kapitals steht, vor nichts zurückgeschreckt, um auch den letzten aufrührerischen Regungen der Arbeiter den Garaus zu machen. Und was hat man erreicht?

Blickt um euch. Der revolutionäre Arbeitersozialismus, lebendiger denn je, ist heute eine Macht, vor der die Herrschenden überall zittern, die französischen Radikalen ebenso wie Bismarck, die Börsenkönige Amerikas ebenso wie der Zar aller Reußen [Alexander III.].

Aber das ist nicht alles.

Wir sind an dem Punkt angelangt, wo alle unsere Gegner, was sie auch tun mögen, wider ihren Willen für uns arbeiten.

Sie haben geglaubt, die Internationale zu töten – aber heute ist der internationale Bund der Proletarier, die Bruderschaft der revolutionären Arbeiter der verschiedenen Länder, tausendmal stärker und umfassender als vor der Kommune. Die Internationale bedarf keiner Organisation im eigentlichen Sinne mehr; sie lebt und erstarkt durch das spontane und leidenschaftliche Zusammenwirken der Arbeiter Europas und Amerikas.

In Deutschland hat Bismarck alle Mittel, bis zu den niederträchtigsten, erschöpft, um die Arbeiterbewegung zu zerschlagen. Ergebnis: vor der Kommune hatte er es mit vier sozialdemokratischen Abgeordneten zu tun; seine Verfolgungen haben bewirkt, daß jetzt fünfundzwanzig gewählt wurden. Und die deutschen Proletarier lachen über den großen Kanzler, der keine bessere revolutionäre Propaganda machen könnte, wenn er dafür bezahlt würde.

In Frankreich hat man euch die Listenwahl aufgezwungen, eine Bourgeoiswahl par excellence, eigens erfunden, um zu sichern, daß ausschließlich Advokaten, Journalisten und andere politische Abenteurer, Wortführer des Kapitals, gewählt werden. Und was hat dieses Wahlsystem der Reichen der Bourgeoisie eingebracht? Es hat im Schoße des französischen Parlaments eine revolutionäre sozialistische Arbeiterpartei geschaffen, deren bloßes Erscheinen auf dem Schauplatz genügt hat, Verwirrung in die Reihen aller bürgerlichen Parteien zu tragen.

Da stehen wir also. Alles, was geschieht, schlägt zu unseren Gunsten aus. Die ausgetüfteltsten Maßnahmen, um das Voranschreiten des Proletariats zu hemmen, beschleunigen nur seinen Siegesmarsch. Der Feind selbst kämpft und ist dazu verurteilt, für uns zu kämpfen. Und das hat er so reichlich und so gut besorgt, daß heute, am 18. März 1886, aus der Brust Tausender Arbeiter, von den Bergwerksproletariern Kaliforniens und des Aveyron bis zu den Zwangsarbeitern in den Bergwerken Sibiriens, der Ruf erklingt:

»Es lebe die Kommune! Es lebe der internationale Bund der Arbeiter!«

Engels, 1886

Becker war ein seltener Mann

Wiederum hat der Tod eine Lücke gerissen in den Reihen der Vorkämpfer für die proletarische Revolution. *Johann Philipp Becker* ist am 7. Dezember in Genf gestorben. [...]

Becker war ein seltener Mann. Ein einziges Wort bezeichnet ihn ganz – das Wort: *kerngesund*; an Körper und an Geist war er kerngesund bis zuletzt. Ein Hüne von Gestalt, von riesiger Körperkraft, dabei ein schöner Mann, hatte er seinen ungelehrten, aber keineswegs ungebildeten Geist, dank glücklicher Anlage und gesunder Tätigkeit, ebenso harmonisch entwickelt wie seinen Körper. Er war einer von den wenigen Menschen, die nur ihrer eigenen instinktiven Natur zu folgen brauchen, um richtig zu gehen. Daher wurde es ihm auch so leicht, mit jeder Entwicklung der revolutionären Bewegung Schritt zu halten und im achtundsiebzigsten Jahre noch ebenso frisch in der ersten Reihe zu stehen wie im achtzehnten. Der Knabe, der 1814 schon mit den durchziehenden Kosaken gespielt und 1820 Sand, den Erdolcher Kotzebues, hatte hinrichten sehen, entwickelte sich vom unbestimmten Oppositionsmann der zwanziger Jahre immer weiter und stand noch 1886 vollständig auf der Höhe der Bewegung. Dabei war er kein finsterer Gesinnungslümmel wie die meisten »ernschten« Republikaner von 1848, sondern ein echter Sohn der heitern Pfalz, lebenslustig, liebte Wein, Weib und Gesang trotz dem Besten. Erwachsen auf dem Boden des »Nibelungenliedes«, um Worms, sah er noch auf seine alten Tage aus wie eine der Gestalten aus unserem alten Heldengedicht: heiter und spottvoll, den Gegner anrufend zwischen den Schwerteshieben, Volkslieder dichtend, wenn es nichts zu schlagen gab — so und nicht anders muß er ausgesehen haben, Volker der Fiedeler!

Seine bedeutendste Befähigung war aber unbedingt seine militärische. In Baden* hat er entschieden mehr geleistet als irgendein anderer. Während die übrigen Offiziere, in der Schule stehender Heere erzogen, hier einen wildfremden, für sie fast unlenkbaren Soldatenstoff vorfanden, hatte Becker seine ganze Organisationskunst, Taktik und Strategie in der hanebüchenen Schule der Schweizer Miliz gelernt. Ein Volksheer war ihm nichts Fremdes, seine notwendigen Mängel nichts Ungewohntes. Wo die anderen verzagten oder sich erbosten, blieb Becker ruhig und fand einen Ausweg über den andern, wußte seine Leute richtig zu behandeln, belebte

17 *Johann Philipp Becker*

sie wieder mit einem Witzwort und behielt sie schließlich in der Hand. Um den Marsch von Heidelberg nach Durlach mit einer Division von fast lauter ungeübten Rekruten, die aber dennoch fähig blieben, sofort ein gut unterhaltenes Gefecht aufzunehmen, kann ihn mancher preußische General von 1870 beneiden. Und in demselben Gefecht brachte er die ihm zugeteilten Pfälzer, mit denen niemand etwas machen gekonnt, ins Gefecht und sogar zum Angriff auf freiem Feld. In Becker haben wir den einzigen deutschen Revolutionsgeneral verloren, den wir hatten.

Das war der Mann, der an den Freiheitskämpfen von drei Generationen ehrenvoll teilgenommen.

Die Arbeiter aber werden sein Andenken treu bewahren als das eines ihrer Besten!

Engels, 1886

Die Kronen werden zu Dutzenden über das Straßenpflaster rollen

Die »Mordspatrioten« * erschienen gleich nach dem französischen Krieg im »Volksstaat« und bald darauf im Separatabdruck. Sie bewiesen sich als ein höchst wirksames Gegengift gegen den überpatriotischen Siegesrausch, worin das offizielle und bürgerliche Deutschland schwelgte und noch schwelgt. In der Tat gab es kein besseres Ernüchterungsmittel als die Rückerinnerung an die Zeit, wo das jetzt in den Himmel erhobene Preußen vor dem Angriff derselben Franzosen, die man jetzt als Besiegte verachtet, schimpflich und schmählich zusammenbrach. Und dies Mittel mußte um so kräftiger wirken, wenn die Erzählung der fatalen Tatsachen einem Buche entnommen werden konnte, worin ein preußischer General [Eduard von Höpfner], obendrein Direktor der allgemeinen Kriegsschule, die Zeit der Schmach nach offiziellen preußischen Aktenstücken – und man muß es anerkennen, unparteiisch und ungeschminkt – geschildert hatte.* Eine große Armee, wie jede andre große gesellschaftliche Organisation, ist nie besser, als wenn sie nach einer großen Niederlage in sich geht und Buße tut für ihre vergangenen Sünden. So ging es den Preußen nach Jena, so nochmals nach 1850, wo sie zwar keine große Niederlage erlitten, wo aber doch ihr gänzlicher militärischer Verfall ihnen selbst und der Welt in einer Reihe kleinerer Feldzüge – in Dänemark und in Süddeutschland – und bei der ersten großen Mobilmachung von 1850 handgreiflich klargemacht, und wo sie selbst einer wirklichen Niederlage nur entgangen waren durch die politische Schmach von Warschau und Olmütz.* Sie waren gezwungen, ihre eigene Vergangenheit einer schonungslosen Kritik zu unterwerfen, um das Bessermachen zu lernen. Ihre militärische Literatur, die in Clausewitz einen Stern erster Größe hervorgebracht, seitdem aber unendlich tief gesunken war, hob sich wieder unter dieser Unumgänglichkeit der Selbstprüfung. Und eine der Früchte dieser Selbstprüfung war das Höpfnersche Buch, aus dem Borkheim das Material zu seiner Broschüre nahm.

Auch jetzt noch wird es nötig sein, immer wieder an jene Zeit der Überhebung und der Niederlagen, der königlichen Unfähigkeit, der diplomatischen, in ihrer eigenen Doppelzüngigkeit gefangenen preußischen Dummschlauheit, der sich in feigstem Verrat bewährenden Großmäuligkeit des Offiziersadels, des allgemeinen Zusammenbruchs eines dem Volk entfremdeten, auf Lug und Trug begründeten Staatswesens zu erinnern. Der deutsche Spießbürger (wozu auch Adel und Fürsten gehören) ist womöglich noch aufgeblasener und chauvinistischer als damals; die diplomatische Aktion ist bedeutend frecher geworden, aber sie hat noch die alte Doppelzüngigkeit; der Offiziersadel hat sich auf natürlichem wie künstlichem Weg hinreichend vermehrt, um so ziemlich wieder die alte Herrschaft in der Armee auszuüben, und der Staat entfremdet sich mehr und mehr den Interessen der großen Volksmassen, um sich in ein Konsortium von Agrariern, Börsenleuten und Großindustriellen zu verwandeln, zur Ausbeutung des Volks. Allerdings, sollte es wieder zum Kriege kommen, so wird die preußisch-deutsche Armee, schon weil sie allen andern Organisationsvorbild war, bedeutende Vorteile haben vor ihren Gegnern wie vor ihren Verbündeten. Aber nie wieder solche, wie in den letzten zwei Kriegen.* Die Einheit des Oberbefehls z. B., wie sie damals, dank besonderen Glücksumständen, bestand, und der entsprechende unbedingte Gehorsam der Unterfeldherrn werden schwerlich so wieder zu haben sein. Die geschäftliche Gevatterschaft, die jetzt zwischen dem agrarischen und militärischen Adel – bis in die kaiserliche Adjutantur hinein – und den Börsenjobbern herrscht, kann der Verpflegung der Armee im Felde leicht verhängnisvoll werden. Deutschland wird Verbündete haben, aber Deutschland wird seine Verbündeten und diese werden Deutschland bei erster Gelegenheit im Stich lassen. Und endlich ist kein andrer Krieg für Preußen-Deutschland mehr möglich als ein Weltkrieg, und zwar ein Weltkrieg von einer bisher nie geahnten Ausdehnung und Heftigkeit. Acht bis zehn Millionen Soldaten werden sich untereinander abwürgen und dabei ganz Europa so kahlfressen wie noch nie ein Heuschreckenschwarm. Die Verwüstungen des Dreißigjährigen Kriegs zusammengedrängt in drei bis vier Jahre und über den ganzen Kontinent verbreitet; Hungersnot, Seuchen, allgemeine, durch akute Not hervorgerufene Verwilderung der Heere wie der Volksmassen; rettungslose Verwirrung unsres künstlichen Getriebs in Handel, Industrie und Kredit, endend im allgemeinen Bankerott; Zusammenbruch der alten Staaten und ihrer traditionellen Staatsweisheit, derart, daß die Kronen zu Dutzenden über das Straßenpflaster rollen und niemand sich findet, der sie aufhebt; absolute Unmöglichkeit, vorherzusehn, wie das alles enden und wer als Sieger aus dem Kampf hervorgehen wird; nur ein Resultat absolut sicher: die allgemeine Erschöpfung und die Herstellung der Bedingungen des schließlichen Siegs der Arbeiterklasse. – Das ist die Aussicht, wenn das auf die Spitze getriebene System der gegenseitigen Überbietung in Kriegsrüstungen endlich seine unvermeidlichen Früchte trägt. Das ist es, meine Herren Fürsten und Staatsmänner, wohin Sie in Ihrer Weisheit das alte Europa gebracht haben. Und wenn Ihnen nichts andres mehr

18 *Europa*

Karikatur von Honoré Daumier

übrigbleibt, als den letzten großen Kriegstanz zu beginnen –, uns kann es recht sein. Der Krieg mag uns vielleicht momentan in den Hintergrund drängen, mag uns manche schon eroberte Position entreißen. Aber wenn Sie die Mächte entfesselt haben, die Sie dann nicht wieder werden bändigen können, so mag es gehn wie es will: am Schluß der Tragödie sind Sie ruiniert und ist der Sieg des Proletariats entweder schon errungen oder doch unvermeidlich.

Engels, 1887

Ich beneide alle, die an diesem Werke teilhaben können

Ich beneide Sie* um Ihre Arbeit beim Streik der Dockarbeiter. Es ist die meistversprechende Bewegung, die wir seit Jahren gehabt haben, und ich bin stolz und froh, sie miterlebt zu haben. Wenn nur Marx noch lebte, um das sehen zu können! Wenn diese armen geknechteten Menschen, der Bodensatz des Proletariats, die Elendesten aus allen Berufen, die jeden Morgen vor den Toren der Docks um eine Beschäftigung kämpfen, wenn *sie* sich zusammenschließen können und durch ihre Entschlossenheit die mächtigen Dockgesellschaften erschrecken, dann brauchen wir wahrhaftig an keiner Gruppe der Arbeiterklasse zu verzweifeln. Das ist der Anfang wirklichen Lebens in East End* und wird, wenn erfolgreich, den ganzen Charakter von East End verändern. Dort – angesichts des Mangels an Selbstvertrauen und Organisation bei den armen Teufeln, die im immerwährenden Elend dahinvegetieren – kann man sagen: »lasciate ogni speranza« ...* Wenn die Dockarbeiter sich organisieren, werden alle anderen Gruppen folgen ... Es ist eine herrliche Bewegung, und noch einmal: ich beneide alle, die an diesem Werke teilhaben können.

Engels, 1889

Stände nur Marx noch neben mir, dies mit eignen Augen zu sehn!

»Proletarier aller Länder, vereinigt euch!« Nur wenige Stimmen antworteten, als wir diese Worte in die Welt hinausriefen, vor nunmehr 42 Jahren, am Vorabend der ersten Pariser Revolution*, worin das Proletariat mit eignen Ansprüchen hervortrat. Aber am 28. September

1864 vereinigten sich Proletarier der meisten westeuropäischen Länder zur Internationalen Arbeiter-Assoziation glorreichen Angedenkens. Die Internationale selbst lebte allerdings nur neun Jahre. Aber daß der von ihr gegründete ewige Bund der Proletarier aller Länder noch lebt, und kräftiger lebt als je, dafür gibt es keinen bessern Zeugen als grade den heutigen Tag. Denn heute, wo ich diese Zeilen schreibe, hält das europäische und amerikanische Proletariat Heerschau über seine zum erstenmal mobil gemachten Streitkräfte, mobil gemacht als *ein* Heer, unter *einer* Fahne und für *ein* nächstes Ziel: den schon vom Genfer Kongreß der Internationale 1866 und wiederum vom Pariser Arbeiterkongreß 1889 proklamierten, gesetzlich festzustellenden, achtstündigen Normalarbeitstag. Und das Schauspiel des heutigen Tages wird den Kapitalisten und Grundherren aller Länder die Augen darüber öffnen, daß heute die Proletarier aller Länder in der Tat vereinigt sind.

Stände nur Marx noch neben mir, dies mit eignen Augen zu sehn!

London, am 1. Mai 1890 — *F. Engels*

Die »akademisch Gebildeten« haben mehr von den Arbeitern zu lernen als diese von ihnen

An die Redaktion des »Sozialdemokrat«

Der Unterzeichnete bittet ergebenst um Abdruck des folgenden Briefs, der gestern an die gegenwärtige Redaktion der »Sächsischen Arbeiter-Zeitung« in Dresden abgegangen ist.

In ihrem Abschiedswort (Nr. 105 vom 31. Aug. 1890) sagt die ausscheidende Redaktion der »Sächsischen Arbeiter-Zeitung«, der kleinbürgerlich-parlamentarische Sozialismus sei in Deutschland in der Majorität, aber Majoritäten würden oft sehr schnell zu Minoritäten:

»... und so hofft die scheidende Redaktion der ›Sächs. Arb.-Ztg.‹ *mit Friedrich Engels*, daß, wie der naive Staatssozialismus Lassalles dereinst überwunden wurde, so auch die erfolgssüchtige parlamentarische Richtung in der gegenwärtigen Sozialdemokratie von dem gesunden Sinn der deutschen Arbeiterschaft bald überwunden werden wird.«

Die scheidende Redaktion hat mir in obigem eine starke Überraschung bereitet. Vielleicht aber sich selbst auch ... Von einer Majorität des kleinbürgerlich-parlamentarischen Sozialismus innerhalb der deutschen Partei ist mir bis dato nichts bekannt. Und so möge sie immerhin »hoffen«, was ihr beliebt und solange sie Lust hat, aber ich hoffe nicht »mit«.

Hätte ich noch Zweifel hegen können über den Charakter der neuesten Literaten- und Studentenrevolte in unsrer deutschen Partei, er müßte schwinden vor der pyramidalen Unverschämtheit dieses Versuchs, mich für die Sprünge jener Herren solidarisch zu machen.

Meine ganze Verbindung mit der ausgeschiedenen Redaktion bestand darin, daß sie mir seit einigen Wochen ihr Blatt unaufgefordert zuschickte, ich jedoch nicht für nötig hielt, ihr zu sagen, was ich darin fand. Jetzt muß ich es ihr wohl sagen, und das öffentlich.

Theoretisch fand ich darin – und das gilt im ganzen und großen auch von der übrigen Presse der »Opposition« – einen krampfhaft verzerrten »Marxismus«, bezeichnet einerseits durch starkes Mißverständnis der Anschauungsweise, die man zu vertreten behauptete, andrerseits durch grobe Unbekanntschaft mit den jedesmal entscheidenden historischen Tatsachen, dritterseits durch das den deutschen Literaten so vorteilhaft auszeichnende Bewußtsein der eignen unermeßlichen Überlegenheit. Marx sah auch diese Jüngerschaft voraus, als er von dem zu Ende der siebziger Jahre unter gewissen Franzosen grassierenden »Marxismus« sagte: »tout ce que je sais, c'est que moi, je ne suis pas marxiste« – »ich weiß nur dies, daß *ich* kein ›Marxist‹ bin«.

Praktisch fand ich darin ein rücksichtsloses Hinwegsetzen über alle tatsächlichen Bedingungen des Parteikampfs, ein todesverachtendes »Nehmen von Hindernissen« in der Phantasie, das zwar dem ungeknickten Jugendmut der Verfasser alle Ehre macht, das aber bei seiner Übersetzung aus der Vorstellung in die Wirklichkeit imstande wäre, auch die stärkste, nach Millionen zählende Partei zu begraben unter dem selbstverdienten Gelächter der ganzen feindlichen Welt. Und daß auch eine kleine Sekte sich solche Gymnasiastenpolitik nicht ungestraft erlauben darf, darüber haben die Herren ja auch seitdem eigentümliche Erfahrungen gemacht.

Alle ihre seit Monaten aufgespeicherten Beschwerden gegen die Fraktion oder den Parteivorstand laufen im besten Fall auf einfache Lappalien hinaus. Aber wenn es den Herren beliebt, Mücken zu seigen, so ist das doch absolut kein Grund für die deutschen Arbeiter, zum Dank dafür Kamele zu verschlucken.

Nun, sie haben geerntet, was sie gesäet hatten. Abgesehn von allen inhaltlichen Fragen, war die ganze Kampagne mit einer solchen Kindlichkeit, mit solchen naiven Selbsttäuschungen über die eigne Wichtigkeit und über den Stand der Dinge und der Ansichten innerhalb der Partei eingeleitet, daß der Ausgang von vornherein feststand. Mögen die Herren die Lektion zu Herzen nehmen. Manche von ihnen haben Sachen geschrieben, die zu allerlei Hoffnungen berechtigten. Die meisten unter ihnen könnten etwas leisten, wären sie weniger von der Vollkommenheit ihrer augenblicklich erreichten

Entwicklungsstufe überzeugt. Mögen sie einsehn, daß ihre – ohnehin einer gründlichen, kritischen Selbstrevision bedürftige – »akademische Bildung« ihnen kein Offizierspatent mit Anspruch auf entsprechende Anstellung in der Partei ausstellt; daß in unsrer Partei jeder von der Pike auf dienen muß; daß Vertrauensposten in der Partei erobert werden nicht durch bloßes literarisches Talent und theoretische Kenntnisse, selbst wenn beide zweifellos vorhanden, sondern daß dazu auch Vertrautheit mit den Bedingungen des Parteikampfs und Eingewöhnung in seine Formen, erprobte persönliche Zuverlässigkeit und Charaktertüchtigkeit und schließlich willige Einordnung in die Reihen der Kämpfenden gehört – kurz, daß sie, die »akademisch Gebildeten«, alles in allem viel mehr von den Arbeitern zu lernen haben als diese von ihnen.

London, 7. September 1890 *Friedrich Engels*

Man sieht, wie die Artikel einschlagen, als wären sie Granaten

Man erlaube auch mir, vom Leser Abschied zu nehmen.

Von der Bühne verschwinden muß »Der Sozialdemokrat«. Nicht nur, weil dies so oft, den andern Parteien gegenüber, erklärt worden ist. Weit mehr noch, weil »Der Sozialdemokrat« unter den veränderten Verhältnissen selbst notwendig ein andrer würde, mit einer andren Mission, andren Mitarbeitern, andrem Leserkreis. Und ein Blatt, das eine so bestimmte geschichtliche Rolle gespielt, ein Blatt, dessen Eigentümlichkeit war, daß in seinen Spalten, und nur dort, die zwölf entscheidendsten Jahre im Leben der deutschen Arbeiterpartei

19 *Auswahl von Zeitungen und Zeitschriften,*
in denen Engels
in den neunziger Jahren publizierte

sich widerspiegeln – ein solches Blatt kann und darf sich nicht verändern. Es bleibe, was es war, oder es höre auf zu sein. Darüber sind wir alle einig.

Ebenso einig sind wir alle darin, daß dies Blatt nicht verschwinden kann, ohne eine Lücke zu lassen. Kein in Deutschland erscheinendes Organ, amtlich oder nicht, kann es ersetzen. Für die Partei ist das nur ein relativer Nachteil: Sie tritt in andre Kampfbedingungen und bedarf daher andrer Waffen und andrer Strategie und Taktik. Ein absoluter Verlust aber ist es für die Mitarbeiter und speziell für mich.

Zweimal in meinem Leben hatte ich die Ehre und die Freude, an einem Blatt mitzuarbeiten, wo ich die beiden günstigsten Bedingungen vollauf genoß, unter welchen man überhaupt in der Presse wirken kann: erstens unbedingte Preßfreiheit und zweitens die Gewißheit, von grade dem Publikum gehört zu werden, von dem man gehört sein will.

Das erstemal 1848–1849 bei der »Neuen Rheinischen Zeitung«. Das waren Revolutionszeiten, und da ist es ohnehin eine Lust, an der Tagespresse zu arbeiten. Man sieht die Wirkung jedes Worts vor Augen, man sieht, wie die Artikel förmlich einschlagen, als wären sie Granaten, und wie die Sprengladung platzt.

Das zweitemal beim »Sozialdemokrat«. Und das war auch ein Stück Revolutionszeit, seitdem die Partei sich auf dem Wydener Kongreß wiederfand und von da an »mit allen Mitteln«, gesetzlich oder nicht, den Kampf wiederaufnahm.* »Der Sozialdemokrat« war die Verkörperung dieser Ungesetzlichkeit. Für ihn bestand keine bindende Reichsverfassung, kein Reichsstrafgesetzbuch, kein preußisches Landrecht. Widergesetzlich, zum Trotz und Hohn aller Reichs- und Landesgesetzgebung, drang er allwöchentlich über die Grenzen des heiligen deutschen Reichs; Häscher, Spione, Lockspitzel, Zöllner, verdoppelte und verdreifachte Grenzwacht waren ohnmächtig; fast mit der Sicherheit eines Wechsels wurde er am Verfalltag den Abonnenten präsentiert; kein Stephan konnte hindern, daß die Deutsche Reichspost ihn versenden und austragen mußte. Und das bei über zehntausend Abonnenten in Deutschland; und während die verbotnen Schriften von vor 1848 von ihren Bourgeoiskäufern nur in den seltensten Fällen bezahlt wurden, zahlten die Arbeiter für ihren »Sozialdemokrat« zwölf Jahre lang mit der größten Regelmäßigkeit. Wie oft hat mir altem Revolutionär das Herz im Leibe gelacht, wenn ich diese so ausgezeichnet eingeölte, geräuschlose Wechselwirkung zwischen Redaktion, Expedition und Abonnenten, diese businesslike, geschäftsmäßig organisierte revolutionäre Arbeit Woche für Woche, jahraus, jahrein mit gleicher Sicherheit sich abwickeln sah!

Und das Blatt war der Mühen und Gefahren wert, die seine Verbreitung kostete. Es war unbedingt das beste Blatt, das die Partei je besessen. Und zwar nicht bloß, weil es, allein von allen, volle Preßfreiheit genoß. Die Grundsätze der Partei wurden mit seltener Klarheit und Bestimmtheit dargelegt und festgehalten, und die Taktik der Redaktion war fast ausnahmslos die richtige. Dazu kam noch eins. Während unsre Bourgeoispresse sich der ertötendsten Langweiligkeit befleißigt, spiegelte sich im »Sozialdemokrat« auch der heitre Humor reichlich wider, womit unsre Arbeiter den Kampf gegen Polizeischikanen zu führen gewohnt sind. [...]

»Der Sozialdemokrat« war die Flagge der deutschen Partei; nach zwölfjährigem Kampf ist die Partei siegreich. Das Sozialistengesetz ist gefallen, Bismarck ist gestürzt. Das mächtige Deutsche Reich hat alle seine Machtmittel gegen uns in Bewegung gesetzt; die Partei hat ihrer gespottet, bis endlich das Deutsche Reich seine Flagge hat streichen müssen vor der unsren.

Engels, 1890

In keiner Weise akzeptiere ich die Auslegung des ehrenwerten Bovio

In einem Artikel der »Tribuna« vom 2. Februar dieses Jahres wirft der bekannte Giovanni Bovio den italienischen republikanischen Abgeordneten, die in der letzten Zeit in das monarchistische Lager übergetreten sind, vor, daß sie mit allzu großer Geringschätzung die Frage der Regierungsform behandeln. Das berührt mich nun wahrlich nicht. Was mich aber an dieser Sache selbst berührt, ist, daß er meinen Artikel über den deutschen Sozialismus (»Critica Sociale« vom 16. Januar 1892) benutzt, um denselben Vorwurf gegen die deutschen Sozialisten im allgemeinen und mich im besonderen zu richten. Er äußert sich in dieser Hinsicht wie folgt:

»Daraus ersieht man außerdem, wie und warum sich jene Sozialisten irren, die da mit Friedrich Engels von der unmittelbar bevorstehenden Ergreifung der Macht durch die Sozialisten sprechen und nicht festlegen, was für eine Macht das ist. Engels geht so weit, mit arithmetischen Beweisen (und nicht erst seit heute scheint mir die Zahl in der Geschichte ein stichhaltiger Beweis zu sein) das nicht weit entfernte Jahr festzulegen, in dem die sozialistische Partei die Mehrheit im deutschen Parlament erlangen wird. Vortrefflich; und dann?

— Sie wird die Macht ergreifen.

— Großartig; aber welche? Wird es eine königliche Macht, wird es eine republikanische sein, oder wird sich die Partei wieder der vom ›Kommunistischen Manifest‹ im Januar 1848 überwundenen Utopie Weitlings zuwenden?

— Die Formen sind uns gleichgültig.

— Wirklich? ... Man kann aber doch nur dann von Macht sprechen, wenn sie eine konkrete Form hat. Man kann davon reden, daß sich die neue Substanz, die neue Idee von selbst die Form schaffen und sie aus sich selbst hervorbringen wird, aber man kann und darf die Form nicht außer Betracht lassen.«

Darauf erwidere ich, daß ich die Auslegung des ehrenwerten Bovio in keiner Weise akzeptiere.

Vor allem habe ich nicht gesagt, daß »die sozialistische Partei die Mehrheit erlangen und dann die Macht ergreifen wird«. Ich habe im Gegenteil betont, die Aussichten stünden zehn zu eins dafür, daß die Herrschenden noch lange vor diesem Zeitpunkt gegen uns Gewalt anwenden werden; das aber würde uns vom Boden der Stimmenmehrheiten auf den Boden der Revolution führen. Gehen wir aber weiter.

»Sie wird die Macht ergreifen, aber welche? Wird es eine königliche Macht, wird es eine republikanische sein, oder wird sich die Partei wieder der vom ›Kommunistischen Manifest‹ im Januar 1848 überwundenen Utopie Weitlings zuwenden?«

Hier erlaube ich mir, einen Ausdruck des ehrenwerten Bovio zu gebrauchen. Man muß wahrlich ein »uomo di chiostro« [»Einsiedler«] sein, um den geringsten Zweifel hinsichtlich der Natur dieser Macht zu hegen.

Das ganze regierungstreue, aristokratische und bürgerliche Deutschland wirft unseren Freunden im Reichstag vor, daß sie Republikaner und Revolutionäre sind.

Seit vierzig Jahren haben wir, Marx und ich, bis zum Überdruß wiederholt, daß für uns die demokratische Republik die einzige politische Form ist, in der der Kampf zwischen der Arbeiterklasse und der Kapitalistenklasse zunächst allgemeinen Charakter annehmen und danach durch den entscheidenden Sieg des Proletariats vollendet werden kann.

Gewiß ist der ehrenwerte Bovio nicht so naiv, anzunehmen, daß irgendein deutscher Kaiser sich seine Minister aus der sozialistischen Partei holen würde und daß er — selbst wenn er dies tun wollte — die Bedingungen, die seine Abdankung voraussetzten, annehmen würde, ohne die aber jene Minister nicht auf die Unterstützung ihrer Partei rechnen könnten. Seine Befürchtung allerdings, wir könnten uns »wieder der Utopie Weitlings zuwenden«, gibt mir, offen gestanden, eine recht gute Vorstellung von der Naivität meines Gesprächspartners.

Oder will der ehrenwerte Bovio, wenn er von Weitling spricht, vielleicht zu verstehen geben, daß die deutschen Sozialisten der sozialen Form nicht mehr Bedeutung beimessen als sie dies, seiner Meinung nach, hinsichtlich der politischen Form tun? Er würde sich abermals irren. Er sollte den deutschen Sozialismus genügend kennen, um zu wissen, daß dieser die Sozialisierung aller Produktionsmittel fordert. Auf welche Weise wird sich diese ökonomische Revolution vollziehen? Das wird von den Umständen abhängen, unter denen unsere Partei die Macht ergreifen wird, vom Zeitpunkt, wann das erreicht, und von der Methode, mit der das erreicht wird. Wie Bovio ja selbst erklärt, wird »sich die neue Substanz, die neue Idee von selbst die Form schaffen und sie aus sich selbst hervorbringen«. Indes, wenn morgen unsere Partei durch eine unerwartete Wendung der Dinge an die Macht berufen würde, wüßte ich sehr wohl, was ich als Aktionsprogramm vorschlagen würde.

»Die Formen sind uns gleichgültig«?

Ich halte es für notwendig zu erklären, daß weder ich noch irgendein anderer deutscher Sozialist dies oder etwas Ähnliches jemals gesagt haben; dies hat allein der ehrenwerte Bovio gesagt. Ich möchte gern wissen, mit welchem Recht er uns einer solchen »sciocchezza« [»Dummheit«] bezichtigt.

Hätte der ehrenwerte Bovio übrigens auf die zweite

Hälfte meines Artikels (»Critica Sociale« vom 1. Februar) gewartet und sie gelesen, dann hätte er sich vielleicht nicht der Mühe unterzogen, die revolutionären deutschen Sozialisten mit royalistischen italienischen Republikanern zu vermengen.

Engels, 1892

Das nahende neue Jahrhundert wird das Proletariat zum Siege führen

Gruß und langes Leben Eurer Zeitung [»Critica Sociale«], dem Organ der sizilianischen Arbeiter, Gruß Eurer sich reorganisierenden Partei!

Die Natur hat aus Sizilien ein irdisches Paradies gemacht; dies war für die in gegensätzliche Klassen gespaltene menschliche Gesellschaft Grund genug, um daraus eine Hölle zu machen.

Die griechisch-römische Antike hat Sizilien zur Ausbeutung der großen Landgüter und Minen die Sklaverei beschert.

Das Mittelalter setzte an die Stelle der Sklaverei die Leibeigenschaft und den Feudalismus.

Die moderne Epoche, die behauptet, diese Fesseln gesprengt zu haben, hat in Wirklichkeit nur deren Form verändert. Sie hat diese alten Knechtschaftsformen nicht nur konserviert, sondern ihnen noch eine neue Form der Ausbeutung, die grausamste, die erbarmungsloseste von allen, hinzugefügt – die kapitalistische Ausbeutung.

Die antiken Dichter Siziliens, Theokrit und Moschos, haben das idyllische Leben der Hirtensklaven, ihrer Zeitgenossen, besungen. Zweifelsohne waren das poetische Träume. Aber wo ist ein moderner Dichter, der so vermessen wäre, das idyllische Leben der »freien« Arbeiter des heutigen Siziliens zu besingen? Wären die Bauern dieser Insel nicht glücklich, wenn sie ihre Parzellen unter den drückenden Bedingungen selbst des römischen Systems der Halbpacht bebauen könnten? Dahin hat das kapitalistische System geführt: die freien Menschen betrauern die Sklaverei der Vergangenheit!

Aber sie mögen frischen Mut fassen. Die Morgenröte einer neuen und besseren Gesellschaft steigt für die unterdrückten Klassen aller Länder leuchtend empor. Und überall schließen die Unterdrückten ihre Reihen; überall reichen sie sich über die Grenzen, über die verschiedenen Sprachen hinweg die Hand. Es formiert sich das Heer des internationalen Proletariats, und das nahende neue Jahrhundert wird es zum Siege führen!

1894 *F. Engels*

Anhang

S. 6 Klassischer Journalismus. Die Meisterwerke der Zeitung. Ges. u. hrsg. von Egon Erwin Kisch, München 1974, S. 125.

S. 6 [Karl Marx:] Die Verhandlungen des 6. rheinischen Landtags. Erster Artikel. Debatten über Preßfreiheit und Publikation der Landständischen Verhandlungen. In: Karl Marx/Friedrich Engels: Werke (im folgenden: MEW), Bd. 1, S. 71.

S. 6 [Karl Marx:] [Das Verbot der »Leipziger Allgemeinen Zeitung«]. In: MEW, Bd. 1, S. 154.

S. 7 [Karl Marx:] Verhandlungen des 6. rheinischen Landtags. Dritter Artikel. Debatten über das Holzdiebstahlsgesetz. In: MEW, Bd. 1, S. 115.

S. 7 Graf von Arnim an den Regierungspräsidenten von Gerlach, 21. Januar 1843. In: Rheinische Briefe und Akten zur Geschichte der politischen Bewegung 1830–1850. Ges. u. hrsg. von Joseph Hansen, Erster Bd. 1830–1845, Essen 1919, S. 404.

S. 7 Karl Marx: Erklärung. In: MEW, Bd. 1, S. 200.

S. 7 Karl Marx: Zur Kritik der Hegelschen Rechtsphilosophie. Einleitung. In: MEW, Bd. 1, S. 380.

S. 8 Friedrich Engels: Marx und die »Neue Rheinische Zeitung« 1848–49. In: MEW, Bd. 21, S. 18.

S. 9 Ebenda, S. 19.

S. 10 W. I. Lenin: Über die provisorische revolutionäre Regierung. In: Werke, Bd. 8, S. 467.

S. 13 [Karl Marx:] Bemerkungen über die neueste preußische Zensurinstruktion. In: MEW, Bd. 1, S. 27.

S. 13 [Karl Marx:] Die Verhandlungen des 6. rheinischen Landtags. Erster Artikel. In: MEW, Bd. 1, S. 60.

S. 13 Karl Marx: [Das Verbot der »Leipziger Allgemeinen Zeitung«]. In: MEW, Bd. 1, S. 153.

S. 14 Engels an Arnold Ruge, 26. Juli 1842. In: MEW, Bd. 27, S. 408.

S. 15 Friedrich Engels: Die Kommunisten und Karl Heinzen. In: MEW, Bd. 4, S. 312.

S. 15 Engels an Marx, 22.–26. Februar und 7. März 1845. In: MEW, Bd. 27, S. 21.

S. 16 Wilhelm von Saint-Paul an Bitter, 2. März 1843. In: Marx-Engels-Jahrbuch 1, Berlin 1978, S. 364.

S. 16 Wilhelm Liebknecht: Karl Marx zum Gedächtnis. Ein Lebensabriß und Erinnerungen. In: Mohr und General. Erinnerungen an Marx und Engels, Berlin 1983, S. 68.

S. 16 Engels an Conrad Schmidt, 9. Dezember 1889. In: MEW, Bd. 37, S. 324.

S. 17 Friedrich Engels: [Abschiedsbrief an die Leser des »Sozialdemokrat«]. In: MEW, Bd. 22, S. 76/77.

S. 17 Karl Marx/Friedrich Engels: [Zirkularbrief an Bebel, Liebknecht, Bracke u. a.]. In: MEW, Bd. 19, S. 165/166.

S. 18 Engels an Eduard Bernstein, 18. Januar 1883. In: MEW, Bd. 35, S. 425.

S. 18 Engels an Eduard Bernstein, 12. März 1881. In: MEW, Bd. 35, S. 171.

S. 18 Engels an Eduard Bernstein, 2. Februar 1881. In: MEW, Bd. 35, S. 153.

S. 19 Engels an Conrad Schmidt, 5. August 1890. In: MEW, Bd. 37, S. 437.

S. 19 Marx an Engels, 13. Februar 1866. In: MEW, Bd. 31, S. 179.

S. 20 Wilhelm Liebknecht: Karl Marx zum Gedächtnis. In: Mohr und General, S. 60 u. 62/63.

S. 21 Friedrich Engels. In: Neue Revue (Wien), 14. August 1895. Abgedruckt in: Ihre Namen leben durch die Jahrhunderte fort. Kondolenzen und Nekrologe zum Tode von Karl Marx und Friedrich Engels, Berlin 1983, S. 417. (Rechtschreibung und Zeichensetzung wurden modernisiert.)

S. 21 Engels an Johann Philipp Becker, 22. Mai 1883. In: MEW, Bd. 36, S. 28.

S. 23 Engels an Eduard Bernstein, 26. Juni 1882. In: MEW, Bd. 35, S. 340.

S. 24 Wilhelm Liebknecht: Karl Marx zum Gedächtnis. In: Mohr und General, S. 61.

S. 24 Marx an Engels, 9. April 1863. In: MEW, Bd. 30, S. 343.

S. 24 Marx an Adolf Cluß, Mitte Oktober 1853. In: MEW, Bd. 28, S. 596.

S. 24 Friedrich Engels: Wie man Marx nicht übersetzen soll. In: MEW, Bd. 21, S. 230.

S. 27 Die *Thymele* ist der erhöhte Raum in der Orchestra. *Orchestra* ist der Spiel- und Aktionsraum für den Chor im altgriechischen Theater.

S. 31 König Charles I. aus dem Hause Stuart wurde während der englischen bürgerlichen Revolution am 30. Januar 1649 und König Louis XVI. aus dem Hause Bourbon während der Französischen Revolution am 21. Januar 1793 hingerichtet.

S. 34 Die *historische Rechtsschule* war eine reaktionäre Richtung in der Geschichts- und Rechtswissenschaft, die in Deutschland Ende des 18. Jahrhunderts aufkam.

S. 39 Johann Wolfgang von Goethe: Faust. Der Tragödie erster Teil, Studierzimmer.

S. 40 William Shakespeare: Timon von Athen. 4. Aufzug, 3. Szene.

S. 46 *Blaubücher* (Blue books) wurden nach der Farbe ihres Umschlags die englischen Parlamentsdrucksachen genannt, von denen die Untersuchungsberichte der Fabrikinspektoren eine wichtige Quelle für Engels' »Lage der arbeitenden Klasse in England« und für Marx' »Kapital« bildeten.

S. 47 Die Versammlungen in Elberfeld, in denen Friedrich Engels, Moses Heß und Gustav Adolph Köttgen einem größeren Hörerkreis ihre kommunistischen Ideen vortrugen, fanden am 8. und 15. Februar 1845 statt. Eine weitere Versammlung folgte am 22. Februar.

S. 54 Gemeint ist Lorenz Stein: Der Socialismus und Communismus des heutigen Frankreichs. Ein Beitrag zur Zeitgeschichte, Leipzig 1842.

S. 60 Die Kapuzinermönche waren für ihre eindringlichen Strafpredigten bekannt; donnernde Strafreden wurden deshalb *Kapuzinaden* oder *Kapuzinerpredigten* genannt.

S. 60 Engels zitiert hier frei nach Ludwig I., König von Bayern: Gedichte. Th. 3, München 1839. – Die Gedichte Ludwigs I. sind ein Muster für inhaltlose und gekünstelte Poesie.

S. 62 Als Antwort auf den Staatsstreichversuch des französischen Königs Charles X. vom 26. Juli 1830 kam es zu einem spontanen Aufstand der Pariser Arbeiter und Kleinbürger vom 27. bis 29. Juli 1830. Der König mußte abdanken, die Finanzbourgeoisie übernahm die Macht und herrschte durch den »Bürgerkönig« Louis-Philippe.

S. 62 Die Karbonari *(Carbonari-Venten)* waren Anhänger eines revolutionären Geheimbundes (Carbonaria), der im ersten Drittel des 19. Jahrhunderts in Italien zunächst gegen die französische Fremdherrschaft, dann für die Einheit, Unabhängigkeit und Freiheit Italiens kämpfte.

Nach seinem Vorbild entstanden in Frankreich nach 1820 ähnliche Geheimgesellschaften. Sie stellten sich die Aufgabe, die Bourbonenmonarchie zu stürzen. Nach dem Mißlingen einer Verschwörung 1822 stellten die Karbonari faktisch ihre Tätigkeit ein.

S. 65 Unter der Losung des *Freihandels* – des freien Binnen- und Außenhandels, der durch keine staatlichen Maßnahmen wie Zölle, Steuern, Verbote behindert wird –, kämpfte die industrielle Bourgeoisie Großbritanniens Mitte des 19. Jahrhunderts für die Schaffung des nationalen Marktes und des kapitalistischen Weltmarktes.

S. 66 Die *Chartisten*bewegung entwickelte sich in Großbritannien zwischen Mitte der dreißiger und Ende der fünfziger Jahre des 19. Jahrhunderts zur ersten großen politischen proletarisch-revolutionären Klassenorganisation. Sie erstrebte die politische Herrschaft der Arbeiter durch das allgemeine Wahlrecht und zunehmend soziale Errungenschaften wie höhere Löhne, Zehnstundentag, Arbeitsschutzgesetze, gewerkschaftliche Rechte. Marx und Engels arbeiteten mit linken Führern der Chartisten eng zusammen und versuchten vergeblich, die Bewegung zu einer revolutionären Partei weiterzuentwickeln.

S. 79 Heinrich Heine: Ritter Olaf. Romanze.

S. 80 Ferdinand Raimund: Das Mädchen aus der Feenwelt oder der Bauer als Millionär. II. Akt, 6. Szene. In: Dramatische Werke in 3 Bänden, hrsg. von Leopold Rosner, Berlin — Leipzig 1903.

S. 80 Am *30. März* 1848 begann das am Vortage gebildete Ministerium Camphausen, in dessen Regierungszeit die blutige Niederschlagung des polnischen Aufstandes in Posen (Poznań) fiel, seine Tätigkeit.

S. 81 Heinrich Heine: Deutschland. Ein Wintermärchen. Caput XXIV.

S. 81 Gemeint ist die Junirevolution oder Junischlacht, der heroische Aufstand der Pariser Arbeiter vom 23. bis 26. Juni 1848, der durch das konterrevolutionäre Vorgehen der Großbourgeoisie gegen die Arbeiterbewegung provoziert wurde. Die blutige Niederschlagung des Aufstandes schwächte die revolutionären Kräfte in Europa.

S. 81 Die französische *Februarrevolution*, die vom 22. bis 24. Februar 1848 in Paris losbrach, entfesselte die europäische Revolutionsbewegung.

S. 82 *Legitimisten* nannten sich die Anhänger der »legitimen« Bourbonendynastie, die in Frankreich von 1589 bis 1793 und während der Restaurationszeit von 1814 bis 1830 an der Macht war. Sie vertraten die Interessen des erblichen Großgrundbesitzes.

S. 86 Nachdem das holländische Volk, geführt vom republikanischen Teil der Bourgeoisie, 1785 den Statthalter Wilhelm von Oranien aus dem Lande gejagt hatte, wurde 1787 seine Macht mit Hilfe preußischer Truppen wiederhergestellt.

S. 86 Frankreich rückte 1823 mit einem Heer von 100 000 Mann im Auftrag der Heiligen Allianz in

Spanien ein, stürzte die dortige liberale Regierung und unterstützte die Errichtung einer Schreckensherrschaft der Reaktion.

S. 86 Am 9. *Thermidor* (27. Juli) 1794, im 11. Monat des französischen Revolutionskalenders, wurde die Jakobinerdiktatur gestürzt und damit die aufsteigende Phase der Französischen Revolution beendet.

S. 86 Im Freistaat Krakau (Kraków) brach im Februar 1846 ein Aufstand aus, der nach kurzzeitigem Erfolg durch Truppen Österreichs, Preußens und Rußlands unterdrückt wurde. Durch gemeinsamen Vertrag dieser Staaten wurde Krakau im November 1846 dem österreichischen Kaiserreich einverleibt.

S. 88 Die *Frankfurter Nationalversammlung*, die im Gefolge der Märzrevolution erste vom Volk gewählte gesamtdeutsche parlamentarische Körperschaft, tagte seit dem 18. Mai 1848 in der Paulskirche in Frankfurt (Main). In ihr hatten die gemäßigten Liberalen die Mehrheit. Durch Unentschlossenheit, Feigheit und den Verzicht auf eine ihr unterstehende bewaffnete Macht leistete die liberale Bourgeoisie den feudalreaktionären Kräften Vorschub.

S. 88 Im Großherzogtum Posen (Poznán) brach nach der Märzrevolution 1848 ein Aufstand der Polen für ihre Befreiung vom preußischen Joch aus, der von Preußen durch Betrug und militärische Gewalt im Mai 1848 unterdrückt wurde.

S. 88 Mit den *sieben Teilungen Polens* meint Engels die drei Teilungen in den Jahren 1772, 1792/1793 und 1794/1795, die Schaffung des Großherzogtums Warschau durch Napoleon 1807, ferner die Beschlüsse des Wiener Kongresses 1814/1815, die Annexion des Freistaates Krakau (Kraków) durch Österreich 1846 und die Einverleibung des überwiegenden Teils des Großherzogtums Posen (Poznań) durch Preußen im Jahre 1848, die sich in vier Etappen (14. und 22. April, 2. Mai und 4. Juni) vollzog und vom Bundestag und der Frankfurter Nationalversammlung sanktioniert wurde.

S. 90 Die *Heilige Allianz* war ein auf Initiative von Zar Alexander I. am 26. September 1815 geschlossenes Bündnis zwischen Rußland, Österreich und Preußen zur Aufrechterhaltung der monarchischen Ordnung und des vom Wiener Kongreß geschaffenen staatlichen Systems in Europa. Diesem konterrevolutionären Bund gegen alle fortschrittlichen Bewegungen schlossen sich fast alle europäischen Staaten an.

S. 92 Die polnische *Konstitution* vom 3. Mai *1791* brachte die Bestrebungen des progressiven Teils des polnischen Adels und der städtischen Bourgeoisie zum Ausdruck. Sie beschränkte weitgehend die Macht der Aristokratie, festigte die Zentralmacht und war nach der Verfassung der Französischen Republik die fortschrittlichste Verfassung Europas. Doch wurde sie bereits 1792/1793 durch das Eingreifen Rußlands und Preußens beseitigt.

S. 92 Siehe die vierte Anmerkung zu S. 86.

S. 93 Kroaten stellten im kaiserlich-österreichischen Heer ursprünglich vornehmlich die Angehörigen der leichten Reiterei und Infanterie. Sie wurden in starkem Maße zur Niederschlagung des revolutionären Wiens und der ungarischen Revolution 1849 eingesetzt.

S. 93 *Oktoberrevolution* – gemeint ist der zunächst siegreiche Volksaufstand in Wien am 6. Oktober 1848, der den Kaiser zur Flucht zwang. Nach heftigen Kämpfen erlagen die revolutionären Arbeiter, Studenten und Kleinbürger am 31. Oktober den übermächtigen Regierungstruppen unter dem Kommando von Windischgrätz.

S. 93 Die *Akademische Legion*, die aus Studenten der Wiener Universität bestand, war die radikalste der bürgerlichen militärischen Organisationen.

S. 94 Siehe die zweite Anmerkung zu S. 81.

S. 95 Die Mobilgarde *(Mobile)* wurde durch ein Dekret der französischen bürgerlichen provisorischen Regierung am 25. Februar 1848 zum Kampf gegen die revolutionären Volksmassen geschaffen. Diese

Truppe bestand hauptsächlich aus Lumpenproletariern und wurde zur Unterdrückung der Pariser Junirevolution 1848 eingesetzt.

S. 95 Als *Lazzaroni* bezeichnete man bis zur Mitte des 19. Jahrhunderts ursprünglich nur das städtische Lumpenproletariat in Süditalien, dann allgemein das häufig für konterrevolutionäre Ziele mobilisierte Lumpenproletariat.

S. 96 Siehe die zweite Anmerkung zu S. 93.

S. 96 Siehe die dritte Anmerkung zu S. 81.

S. 96 Siehe die zweite Anmerkung zu S. 81.

S. 96 Siehe die zweite Anmerkung zu S. 95.

S. 96 Siehe die dritte Anmerkung zu S. 93.

S. 97 Am 18. *März* 1848 erfolgte in Berlin der siegreiche bewaffnete Aufstand, der die bürgerlich-demokratische Revolution von 1848/49 in Deutschland einleitete.

S. 97 Friedrich Schiller: Die Jungfrau von Orleans. Eine romantische Tragödie. III. Aufzug, 6. Auftritt.

S. 98 William Shakespeare: Troilus und Cressida. III. Aufzug, 3. Szene.

S. 98 Am 3. November 1848 schrieb die »Kölnische Zeitung« über einen imaginären afrikanischen Stamm der »Hyghlans«, eine Zwischenform zwischen Mensch und Affe, und behauptete, sie erlernten die arabische Sprache. Die »Neue Rheinische Zeitung« glossierte am 5. November diese Mitteilung.

S. 98 Im Dezember 1848 mußten in Frankreich laut Verfassung Präsidentschaftswahlen stattfinden. Im Ergebnis der Wahlen vom 10. Dezember wurde Louis Bonaparte Präsident der Republik.

S. 100 Der erste Vereinigte Landtag des Königreichs Preußen tagte vom 11. April bis 26. Juni 1847, der zweite vom 2. bis 10. April 1848 in Berlin.

S. 100 Siehe die erste Anmerkung zu S. 97.

S. 102 Siehe die dritte Anmerkung zu S. 81.

S. 109 Abgewandeltes Zitat aus William Shakespeares Komödie »Wie es euch gefällt«, II. Aufzug, 7. Szene. In der Übersetzung von August Wilhelm Schlegel lautet die Zeile: »Ohn' Augen, ohne Zahn, Geschmack und alles«.

S. 109 Anspielung auf Camphausen, der in früheren Jahren mit Fetten und Getreide handelte, und auf Hansemann, der seine Tätigkeit als *Wollhändler* begann.

S. 110 Gemeint ist Prinz Wilhelm von Preußen, später Kaiser Wilhelm I., einer der Anführer der reaktionären Hofkamarilla, der während der Berliner Märzkämpfe 1848 aus Furcht vor dem Volk nach England floh. Die Regierung Camphausen betrieb seit Anfang Mai seine Rückberufung und gab die Flucht als Studienreise aus.

S. 110 In der Gestalt des *Bourgeois gentilhomme* charakterisiert Jean-Baptiste Molière in seiner Komödie »Le bourgeois gentilhomme« (»Der Bürger als Edelmann«) einen eitlen und tölpelhaften reichen Bürger, dessen größtes Lebensziel die Erwerbung eines Adelstitels ist.

S. 112 Der *Wohlfahrtsausschuß* war ein während der Französischen Revolution am 6. April 1793 gebildeter Ausschuß des Konvents, der während der Jakobinerdiktatur faktisch die Regierung darstellte. Er hatte wesentlichen Anteil an der Schaffung und Sicherung der revolutionär-demokratischen Diktatur sowie an der Niederschlagung der inneren und äußeren Konterrevolution. 1794 wurde er entmachtet, 1795 aufgelöst.

S. 113 *Schwarz* und *gelb* waren die Farben der kaiserlich-österreichischen Staatsflagge.

S. 113 *Sereschaner* (Rotmäntel) hießen die seit 1700 den österreichischen Grenzregimentern beigegebenen berittenen Sondertruppen für Erkundungen und den kleinen Krieg zur Abwehr türkischer Übergriffe. Sie waren mit rotem Mantel und roter Kappe bekleidet und für ihre besondere Grausamkeit bekannt.

S. 117 Siehe die dritte Anmerkung zu S. 81.

S. 117 Am 25. September 1848 verhafteten die Kölner Behörden mehrere Funktionäre der Arbeiterbewegung in Köln, um eine Erhebung zu provozieren. Am 26. September verhängten sie den Belagerungszustand über die Stadt. Engels, Moll und andere waren gezwungen, ins Ausland zu emigrieren.

S. 118 Siehe Georg Wilhelm Friedrich Hegel: Vorlesungen über die Philosophie der Geschichte. Hrsg. von Eduard Gans. In: Werke. Vollst. Ausg. durch einen Verein von Freunden des Verewigten, Bd. 9, Berlin 1837, S. 323.

S. 118 *Montagne* (Berg) nannte man die den radikalen Flügel repräsentierenden Jakobiner in der Nationalversammlung der Französischen Revolution, weil sie die am höchsten gelegenen Sitze innehatten. In den Jahren 1848 bis 1851 trug die kleinbürgerliche radikaldemokratische Partei, geführt von Ledru-Rollin, diese Bezeichnung.

S. 118 Am 18. *Brumaire* des Jahres VIII (9. November 1799), im 2. Monat des französischen Revolutionskalenders, stürzte Napoleon (der *Onkel*) das Direktorium durch einen Staatsstreich und machte sich unter dem Titel des Ersten Konsuls zum Diktator. Mit der *zweiten Auflage des achtzehnten Brumaire* meint Marx den Staatsstreich Louis Bonapartes (des *Neffen*) vom 2. Dezember 1851.

S. 121 *Hic Rhodus, hic salta!* heißt es in einer Fabel Äsops, in der ein Prahler behauptet, er habe einst in Rhodos einen gewaltigen Sprung getan. Ihm wurde erwidert: Hier ist Rhodos, hier springe! – Hegel variierte dieses Zitat im Vorwort zu seinem Buch »Grundlinien der Philosophie des Rechts«, indem er schrieb: Hier ist die Rose, hier tanze! (Rhodos ist das griechische Wort für Rose.)

S. 121 Girondisten *(Girondins)* nannte man in der Französischen Revolution die gemäßigten Republikaner, die die Interessen der Groß- und mittleren Bourgeoisie vertraten. Sie regierten vom 10. August 1792, dem Sturm auf die Tuilerien, bis zum 2. Juni 1793, dem Machtantritt der Jakobiner. Ihr Name war dem Departement Gironde entlehnt, aus dem einige ihrer bekanntesten Führer kamen.

S. 122 Siehe die zweite Anmerkung zu S. 81.

S. 122 Siehe die dritte Anmerkung zu S. 81.

S. 123 Das Kölner Schwurgericht verurteilte am 12. November 1852 zum Abschluß des sogenannten Kommunistenprozesses sieben der angeklagten Mitglieder des Bundes der Kommunisten zu Festungshaft zwischen drei und sechs Jahren.

S. 125 Die Londoner *Industrieausstellung*, die erste internationale Handels- und Industrieausstellung, fand vom Mai bis Oktober 1851 statt.

S. 125 Im September 1851 wurden in Paris Mitglieder des Sonderbundes Willich-Schapper verhaftet, der sich im September 1850 vom Bund der Kommunisten abgespaltet hatte und eine kleinbürgerliche, verschwörerische Taktik verfolgte. Das gab der französischen und preußischen Polizei die Möglichkeit, mit Hilfe des Provokateurs Julien Cherval das sogenannte *deutsch-französische Komplott* zu konstruieren und Anklage wegen angeblicher Vorbereitung eines Staatsstreiches zu erheben.

S. 127 Die *Friedensgesellschaft* war eine bürgerlich-pazifistische Organisation, die 1816 in London von der Religionsgemeinschaft der Quäker gegründet wurde.

S. 129 Der *Tempel des Dschagannat* (Juggernaut) in Orissa (Ostindien) war Mittelpunkt von Massenwallfahrten der hinduistischen Gläubigen. Die Tempelpriester erfreuten sich des Schutzes der britischen Ostindischen Kompanie und zogen aus den Wallfahrten und der Prostitution der im Tempel lebenden Frauen Riesengewinne.

S. 132 Siehe die erste Anmerkung zu S. 109.

S. 134 Die Whigs waren eine in England im 17. Jahrhundert entstandene antifeudale politische Gruppierung, die 1832 mit Unterstützung der Arbeiterklasse die erste Parlamentsreform durchsetzen konnte. Sie bildeten dann die Liberale Partei.

S. 134 Siehe die zweite Anmerkung zu S. 62.

S. 136 Siehe Anmerkung zu S. 65.

S. 137 *Korngesetze* nannte man die 1815 im Interesse der großen Grundbesitzer eingeführten Schutzzollgesetze, die auf eine Beschränkung oder das Verbot der Getreideeinfuhr aus dem Ausland gerichtet waren. Sie wurden 1846 auf Drängen der industriellen Bourgeoisie und der Arbeiterklasse abgeschafft.

S. 143 Als *Dissidenten* (Dissenters) bezeichnete man die Anhänger religiöser Strömungen und Sekten, die von den Dogmen der offiziellen anglikanischen Kirche abwichen.

S. 143 Gemeint ist das Unterhaus des britischen Parlaments, das House of Commons (Haus der Gemeinen).

S. 144 Gemeint ist der Krimkrieg, den Rußland von 1853 bis 1856 gegen die Türkei, seit 1854 auch gegen Großbritannien und Frankreich sowie seit 1855 gegen Sardinien um die Vorherrschaft in Nahen Osten führte und der mit einer Niederlage Rußlands endete.

S. 145 Siehe Anmerkung zu S. 66.

S. 147 Gemeint ist ein unverständliches Stimmengewirr, abgeleitet von der Geschichte über die Sprachverwirrung beim Turmbau zu Babel.

S. 155 Siehe Anmerkung zu S. 66.

S. 156 Die *Zehnstundenbill*, das Gesetz über den zehnstündigen Arbeitstag, das sich allerdings zunächst nur auf Jugendliche und Arbeiterinnen erstreckte, wurde am 8. Juni 1847 vom britischen Parlament angenommen.

S. 158 Siehe die zweite Anmerkung zu S. 143.

S. 159 Ende 1861 und Anfang 1862 traten die englischen Arbeiter während des Nordamerikanischen Bürgerkrieges gegen eine Einmischung der englischen Regierung in den Krieg zugunsten der sklavenhaltenden Südstaaten auf. Durch Massenproteste gegen die Kriegsvorbereitungen verhinderten sie eine europäische Intervention.

S. 162 Die *Reformbill von 1832*, ein Gesetz zur Reform des Wahlrechts, ordnete die Wahlkreise im Interesse der Industriebourgeoisie neu, setzte aber den Wahlzensus nur so unwesentlich herab, daß knapp 5 Prozent der Bevölkerung wahlberechtigt wurden, die Masse der Werktätigen jedoch weiter ohne politischen Einfluß blieb.

S. 162 Siehe die erste Anmerkung zu S. 62.

S. 163 Als *»eigentümliche Einrichtung«* bezeichnete Stephens, der Vizepräsident der Konföderation der Südstaaten, das Sklavenhaltersystem in seiner Rede auf dem Sezessionskongreß im Jahre 1861.

S. 164 In seiner Rede am 25. Oktober 1858 auf dem Meeting in Rochester sprach Seward über den *»unabwendbaren Konflikt«*, der seiner Ansicht nach die Vereinigten Staaten entweder in eine »Sklavenhalternation« oder in eine »Nation der freien Arbeit« verwandeln mußte. Am Tage der Ermordung Lincolns wurde auch auf Seward ein Anschlag verübt, bei dem er und sein Sohn verwundet wurden.

S. 165 Als Antwort auf die von der Konföderation der Südstaaten begonnenen Kriegshandlungen rief die Regierung Lincoln am 15. April 1861 75 000 Freiwillige zum Kriegsdienst auf. Sie glaubte, den Konflikt innerhalb von drei Monaten, also *neunzig Tagen*, beenden zu können. Tatsächlich dauerte der Bürgerkrieg in den USA bis 1865.

S. 165 Als *Hundertjährigen Krieg* bezeichnet man den mit kurzen Unterbrechungen von 1337 bis 1453 dauernden Kampf zwischen England und Frankreich, der vor allem um die englischen Besitzungen in Frankreich und um die Herrschaft über Flandern geführt wurde. Als *dreiundzwanzigjähriger Krieg* galten die Kriege der verschiedenen europäischen Koalitionen gegen die Französische Republik und das napoleonische Frankreich von 1792 bis 1815.

S. 168 Constantin Pecqueur: Théorie nouvelle d'économie sociale et politique, ou études sur l'organisation des sociétés, Paris 1842, p. 435.

S. 172 In einigen bürgerlichen Staaten schrieb das Gesetz vor, daß, bevor Demonstrationen, Versammlungen usw. von Polizei oder Militär auseinandergetrieben wurden, eine dreimalige Aufforderung – *les sommations préalables* (die vorherigen Aufforderungen) – an die Massen zum Auseinandergehen zu erfolgen habe.

S. 173 Kurz nach der bürgerlichen Revolution von 1830 in Belgien und dessen Lostrennung von Holland wurde Belgien gemäß dem Protokoll der Londoner Konferenz der fünf Großmächte England, Frankreich, Rußland, Österreich und Preußen im Januar 1831 zu einem *neutralen Land* erklärt.

S. 174 Die *Thugs* waren Mitglieder einer religiösen indischen Sekte, die Ritualmorde beging. In der europäischen Literatur des 19. Jahrhunderts wurde dieser Ausdruck häufig zur Bezeichnung professioneller Räuber und Mörder verwandt.

S. 175 Siehe die erste Anmerkung zu S. 60.

S. 175 Wenn die Freiheit ihre Reise um die Welt macht, braucht sie nicht hier (durch Belgien) durchzukommen – mit diesen Worten antwortete Delfosse, Deputierter des belgischen Parlaments, in der Sitzung der Kammer am 1. März 1848 auf die Bemerkung, daß die Ideen der französischen Februarrevolution von 1848 die ganze Welt umfliegen werden.

S. 175 Am 2. Dezember 1851 führte Louis Bonaparte einen Staatsstreich durch, der dem bonapartistischen Regime des Zweiten Kaiserreichs zur Macht verhalf.

S. 177 Gemeint ist die »Gesellschaft vom 10. Dezember«, eine 1849 geschaffene und in geheimen Sektionen organisierte bonapartistische Vereinigung, deren Kern das Pariser Lumpenproletariat bildete. Am 15. Juli 1870 organisierten die Bonapartisten mit Hilfe der Polizei zur Unterstützung der Eroberungspläne Napoleons III. eine chauvinistische Kundgebung in Paris.

S. 178 Die *Schlacht bei Sadowa*, auch Schlacht bei Königgrätz genannt, entschied am 3. Juli 1866 Preußens Sieg im Preußisch-Österreichischen Krieg.

S. 180 Die Beschlüsse wurden veröffentlicht im »Volksstaat« (Leipzig), vom 20. Juli 1870.

S. 182 In den Schlachten bei *Jena* am 14. Oktober 1806 und am selben Tage bei Auerstedt wurde die preußische Armee von französischen Truppen vernichtend geschlagen. Diese Schlachten führten zur Kapitulation Preußens vor Napoleon I.

S. 184 Die *Nationalgarde* wurde in Frankreich nach dem Gesetz von 1868 in *mobile* und *sedentäre* (ansässige) unterteilt. Zu Beginn des Deutsch-Französischen Krieges 1870/71 war die Formierung der Nationalgarde noch in den Anfängen.

S. 185 *Demagogen* nannte die deutsche Reaktion die Vertreter der fortschrittlichen liberal-demokratischen Bewegung unter der deutschen Intelligenz und den Studenten. Diese Bewegung setzte nach den Befreiungskriegen von 1813 bis 1815 gegen das napoleonische Frankreich ein, richtete sich gegen die feudale Reaktion in den deutschen Staaten und forderte die Einigung Deutschlands.

S. 186 Georg Heinrich Pertz: Das Leben des Feldmarschalls Grafen Neithardt von Gneisenau. Zweiter Bd.: 1810 bis 1813, Berlin 1865, S. 535/536.

S. 187 Mit *»Augsburger Kampagne«* bezeichnete Marx in seiner Streitschrift »Herr Vogt« von 1860 das gerichtliche Vorgehen Vogts gegen die Augsburger »Allgemeine Zeitung«, die von Vogt wegen des Abdrucks des Flugblattes »Zur Warnung« verklagt worden war. Das Flugblatt entlarvte Vogt aufgrund seiner Schrift »Studien zur gegenwärtigen Lage Europas«, 1859, als bonapartistischen Agenten. Vogts Antrag wurde vom Gericht abgelehnt. Daraufhin veröffentlichte Vogt seine Schmähschrift »Mein Prozeß gegen die ›Allgemeine Zeitung‹ «, in der er die proletarischen Revolutionäre, insbesondere Marx, verleumdete. Die Antwort darauf war Marx' Pamphlet »Herr Vogt«.

S. 188 Der Ausdruck *Schwefelbande* wurde im 19. Jahrhundert synonym für Spitzbubengesindel gebraucht. Vogt wollte 1859 in seiner Schrift »Mein Prozeß gegen die ›Allgemeine Zeitung‹« mit diesem Ausdruck die proletarischen Revolutionäre, die Anhänger von Marx, diskreditieren. 1849/1850 hatten sich im Schweizer Exil einige aus Deutschland geflüchtete Revolutionäre, unter ihnen Borkheim, zeitweilig auch Liebknecht, in Genf zu einer Gruppe zusammengetan, die sich ironisch »Schwefelbande« nannte.

S. 191 Gemeint ist der Norddeutsche Bund, der 1867 unter Führung Preußens nach seinem Sieg im Preußisch-Österreichischen Krieg anstelle des auseinandergefallenen Deutschen Bundes gebildet wurde. In ihm waren neunzehn deutsche Staaten und drei Freie Städte vereinigt.

S. 193 Papiers et correspondance de la famille impériale, t. 2, Paris 1871, p. 161.

S. 195 1832 ließ Thiers, damals Minister des Inneren, die Herzogin von Berry, die Mutter des Thronprätendenten der Legitimisten, des Grafen Chambord, verhaften und sie im Gefängnis zwangsweise einer ärztlichen Untersuchung unterziehen. Man wollte ihre geheime Ehe mit einem neapolitanischen Adligen und ihre Schwangerschaft benutzen, um sie politisch zu kompromittieren.

S. 196 Journal Officiel de la République française (Paris), vom 11. April 1871.

S. 197 Im *Januar 1848* beschossen die neapolitanischen Truppen Ferdinands II., der später wegen seiner rücksichtslosen Bombardierung von Messina im Herbst desselben Jahres den Schmähnamen König Bomba erhielt, die Stadt Palermo, wo ein Volksaufstand ausgebrochen war.

S. 197 Le Moniteur universel (Paris), vom 1. Februar 1848.

S. 197 Im April 1849 sandte die französische Regierung im Bündnis mit Österreich und Neapel ein Expeditionskorps nach Italien, um die Römische Republik zu beseitigen und die weltliche Macht des Papstes wiederherzustellen. Nach der Belagerung Roms, das von den französischen Truppen grausam bombardiert worden war, wurde die Römische Republik trotz heroischen Widerstandes gestürzt und Rom von französischen Truppen besetzt.

S. 197 Siehe die dritte Anmerkung zu S. 81.

S. 198 Le Moniteur universel (Paris), vom 3. Februar 1848.

S. 198 Siehe die zweite Anmerkung zu S. 81.

S. 198 *Ordnungspartei* (Parti de l'ordre) nannte sich die Koalition der zwei monarchischen Fraktionen in Frankreich, der Legitimisten und der Orleanisten, die die Interessen der konservativen Großbourgeoisie vertrat und zwischen 1849 und 1851 bedeutenden Einfluß auf die Regierung hatte.

S. 199 Durch die *Londoner Konvention von 1841*, abgeschlossen von Rußland, England, Frankreich, Österreich und Preußen einerseits, der Türkei andererseits, wurden die Schwarzmeerengen für die Durchfahrt aller ausländischen Kriegsschiffe in Friedenszeiten gesperrt.

S. 199 Gemeint ist die revolutionäre Erhebung der Pariser Werktätigen gegen die großbürgerliche Regierung Thiers am 18. März 1871, die am 28. März zur Proklamierung der Pariser Kommune, dem ersten Versuch einer proletarischen Staatsmacht, führte; nach heldenhaftem Widerstand erlag die Kommune am 28. Mai der Übermacht der von Bismarck unterstützten konterrevolutionären Regierungstruppen.

S. 199 Um das revolutionäre Paris der Kommune schneller überwältigen zu können, erbat Thiers von Bismarck mit Erfolg die beschleunigte Entlassung Zehntausender französischer Kriegsgefangener, mit denen er die konterrevolutionäre Versailler Armee verstärkte. Die meisten dieser Kriegsgefangenen stammten aus den Armeen, die bei Sedan und Metz kapituliert hatten.

S. 201 Siehe die zweite Anmerkung zu S. 81.

S. 201 Siehe die zweite Anmerkung zu S. 199.

S. 201 Die Regierungszeiten des *Sulla* (82–79 v. u. Z.) sowie des ersten (60–53 v. u. Z.) und zweiten (43–36 v. u. Z.) *Triumvirats* waren durch blutige Massenverfolgungen der politischen Gegner gekennzeichnet und beschleunigten den Untergang der Römischen Republik.

S. 202 *Mitrailleusen* sind die von Frankreich 1870/71 eingesetzten mehrläufigen Maschinenwaffen von Gewehrkaliber. Sie waren die Vorläufer des Maschinengewehrs.

S. 202 Marx zitiert Thiers' Worte, veröffentlicht in: Annales de l'Assemblée nationale, t. 3, Paris 1871, p. 109.

S. 203 Im August 1814, während des Krieges zwischen England und den USA, brannten britische Truppen, nachdem sie Washington eingenommen hatten, das *Kapitol*, das Weiße Haus und andere öffentliche Gebäude nieder. Als England und Frankreich von 1857 bis 1860 einen kolonialen Eroberungskrieg gegen China führten, raubten die Interventionstruppen nach der Einnahme Pekings den berühmten kaiserlichen *Sommerpalast* restlos aus und brannten ihn bis auf die Grundmauern nieder.

S. 204 *Preußische Chambre introuvable* (unauffindbare Kammer) *von 1849* nannte Marx ironisch, analog zu der 1815 gewählten ultrareaktionären französischen Chambre introuvable, das Parlament, das im Januar/Februar 1849 auf der Grundlage der Verfassung gewählt wurde, die der preußische König am Tag des konterrevolutionären Staatsstreichs, am 5. Dezember 1848, dem Volk oktroyiert hatte.

S. 209 Im September 1872 kam es in Berlin zu einem Treffen von Kaiser Wilhelm I., Zar Alexander II. und Kaiser Franz Joseph I., auf dem gemeinsame Unterdrückungsmaßnahmen gegen die revolutionäre, besonders die Arbeiterbewegung beraten wurden.

S. 210 Siehe die zweite Anmerkung zu S. 199.

S. 211 Karl Marx/Friedrich Engels: Manifest der Kommunistischen Partei. In: MEW, Bd. 4, S. 488.

S. 211 Emil Sax: Die Wohnungszustände der arbeitenden Classen und ihre Reform, Wien 1869.

S. 218 Abgewandeltes Zitat aus Dante: Göttliche Komödie. Hölle. Dritter Gesang, 3. Strophe. Dort heißt es: »Laßt alle Hoffnung fahren, die ihr eintretet«.

S. 221 Siehe die zweite Anmerkung zu S. 199.

S. 221 Diese Losung erschien nach dem Sieg der deutschen Truppen über Napoleon III. vom 21. September 1870 an im »Volksstaat«.

S. 222 Bei den Reichstagswahlen am 10. Januar 1874 erhielt die Sozialdemokratie über 350 000 Stimmen, d. h. 6 Prozent aller Stimmen.

S. 224 Siehe die zweite Anmerkung zu S. 199.

S. 227 *Reptilienfonds* nannte man die besonderen Geldmittel, die Bismarck zur Verfügung hatte, um die Presse zu kaufen. Diese Bezeichnung bürgerte sich ein nach einer von Bismarck im Januar 1869 gehaltenen Rede, worin er den Ausdruck »Reptilien« für käufliche Agenten gebrauchte.

S. 229 Düppel, eine dänische Festung in Schleswig, wurde am 18. April 1864 von den preußischen Truppen im Krieg gegen Dänemark im Sturm genommen. Den Ausdruck *inneres Düppel* (eigentlich »Düppel im Innern«) als Bezeichnung des »inneren Feindes« gebrauchte Bismarcks Organ »Norddeutsche Allgemeine Zeitung« erstmals am 30. September 1864. Er bürgerte sich schnell ein.
Die Niederlage, die Preußen am 14. Oktober 1806 bei *Jena* erlitt und die die Kapitulation Preußens vor dem napoleonischen Frankreich nach sich zog, zeigte, wie morsch die soziale und politische Ordnung der feudalen Hohenzollern-Monarchie war.

S. 229 Der Berliner *Kongreß*, eine Konferenz der europäischen Großmächte und der Türkei, tagte vom 13. Juni bis 13. Juli 1878 unter Vorsitz Bismarcks und beendete endgültig den Russisch-Türkischen Krieg von 1877/1878.

S. 230 Am 11. Mai 1878 verübte der Klempnergeselle Hödel, am 2. Juni 1878 der Beamte Dr. Nobiling ein Attentat auf Kaiser Wilhelm I. in Berlin. Bismarck nahm die Attentate zum Vorwand für das Ausnahmegesetz gegen die Sozialdemokratie: »Gesetz gegen die gemeingefährlichen Bestrebungen der Sozialdemokratie« (Sozialistengesetz).

S. 230 Am 31. Mai 1878 sank das deutsche Panzerschiff *»Großer Kurfürst«* im Ärmelkanal bei Folkestone infolge eines Zusammenstoßes mit dem Schiff »König Wilhelm«.

S. 238 Siehe die erste Anmerkung zu S. 97.

S. 241 Siehe die zweite Anmerkung zu S. 199.

S. 244 Gemeint sind die revolutionäre Volkserhebung in *Baden* und in der Pfalz im Mai 1849 und die sich anschließenden bewaffneten Abwehrkämpfe der badisch-pfälzischen Revolutionsarmee gegen die preußischen Interventionstruppen; Becker war Oberbefehlshaber der badischen Volkswehr.

S. 246 Es handelt sich um Sigismund Borkheims Broschüre »Zur Erinnerung für die deutschen Mordspatrioten. 1806–1807« von 1871. Friedrich Engels schrieb für die neue Auflage, die 1888 in Hottingen-Zürich erschien, eine Einleitung.

S. 246 Gemeint ist Eduard von Höpfner: Der Krieg von 1806 und 1807. Ein Beitrag zur Geschichte der Preußischen Armee nach den Quellen des Kriegs-Archivs bearb., 2. Aufl., Bd. 1–4, Berlin 1855.

S. 247 Auf der *Warschauer* Konferenz im Oktober 1850 wandte sich Zar Nikolaus I. als Schiedsrichter zwischen Österreich und Preußen gegen die Versuche, deutsche Staaten unter preußischer Vorherrschaft zu vereinigen. Am 29. November 1850 wurde in *Olmütz* (Olomouc) ein Abkommen zwischen Österreich und Preußen unterzeichnet, wonach Preußen auf seine Pläne zur Einigung Deutschlands verzichten und in den von Österreich wiederhergestellten Deutschen Bund eintreten mußte.

S. 247 Engels bezieht sich auf den Preußisch-Österreichischen Krieg 1866 und den Deutsch-Französischen Krieg 1870/71.

S. 250 Der Text ist ein Ausschnitt aus einem Brief, den Engels wahrscheinlich an Eleanor Marx-Aveling gerichtet hat.

S. 250 Das *East End*, der Londoner Osten, wurde vorwiegend von Arbeitern und anderen armen Bevölkerungsschichten bewohnt.

S. 250 Dante: Göttliche Komödie. Hölle. Dritter Gesang, 3. Strophe: »laßt alle Hoffnung fahren«.

S. 250 Siehe die zweite Anmerkung zu S. 199.

S. 256 Die Delegierten der illegal kämpfenden Sozialistischen Arbeiterpartei Deutschlands beschlossen auf ihrem Kongreß in *Wyden* (Schweiz) im August 1880, ihr 1875 in Gotha angenommenes Parteiprogramm wie folgt zu ändern: aus der Formulierung, daß die Partei ihre Ziele »*mit allen* gesetzlichen *Mitteln*« erreichen werde, das Wort »gesetzlich« zu streichen.

Quellennachweis

Vollständiger Abdruck ist durch den Vermerk »In«, Auszüge sind durch »Aus« gekennzeichnet.

S. 26–29 Friedrich Engels: Rheinische Feste. In: Karl Marx/Friedrich Engels: Werke (im folgenden MEW), Ergänzungsband, Zweiter Teil, S. 255–257.
Erstmalig veröffentlicht in: »Rheinische Zeitung« (Köln), Nr. 134 vom 14. Mai 1842.

S. 29–31 Karl Marx: [Briefe aus den »Deutsch-Französischen Jahrbüchern«]. Aus: MEW, Bd. 1, S. 337/338.
Erstmalig veröffentlicht in: »Deutsch-Französische Jahrbücher« (Paris), Lfg. 1/2, Februar 1844.

S. 31–39 Karl Marx: Zur Kritik der Hegelschen Rechtsphilosophie. Aus: MEW, Bd. 1, S. 378/379, 379–381, 385 und 390/391.
Erstmalig veröffentlicht in: »Deutsch-Französische Jahrbücher« (Paris), Lfg. 1/2, Februar 1844.

S. 39–43 Karl Marx: [Ökonomisch-philosophische Manuskripte aus dem Jahre 1844]. Aus: MEW, Bd. 40, S. 563–565 und 566/567.

S. 43–47 Friedrich Engels: An die arbeitenden Klassen Großbritanniens. In: MEW, Bd. 2, S. 229–231.

S. 47–53 Friedrich Engels: [Zwei Reden in Elberfeld]. Aus: MEW, Bd. 2, S. 549/550 und 554–557.
Erstmalig veröffentlicht in: »Rheinische Jahrbücher zur gesellschaftlichen Reform« (Darmstadt), Erster Band, 1845.

S. 53–59 Friedrich Engels: Ein Fragment Fouriers über den Handel. Aus: MEW, Bd. 2, S. 604/605 und 607–609.
Erstmalig veröffentlicht in: »Deutsches Bürgerbuch für 1846«, Mannheim 1846.

S. 59–64 Friedrich Engels: Deutscher Sozialismus in Versen und Prosa. Aus: MEW, Bd. 4, S. 207–209, 209/210, 210/211 und 212/213.
Erstmalig veröffentlicht in: »Deutsche-Brüsseler-Zeitung«, Nr. 73 vom 12. September 1847.

S. 65–68 Karl Marx/Friedrich Engels: Reden über Polen. In: MEW, Bd. 4, S. 416–418.
Erstmalig veröffentlicht in: »Deutsche-Brüsseler-Zeitung«, Nr. 98 vom 9. Dezember 1847.

S. 68–77 Karl Marx/Friedrich Engels: Manifest der Kommunistischen Partei. Aus: MEW, Bd. 4, S. 461–466, 467/468, 472 und 473/474.

S. 78/79 Friedrich Engels: Die Bewegungen von 1847. Aus: MEW, Bd. 4, S. 502/503.
Erstmalig veröffentlicht in: »Deutsche-Brüsseler-Zeitung«, Nr. 7 vom 23. Januar 1848.

S. 80/81 Karl Marx/Friedrich Engels: Sturz des Ministeriums Camphausen. In: MEW, Bd. 5, S. 96/97.
Erstmalig veröffentlicht in: »Neue Rheinische Zeitung« (Köln), Nr. 23 vom 23. Juni 1848.

S. 81–85 Karl Marx: Die Junirevolution. Aus: MEW, Bd. 5, S. 133, 134/135 und 136/137.
Erstmalig veröffentlicht in: »Neue Rheinische Zeitung« (Köln), Nr. 29 vom 29. Juni 1848.

S. 85–88 Friedrich Engels: Auswärtige deutsche Politik. Aus: MEW, Bd. 5, S. 154–156.
Erstmalig veröffentlicht in: »Neue Rheinische Zeitung« (Köln), Nr. 33 vom 3. Juli 1848.

S. 88–93 Friedrich Engels: Die Polendebatte in Frankfurt. Aus: MEW, Bd. 5, S. 319 und 332/333.
Erstmalig veröffentlicht in: »Neue Rheinische Zeitung« (Köln), Nrn. 70 und 81 vom 9. und 20. August 1848.

S. 93–96 Karl Marx: Sieg der Kontrerevolution zu Wien. Aus: MEW, Bd. 5, S. 455/456 und 457.
Erstmalig veröffentlicht in: »Neue Rheinische Zeitung« (Köln), Nr. 136 vom 7. November 1848.

S. 96–100 Karl Marx: Die Kontrerevolution in Berlin. Aus: MEW, Bd. 6, S. 9–11.
Erstmalig veröffentlicht in: »Neue Rheinische Zeitung« (Köln), Nr. 141 vom 12. November 1848, Zweite Ausgabe.

S. 100–112 Karl Marx: Die Bourgeoisie und die Kontrerevolution. Aus: MEW, Bd. 6, S. 104–111.
Erstmalig veröffentlicht in: »Neue Rheinische Zeitung« (Köln), Nrn. 165, 169 und 170 vom 10., 15. und 16. Dezember 1848.

S. 112–115 Karl Marx/Friedrich Engels: Aufruf zur Unterstützung deutscher Flüchtlinge. In: MEW, Bd. 7, S. 545/546.
Erstmalig veröffentlicht in: »Neue Deutsche Zeitung« (Frankfurt [Main]), Nr. 228 vom 26. September 1849.

S. 115–117 Friedrich Engels: Die deutsche Reichsverfassungskampagne. In: MEW, Bd. 7, S. 184/185.
Erstmalig veröffentlicht in: »Neue Rheinische Zeitung. Politisch-ökonomische Revue« (Hamburg), Drittes Heft, März 1850.

S. 118–121 Karl Marx: Der achtzehnte Brumaire des Louis Bonaparte. Aus: MEW, Bd. 8, S. 115/116, 117 und 118.
Erstmalig veröffentlicht in: »Die Revolution, Eine Zeitschrift in zwanglosen Heften« (New York), Erstes Heft, 1852.

S. 121/122 Karl Marx: Der achtzehnte Brumaire des Louis Bonaparte. Aus: MEW, Bd. 8, S. 135.

S. 123–128 Karl Marx/Friedrich Engels: Erklärung zum Abschluß des Kölner Prozesses. In: MEW, Bd. 8, S. 394–397.
Erstmalig veröffentlicht in: »The Morning Advertiser« (London), Nr. 19168 vom 29. November 1852.

S. 128–131 Karl Marx: Die künftigen Ergebnisse der Herrschaft in Indien. Aus: MEW, Bd. 9, S. 225/226.
Erstmalig veröffentlicht in: »New-York Daily Tribune«, Nr. 3840 vom 8. August 1853.

S. 131–135 Karl Marx: Lord Palmerston. Aus: MEW, Bd. 9, S. 355–358.
Erstmalig veröffentlicht in: »New-York Daily Tribune«, Nr. 3902 vom 19. Oktober 1853.

S. 136–139 Karl Marx: Die Arbeiterfrage. Aus: MEW, Bd. 9, S. 472–474.
Erstmalig veröffentlicht in: »New-York Daily Tribune«, Nr. 3936 vom 28. November 1853.

S. 139–142 Karl Marx: Brief an das Arbeiterparlament. In: MEW, Bd. 10, S. 125/126.
Erstmalig veröffentlicht in: »The People's Paper« (London), Nr. 98 vom 18. März 1854.

S. 142–151 Karl Marx: Kirchliche Agitation – [Eine Demonstration im Hyde Park]. In: MEW, Bd. 11, S. 322–327.
Erstmalig veröffentlicht in: »Neue Oder-Zeitung« (Breslau), Nr. 295 vom 28. Juni 1855.

S. 151–153 Karl Marx: [Rede auf der Jahresfeier des »People's Paper« am 14. April 1856 in London]. In: MEW, Bd. 12, S. 3/4.
Erstmalig veröffentlicht in: »The People's Paper« (London), Nr. 207 vom 19. April 1856.

S. 154 Karl Marx: Invasion! Aus: MEW, Bd. 13, S. 444.
Erstmalig veröffentlicht in: »Das Volk« (London), Nr. 13 vom 30. Juli 1859.

S. 155–160 Karl Marx: Inauguraladresse der Internationalen Arbeiter-Assoziation. Aus: MEW, Bd. 16, S. 10–13.
Erstmalig veröffentlicht in: »Der Social-Demokrat« (Berlin), Nrn. 2 und 3 vom 21. und 30. Dezember 1864.

S. 160–163 Friedrich Engels: Die preußische Militärfrage und die deutsche Arbeiterpartei. Aus: MEW, Bd. 16, S. 76/77.

S. 163–165 Karl Marx: Adresse der Internationalen Arbeiterassoziation an Präsident Johnson. Aus: MEW, Bd. 16, S. 98/99.
Erstmalig veröffentlicht in: »The Bee-Hive

Newspaper« (London), Nr. 188 vom 20. Mai 1865.

S. 165–167 Karl Marx: Warnung. In: MEW, Bd. 16, S. 164/165.
Veröffentlicht in: »Oberrheinischer Courier« (Freiburg), Nr. 113 vom 15. Mai 1866.

S. 167–170 Karl Marx: Das Kapital. Erster Band. Aus: MEW, Bd. 23, S. 789–791.

S. 170–175 Karl Marx: Die belgischen Metzeleien. Aus: MEW, Bd. 16, S. 350/351 und 352–354.
Erstmalig veröffentlicht in: »L' Internationale« (Bruxelles), Nr. 18 vom 15. Mai 1869.

S. 175–181 Karl Marx: Erste Adresse des Generalrats über den Deutsch-Französischen Krieg. Aus: MEW, Bd. 17, S. 4–7.
Erstmalig veröffentlicht in: »The Pall Mall Gazette« (London), Nr. 1702 vom 28. Juli 1870.

S. 181–187 Friedrich Engels: Preußische Franktireurs. In: MEW, Bd. 17, S. 203–207.
Erstmalig veröffentlicht in: »The Pall Mall Gazette« (London), Nr. 1817 vom 19. Dezember 1870.

S. 187–195 Friedrich Engels: Abermals »Herr Vogt«. Aus: MEW, Bd. 17, S. 306–308 und 309–312.
Erstmalig veröffentlicht in: »Der Volksstaat« (Leipzig), Nr. 38 vom 10. Mai 1871.

S. 195–207 Karl Marx: Der Bürgerkrieg in Frankreich. Aus: MEW, Bd. 17, S. 322–326, 355/356, 357/358, 360/361 und 362.
Erstmalig veröffentlicht in deutscher Sprache in: »Der Volksstaat« (Leipzig), Nrn. 52 bis 61 vom 28. Juni bis 29. Juli 1871.

S. 207–211 Karl Marx: [Rede über den Haager Kongreß]. In: MEW, Bd. 18, S. 159–161.
Erstmalig veröffentlicht in: »La Liberté« (Bruxelles), Nr. 37 vom 15. September 1872.

S. 211–216 Friedrich Engels: Zur Wohnungsfrage. Aus: MEW, Bd. 18, S. 235–239.
Erstmalig veröffentlicht in: »Der Volksstaat«

(Leipzig), Nrn. 103 und 104 vom 25. und 28. Dezember 1872 und Nrn. 2 und 3 vom 4. und 8. Januar 1873.

S. 216–221 Friedrich Engels: Von der Autorität. In: MEW, Bd. 18, S. 305–308.
Erstmalig veröffentlicht in: »Almanacco Repubblicano per l'anno 1874« (Lodi), Dezember 1873.

S. 221–225 Friedrich Engels: [Ergänzung zur Vorbemerkung von 1870 zu »Der deutsche Bauernkrieg«]. Aus: MEW, Bd. 18, S. 515–517.

S. 225–229 Karl Marx: Nachwort [zu »Enthüllungen über den Kommunisten-Prozeß zu Köln«]. Aus: MEW, Bd. 18, S. 568–571.
Erstmalig veröffentlicht in: »Der Volksstaat« (Leipzig), Nr. 10 vom 27. Januar 1875.

S. 229–231 Karl Marx/Friedrich Engels: Herr Bucher. In: MEW, Bd. 19, S. 138/139.
Erstmalig veröffentlicht in: »The Daily News« (London), Nr. 10030 vom 13. Juni 1878.

S. 231–235 Friedrich Engels: Ein gerechter Tagelohn für ein gerechtes Tagewerk. In: MEW, Bd. 19, S. 247–250.
Erstmalig veröffentlicht in: »The Labour Standard« (London), Nr. 1 vom 7. Mai 1881.

S. 235–237 Friedrich Engels: Das Begräbnis von Karl Marx. Aus: MEW, Bd. 19, S. 335–337.
Erstmalig veröffentlicht in: »Der Sozialdemokrat« (Zürich), Nr. 13 vom 22. März 1883.

S. 238–241 Friedrich Engels: [Georg Weerth, der erste und bedeutendste Dichter des deutschen Proletariats]. Aus: MEW, Bd. 21, S. 6/7 und 8.
Erstmalig veröffentlicht in: »Der Sozialdemokrat« (Zürich), Nr. 24 vom 7. Juni 1883.

S. 241–243 Friedrich Engels: [Zum 15. Jahrestag der Pariser Kommune]. In: MEW, Bd. 21, S. 257/258.
Erstmalig veröffentlicht in: »Le Socialiste« (Paris), Nr. 31 vom 27. März 1886.

S. 243–246 Friedrich Engels: Johann Philipp Becker. Aus: MEW, Bd. 21, S. 319 und 323/324.

Erstmalig veröffentlicht in: »Der Sozialdemokrat« (Zürich), Nr. 51 vom 17. Dezember 1886.

S. 246–249 Friedrich Engels: Einleitung [zu Sigismund Borkheims Broschüre »Zur Erinnerung für die deutschen Mordspatrioten. 1806–1807«]. Aus: MEW, Bd. 21, S. 349–351.
Erstmalig veröffentlicht in: »Der Sozialdemokrat« (Zürich), Nr. 3 vom 15. Januar 1888 unter dem Titel »Was Europa bevorsteht«.

S. 250 Friedrich Engels: [Der Streik der Londoner Dockarbeiter]. In: MEW, Bd. 21, S. 382.
Erstmalig veröffentlicht in: »The Labour Elector« (London), vol. II, Nr. 35 vom 31. August 1889.

S. 250/251 Friedrich Engels: [Vorwort zur vierten deutschen Ausgabe (1890) des »Manifestes der Kommunistischen Partei«]. Aus: MEW, Bd. 22, S. 58/59.

S. 251–254 Friedrich Engels: [Antwort an die Redaktion der »Sächsischen Arbeiter-Zeitung«]. In: MEW, Bd. 22, S. 76–78.
Erstmalig veröffentlicht in: »Der Sozialdemokrat« (Zürich), Nr. 37 vom 13. September 1890.

S. 254–257 Friedrich Engels: [Abschiedsbrief an die Leser des »Sozialdemokrat«]. Aus: MEW, Bd. 22, S. 76/77 und 78.
Erstmalig veröffentlicht in: »Der Sozialdemokrat« (Zürich), Nr. 39 vom 27. September 1890.

S. 258–261 Friedrich Engels: Antwort an den ehrenwerten Giovanni Bovio. In: MEW, Bd. 22, S. 279–281.
Erstmalig veröffentlicht in: »Critica Sociale« (Milano), Nr. 4 vom 16. Februar 1892.

S. 261/262 Friedrich Engels: [Grußadresse an die Sozialisten Siziliens]. In: MEW, Bd. 22, S. 476/477.
Erstmalig veröffentlicht in: »Critica Sociale« (Milano), Nr. 16 vom 16. August 1895.

Aladin Gestalt aus der arabischen Märchensammlung »Tausendundeine Nacht«. 64
Alcine Gestalt aus den Epen »L'Orlando furioso« von Ludovico Ariosto und »L'Orlando innamorato« von Matteo Maria Boiardo. 132
Alexander I. (1777–1825) Zar von Rußland (1801–1825). 180
Alexander II. (1818–1881) Zar von Rußland (1855–1881). 159 209
Alexander III. (1845–1894) Zar von Rußland (1881–1894). 242
Angeklagte im Kölner Kommunistenprozeß siehe *Becker, Hermann; Bürgers, Heinrich; Daniels, Roland; Erhard, Johann; Jacobi, Abraham; Klein, Johann; Leßner, Friedrich; Nothjung, Peter; Otto, Karl; Reiff, Willhelm; Röser, Peter*
Archimedes (etwa 287–212 v. u. Z.) griechischer Mathematiker und Physiker. 146
Asten, Carl von (etwa 1813 bis nach 1852) Kaufmann; 1852 Geschworener im Kölner Kommunistenprozeß. 125 127
Atta Troll Titelgestalt eines satirischen Gedichts von Heinrich Heine. 238
Auersperg, Karl Graf von (1783–1859) österreichischer General; 1848 Befehlshaber der Wiener Garnison, beteiligte sich aktiv an der Niederschlagung des Oktoberaufstandes. 93
Auerswald, Hans Adolf Erdmann von (1792–1848) General; Abgeordneter der Frankfurter Nationalversammlung (rechter Flügel); während des Septemberaufstandes 1848 in Frankfurt (Main) getötet. 238

Bakchos thrakisch-griechischer Gott des Weins. 27
Bakunin, Michail Alexandrowitsch (1814–1876) russischer Publizist; revolutionärer Demokrat; später Hauptvertreter des Anarchismus; Teilnehmer der Revolution 1848/49 in Deutschland; Mitglied der Internationalen Arbeiterassozia-

tion, wurde 1872 auf dem Haager Kongreß wegen Spaltertätigkeit aus der IAA ausgeschlossen. 223
Banks (19. Jh.) Polizeiinspektor in London. 146
Barbès, Armand (1809–1870) französischer Revolutionär; kleinbürgerlicher Demokrat; während der Julimonarchie ein Führer der geheimen Société des saisons; 1848 Oberst der Nationalgarde und Deputierter der konstituierenden Nationalversammlung. 151
Bauer, Heinrich (etwa 1813 bis nach 1851) Schuhmacher; seit 1838 führendes Mitglied des Bundes der Gerechten in Paris, 1842 ausgewiesen; leitendes Mitglied und zeitweilig Präsident des deutschen Arbeiterbildungsvereins in London; Mitglied der Zentralbehörde des Bundes der Kommunisten (1847–1850); 1851 in Australien verschollen. 114 115
Beck, Karl (1817–1879) österreichischer Schriftsteller und Dichter; schloß sich der oppositionellen literarischen Richtung des Vormärz an; in den vierziger Jahren Anhänger des »wahren« Sozialismus. 59–64
Becker, Hermann (1820–1885) Landgerichtsreferendar und Publizist; 1848/1849 Mitglied der Kölner Demokratischen Gesellschaft und Vorstandsmitglied des Vereins für Arbeiter und Arbeitgeber; seit 1850 Mitglied des Bundes der Kommunisten; 1852 im Kölner Kommunistenprozeß zu fünf Jahren Festungshaft verurteilt; später Nationalliberaler. 123 125–127 228
Becker, Johann Philipp (1809–1886) Bürstenbinder; revolutionärer Demokrat; Teilnehmer der Revolution 1848/49; 1849 Oberbefehlshaber der badischen Volkswehren und Freischaren; führender Vertreter der Schweizer und der deutschen Arbeiter in der Internationalen Arbeiterassoziation; seit 1860 Freund und Kampfgefährte von Marx und Engels. 230 243–246
Becker, Max Joseph (gest. 1896) Ingenieur; kleinbürgerlicher Demokrat; 1849 Teilnehmer am badisch-pfälzischen Aufstand; emigrierte in die Schweiz, 1850 in die USA. 188
Benkert, Franz Georg (19. Jh.) Verfasser einer Biographie über Joseph Bonavita Blank. 89
Berry, Marie-Caroline de Naples, duchesse de (1798–1870)

Mutter des französischen Thronprätendenten der Legitimisten, des comte de Chambord; versuchte 1832 in der Vendée einen Aufstand gegen Louis-Philippe I. zu entfachen. 195

Beslay, Charles (1795–1878) französischer Ingenieur und Politiker; Proudhonist; Mitglied der Internationalen Arbeiterassoziation; Mitglied der Pariser Kommune; Delegierter für das Finanzwesen und Beauftragter der Kommune bei der Bank von Frankreich, widersetzte sich der Nationalisierung der Bank; emigrierte im Mai 1871 in die Schweiz. 200

Bismarck, Otto Fürst von (1815–1898) Diplomat und Staatsmann; preußischer Ministerpräsident (1862–1872, 1873–1890) und Reichskanzler (1871–1890). 178 188 192 199 204 205 228–230 242 257

Blanc, Louis (1811–1882) französischer Journalist und Historiker; kleinbürgerlicher Sozialist; 1848 Mitglied der provisorischen Regierung, vertrat den Standpunkt der Klassenversöhnung mit der Bourgeoisie; emigrierte 1848 nach England, dort ein Führer der kleinbürgerlichen Emigration; Deputierter der Nationalversammlung von 1871, wandte sich gegen die Pariser Kommune. 118

Blank, Joseph Bonavita (1740–1827) katholischer Pfarrer, Zoologe und Mineraloge; Professor an der Universität Würzburg. 89

Blanqui, Louis-Auguste (1805–1881) französischer Revolutionär; utopischer Kommunist; Organisator mehrerer Geheimgesellschaften und Verschwörungen; aktiver Teilnehmer der Revolutionen von 1830 und 1848; ein Führer der proletarischen Bewegung in Frankreich; Mitglied der Pariser Kommune. 151

Bligh, James (19. Jh.) Chartistenführer der fünfziger Jahre, Teilnehmer am Arbeiterparlament 1854. 146

Blind, Karl (1826–1907) Publizist; kleinbürgerlicher Demokrat, Teilnehmer an der revolutionären Bewegung in Baden (1848/49); Mitglied des Bundes der Kommunisten (1849/1850); emigrierte 1849 nach London, seit Mitte der fünfziger Jahre ein Führer der dortigen deutschen kleinbürgerlichen Emigration; später Nationalliberaler. 114 115

Bomba siehe *Ferdinand II.*

Bonaparte, Louis siehe *Napoleon III.*

Booth, John Wilkes (1839–1865) nordamerikanischer Schauspieler; während des Nordamerikanischen Bürgerkrieges auf seiten der Südstaaten; ermordete Abraham Lincoln. 163

Borkheim, Sigismund (1826–1885) Journalist und Kaufmann; revolutionärer Demokrat; Teilnehmer der Revolution 1848/49; emigrierte in die Schweiz; seit 1851 Kaufmann in London; schloß sich Anfang der fünfziger Jahre der kleinbürgerlichen Emigration in London an; stand seit 1860 in freundschaftlicher Beziehung zu Marx und Engels. 247

Bourbonen französische Dynastie; regierte in Frankreich 1589–1792, 1814/1815 und 1815–1830; der jüngere Zweig (Orléans) regierte 1830–1848, andere Zweige herrschten in Spanien, Neapel-Sizilien und in Parma. 31

Bovio, Giovanni (1841–1903) italienischer idealistischer Philosoph; Politiker; Republikaner; 1876 Mitglied des Parlaments; Professor an der Universität in Neapel. 258–261

Brandenburg, Friedrich Wilhelm Graf von (1792–1850) General und Staatsmann; Präsident des konterrevolutionären Ministeriums (November 1848 bis November 1850). 97 98 100 103 113

Braß, August (1818–1876) Journalist; Teilnehmer der Revolution 1848/49; emigrierte in die Schweiz; seit den sechziger Jahren Anhänger Bismarcks; Herausgeber der »Norddeutschen Allgemeinen Zeitung«. 190

Brutus (Marcus Iunius Brutus) (etwa 85–42 v. u. Z.) römischer Staatsmann; ein Initiator der aristokratisch-republikanischen Verschwörung gegen Gaius Iulius Caesar. 119

Bucher, Lothar (1817–1892) Justizbeamter und Publizist; 1848 Abgeordneter der preußischen Nationalversammlung (linkes Zentrum); danach Emigrant in London; später Nationalliberaler; seit 1864 Mitarbeiter Bismarcks. 229 230

Bürgers, Heinrich (1820–1878) Publizist; seit 1848 Mitglied des Bundes der Kommunisten; 1848/1849 Redaktionsmitglied der »Neuen Rheinischen Zeitung«; 1850/1851 Mitglied der Zentralbehörde des Bundes der Kommunisten; 1852 im Kölner Kommunistenprozeß zu sechs Jahren Festungshaft verurteilt; später Nationalliberaler. 123 125 bis 127 228

Caesar (Cäsar) (Gaius Iulius Caesar) (100–44 v. u. Z.) römischer Staatsmann, Feldherr und Schriftsteller. 119

Campe, Johann Julius Wilhelm (1792–1867) Buchhändler und Verleger; seit 1823 Mitinhaber des Verlags Hoffmann & Campe. 238

Camphausen, Ludolf (1803–1890) Bankier; führender Repräsentant der rheinischen liberalen Bourgeoisie, Aktionär der Rheinischen Zeitungsgesellschaft und Mitarbeiter der »Rheinischen Zeitung«; preußischer Ministerpräsident (März bis Juni 1848); später Mitglied des Herrenhauses. 80 81 100 104 109 110 112

Canning, George (1770–1827) britischer Staatsmann und Diplomat, ein Führer der Tories; Außenminister (1807–1809 und 1822–1827); Premierminister (1827). 134

Carlos, Don (1545–1568) Infant von Spanien; in literarischen Werken idealisierte Gestalt des Sohnes des spanischen Königs Philipp II.; wurde wegen der Auflehnung gegen seinen Vater verfolgt und starb im Kerker. 198

Carlos, María Isidro de Borbón (Don Carlos) (1788–1855) spanischer Thronprätendent; seine Versuche, den Thron zu erobern und die unumschränkte Macht der feudal-klerikalen Kräfte wiederherzustellen, führten 1833 bis 1840 zum Bürgerkrieg in Spanien. 86

Caussidière, Marc (1808–1861) französischer kleinbürgerlicher Sozialist; Teilnehmer am Lyoner Aufstand 1834; einer der Organisatoren revolutionärer Geheimgesellschaften während der Julimonarchie; Polizeipräfekt von Paris (Februar bis Mai 1848); 1848 Deputierter der konstituierenden Nationalversammlung; emigrierte nach der Niederwerfung des Juniaufstandes nach England. 118

Cavaignac, Louis-Eugène (1802–1857) französischer General und Politiker; nahm in den dreißiger und vierziger Jahren an der Eroberung Algeriens teil; 1848 Generalgouverneur von Algier; seit Mai 1848 Kriegsminister, unterdrückte grausam den Juniaufstand des Pariser Proletariats; Ministerpräsident (Juni bis Dezember 1848), 84

Cherval, Julien (eigtl. *Joseph Crämer*) (geb. 1821) Grafiker; preußischer Polizeiagent und Provokateur, Mitglied des Bundes der Kommunisten; schloß sich bei dessen Spaltung 1850 dem Sonderbund Willich-Schapper an; 1851 in Paris inhaftiert, entkam mit Hilfe der Polizei, ging nach England. 125 126

Clausewitz, Karl von (1780–1831) General, Militärtheoretiker und Historiker; wandte erstmalig dialektische Methoden in der Militärtheorie an; nahm an der Reorganisation der preußischen Armee teil. 247

Clive, Robert, Baron of Plassey (1725–1774) britischer Staatsmann und General; Gouverneur von Bengalen (1757–1760 und 1765–1767). 128

Cobden, Richard (1804–1865) englischer Fabrikant; Liberaler; Anhänger des Freihandels, Mitbegründer der Anti-Cornlaw-League; Mitglied des Parlaments. 138

Coburger deutsches Herzogsgeschlecht, dessen Angehörige in eine Reihe europäischer Fürstenhäuser einheirateten, z. B. Belgien, Portugal, England. 86

Cockerill, John (1790–1840) belgischer Großindustrieller englischer Herkunft; gründete 1816 das Hochofen- und Hüttenwerk in Seraing bei Lüttich. 171 172

Cohnheim, Max (etwa 1820 bis nach 1864) Handlungsgehilfe; kleinbürgerlicher Demokrat; Teilnehmer der Revolution 1848/49, 1848 Korrespondent der »Neuen Rheinischen Zeitung«; emigrierte 1850 nach London, 1851 in die USA; Mitglied der Internationalen Arbeiterassoziation und Mitbegründer ihrer Sektion in San Francisco. 188

Constant de Rebecque, Benjamin (1767–1830) französischer liberaler Politiker und Schriftsteller. 119

Cousin, Victor (1792–1867) französischer idealistischer Philosoph, Eklektiker. 119

Cromwell, Oliver (1599–1658) englischer Staatsmann; Führer der Bourgeoisie und des verbürgerlichten Adels in der bürgerlichen Revolution; Lord-Protektor (Staatsoberhaupt) von England, Schottland und Irland (1653–1658). 120

Daniels, Roland (1819–1855) Arzt; Mitglied des Bundes der Kommunisten, 1850/1851 Mitglied seiner Zentralbehörde;

Angeklagter im Kölner Kommunistenprozeß 1852, freigesprochen; gehörte zu den ersten, die den dialektischen Materialismus auf dem Gebiet der Naturwissenschaften anzuwenden versuchten; Freund von Marx und Engels. 125–127 228

Danton, Georges-Jacques (1759–1794) französischer Jurist, Politiker der Französischen Revolution, Jakobiner (rechter Flügel); trat Ende 1793 für die Beendigung der Jakobinerdiktatur ein; auf Beschluß des Revolutionstribunals hingerichtet. 119

Darwin, Charles Robert (1809–1882) englischer Naturforscher; Begründer der modernen Abstammungslehre. 235

Davis, Jefferson (1808–1889) nordamerikanischer Politiker; Mitglied der Demokratischen Partei; ein Organisator der Sezession der Südstaaten; Präsident der Konföderation. 163

Deprez, Marcel (1843–1918) französischer Physiker und Elektrotechniker. 236

Desmoulins, Camille (1760–1794) französischer Jurist und Journalist; während der Französischen Revolution rechter Jakobiner; Freund von Danton; hingerichtet. 119

Diana römische Göttin der Jagd, der Fruchtbarkeit und der Keuschheit. 40

Dietz, Oswald (etwa 1824–1864) Architekt; Teilnehmer der Revolution 1848/49, danach Sekretär des Londoner Arbeiterbildungsvereins; Mitglied der Zentralbehörde des Bundes der Kommunisten; schloß sich bei der Spaltung des Bundes 1850 dem Sonderbund Willich-Schapper an und war Mitglied seiner Zentralbehörde; nahm am Nordamerikanischen Bürgerkrieg auf seiten der Nordstaaten teil. 125

Dschagannat siehe *Juggernaut*

Dupanloup, Felix (1802–1878) französischer Theologe und Politiker; ein führender Vertreter der katholischen Partei; seit 1849 Erzbischof von Orléans; Deputierter der Nationalversammlung von 1871. 182 185

Enceladus in der griechischen Mythologie einer der Giganten, die mit den olympischen Göttern kämpften. 60

Engelmann, Wilhelm (1808–1878) Inhaber der 1811 in Leipzig gegründeten Verlagsbuchhandlung. 62
Engels, Friedrich (1820–1895).
Erhard, Johann Ludwig Albert (geb. 1820) Handlungsgehilfe; Mitglied des Bundes der Kommunisten; Angeklagter im Kölner Kommunistenprozeß 1852, freigesprochen. 125–127 228
Espartero, Baldomero, conde de Luchana, duque de la Vittoria (1793–1879) spanischer General und Politiker; Führer der Progressisten; Ministerpräsident (1839–1841, 1854 bis 1856); Regent von Spanien (1841–1843). 197

Faust Titelgestalt der Tragödie von Johann Wolfgang von Goethe. 39
Fauwell, Ferdinand August (etwa 1795 bis nach 1852) Regierungsrat und Stempel-Fiskal; 1852 Ergänzungsgeschworener im Kölner Kommunistenprozeß. 125 127
Favre, Jules (1809–1880) französischer Advokat und Politiker; ein Führer der gemäßigten bürgerlichen Republikaner; Außenminister in der Regierung der nationalen Verteidigung und in der Regierung Thiers (1870/1871), führte die Verhandlungen über die Kapitulation von Paris und den Friedensschluß mit dem Deutschen Reich. 175 194 200
Ferdinand II. (1810–1859) König von Sizilien und Neapel (1830–1859); erhielt wegen der Bombardierung von Messina im September 1848 den Schmähnamen König Bomba. 197
Feuerbach Ludwig (1804–1872) Vertreter der klassischen bürgerlichen deutschen Philosophie, Materialist; bekannte sich in seinen letzten Lebensjahren zur Sozialdemokratischen Arbeiterpartei. 54
Finlen, James (19. Jh.) Chartist; Mitglied des Exekutivkomitees der National Charter Association (1852–1855). 146
Fleury, Charles (eigtl. *Carl Friedrich Krause*) (geb. 1824) deutscher Kaufmann in London; preußischer Polizeiagent. 127
Fourier, Charles (1772–1837) französischer utopischer Sozialist. 51 54–58 223
Franz Joseph I. (1830–1916) Kaiser von Österreich (1848 bis 1916). 86 209

Freiligrath, Ferdinand (1810–1876) Kaufmann, Dichter; 1848/1849 Redakteur der »Neuen Rheinischen Zeitung«; Mitglied des Bundes der Kommunisten; Freund von Marx und Engels; zog sich in den fünfziger Jahren vom revolutionären Kampf zurück. 123 125 126 128 240 241

Friedrich Wilhelm III. (1770–1840) König von Preußen (1797–1840). 183 185 186

Friedrich Wilhelm IV. (1795–1861) König von Preußen (1840–1861). 31 108–112 126

Füster, Anton (1808–1881) Professor der Philosophie und Theologie in Wien; kleinbürgerlicher Demokrat; Teilnehmer der revolutionären Bewegung 1848/49; emigrierte 1849 nach London, Mitarbeit im Sozial-demokratischen Flüchtlingskomitee; ging später in die USA. 114 115

Garibaldi, Giuseppe (1807–1882) italienischer Revolutionär; Demokrat; Führer der nationalen Befreiungsbewegung in Italien; kämpfte im Deutsch-Französischen Krieg 1870/71 auf seiten der Französischen Republik; trat für die Pariser Kommune und die Ziele der Internationalen Arbeiterassoziation ein. 183

Georg IV. (1762–1830) König von Großbritannien, Irland und Hannover seit 1820. 144

Gérard, Balthasar (1558–1584) ermordete 1584 Prinz Wilhelm von Oranien, den Führer der niederländischen bürgerlichen Revolution. 163

Geschworenengericht im Kölner Kommunistenprozeß siehe *Asten, Carl von; Fauwell, Ferdinand August; Griesmann, Carl Eduard; Heimann, Carl Friedrich; Herbertz, Johann Gottlieb; Herstadt, Johann David; Holmers, Johann Friedrich; Hoven, Johann Jacob zur; Ingenohl, Friedrich; Joest, Wilhelm; Kropp, Franz Peter; Leiden, Kosmos Damian; Moll, Carl Ludwig; Peil, Robert*

Gneisenau, August Graf Neithard von (1760–1831) General und Militärtheoretiker; seit 1825 Generalfeldmarschall; führend an der Reorganisation der preußischen Armee und an der Vorbereitung des Volkswiderstandes in den Befreiungskriegen gegen Napoleon I. beteiligt; Generalstabschef Blüchers (1813–1815). 181 183–187

Goethe, Johann Wolfgang von (1749–1832). 39 41 240

Gott Israels siehe *Jahve*

Gracchus (Gaius Sempronius Gracchus) (153–121 v. u. Z.) Volkstribun in Rom (123/122 v. u. Z.); kämpfte für die Durchführung von Agrargesetzen im Interesse der Bauernschaft; Bruder von Tiberius Sempronius Gracchus. 119

Gracchus (Tiberius Sempronius Gracchus) (162–133 v. u. Z.) Volkstribun in Rom (133 v. u. Z.); kämpfte für die Durchführung von Agrargesetzen im Interesse der Bauernschaft; Bruder von Gaius Sempronius Gracchus. 119

Granville, George Leveson-Gower, Earl of (1815–1891) britischer Staatsmann, Whig, später ein Führer der Liberalen; mehrfach Außen- und Kolonialminister; Präsident des Geheimen Rates (1852–1854, 1855–1858 und 1859–1865). 148

Granville, Maria Luise (geb. Dalberg) (gest. 1860) Frau von George Leveson-Gower, Earl of Granville. 148

Greiff (Greif) Friedrich Wilhelm (geb. etwa 1819) Polizeioffizier; in den fünfziger Jahren preußischer Geheimagent in London. 127

Griesmann, Carl Eduard (etwa 1809 bis nach 1852) Regierungsrat; 1852 Geschworener im Kölner Kommunistenprozeß. 125 127

Grosvenor, Lord Robert, Baron Ebury (1801–1893) britischer Politiker, Whig, später Liberaler; Mitglied des Parlaments. 144 145 151

Guizot, François (1787–1874) französischer Historiker und Politiker, Orleanist; Außenminister (1840–1848), 1847 zugleich Ministerpräsident; vertrat die Interessen der Finanzbourgeoisie. 68 84 119 197 198

Habakuk Gestalt aus der Bibel. 120

Hansemann, David (1790–1864) Bankier und Politiker; führender Repräsentant der rheinischen liberalen Bourgeoisie; Abgeordneter der preußischen konstituierenden Versammlung; preußischer Finanzminister (März bis September 1848). 100 103 104 109 213

Haufe, Albert F. (19. Jh.) Schneider; 1866 Mitglied des Zentralrats der Internationalen Arbeiterassoziation. 167

Hauptzeuge der Regierung siehe *Schulz*

Haussmann, Georges, baron (1809–1891) französischer Politiker, Bonapartist; Teilnehmer am Staatsstreich vom 2. Dezember 1851; Präfekt des Departements Seine (1853–1870); verantwortlich für die Modernisierung des Stadtbildes von Paris. 203

Hegel, Georg Wilhelm Friedrich (1770–1831) Vertreter der klassischen bürgerlichen deutschen Philosophie, objektiver Idealist. 53–56 118 223

Heimann, Carl Friedrich (etwa 1808 bis nach 1852) Kaufmann; 1852 Geschworener im Kölner Kommunistenprozeß. 125 127

Heine, Heinrich (1797–1856) revolutionär-demokratischer Dichter; Freund der Familie Marx. 238 240

Hekate griechische Göttin der Geister und Dämonen. 208

Herbertz, Johann Gottlieb (etwa 1797 bis nach 1852) Kaufmann; 1852 Geschworener im Kölner Kommunistenprozeß. 125 127

Herstadt, Johann David (etwa 1807 bis nach 1852) Bankier; 1852 Geschworener im Kölner Kommunistenprozeß. 125 127

Herzog von Braunschweig siehe *Karl Wilhelm Ferdinand*

Heydt, August Freiherr von der (1801–1874) Bankier, preußischer Staatsmann; Handelsminister (Dezember 1848 bis 1862) und Finanzminister (1860–1869). 103

Hinckeldey, Karl Ludwig Friedrich von (1805–1856) Regierungsbeamter; seit 1848 Polizeipräsident von Berlin; seit 1853 Leiter der Abteilung Polizei im Innenministerium. 227

Hiob Gestalt aus der Bibel. 200

Hirsch, Wilhelm (geb. etwa 1830) Handlungsgehilfe; Anfang der fünfziger Jahre preußischer Polizeispitzel; fälschte Dokumente für den Kölner Kommunistenprozeß 1852. 127

Hobbes, Thomas (1588–1679) englischer Philosoph, Vertreter des mathematisch-mechanischen Materialismus; Gegner der englischen Revolution; Anhänger der Monarchie und eines Kompromisses zwischen Adel und Bourgeoisie. 111

Hödel, Max (1857–1878) Klempner; verübte am 11. Mai 1878 ein Attentat auf Wilhelm I. 230

Höpfner, Friedrich Eduard Alexander von (1797–1858) preußischer General, Militärschriftsteller. 246 247

Hoffmann, Benjamin Gottlob (1748–1818) Buchhändler und Verleger; 1808 Mitbegründer der Verlagsbuchhandlung Hoffmann & Campe in Hamburg. 238

Hohenzollern Dynastie brandenburgischer Kurfürsten (1415–1701), preußischer Könige (1701–1918) und deutscher Kaiser (1871–1918). 178

Holmers, Johann Friedrich (etwa 1806 bis nach 1852) Kaufmann; 1852 Geschworener im Kölner Kommunistenprozeß. 125 127

Homer (Homeros) (vermutlich 8. Jh. v. u. Z.) legendärer griechischer Dichter; gilt als Verfasser der Epen »Ilias« und »Odyssee«. 241

Horaz (Quintus Horatius Flaccus) (65–8 v. u. Z.) römischer Dichter. 241

Hoven, Johann Jacob zur (etwa 1801 bis nach 1852) Notar; 1852 Geschworener im Kölner Kommunistenprozeß. 125 127

Hymen griechischer Hochzeitsgott. 40

Ingenohl, Friedrich (etwa 1804 bis nach 1852) Kaufmann; 1852 Geschworener im Kölner Kommunistenprozeß. 125 127

Jacobi, Abraham (1830–1919) Arzt; Mitglied des Bundes der Kommunisten; Angeklagter im Kölner Kommunistenprozeß 1852; freigesprochen; emigrierte 1853 nach England, dann in die USA; propagierte dort die Ideen des Marxismus; kämpfte im Nordamerikanischen Bürgerkrieg auf seiten der Nordstaaten; später Professor und Präsident einer Reihe medizinischer Lehranstalten, Präsident der Akademie der medizinischen Wissenschaften in New York (1885–1889). 125–127 228

Jahve Name des israelitisch-jüdischen Gottes. 34

Jellačič (Jellachich), Josip, Graf von Bužim (1801–1859) österreichischer General; 1848 Statthalter von Kroatien, Slavonien und Dalmatien; aktiv an der Niederschlagung der Revolution in Österreich und Ungarn beteiligt. 93 110 113

Joest, Wilhelm (etwa 1813 bis nach 1852) Fabrikant; 1852 Geschworener im Kölner Kommunistenprozeß. 125 127

Johnson, Andrew (1808–1875) nordamerikanischer Staatsmann; Anhänger der Demokratischen Partei; während des Nordamerikanischen Bürgerkriegs auf seiten der Nordstaaten; Vizepräsident (1864/1865), Präsident der USA (1865–1869), trat für eine Politik der Verständigung mit den Plantagenbesitzern des Südens ein. 163 165

Jordan, Wilhelm (1819–1904) Schriftsteller und Politiker; 1848 Abgeordneter der Frankfurter Nationalversammlung (zuerst linker Flügel, nach der Polendebatte Zentrum). 90

Juggernaut in der altindischen Mythologie eine der Gestalten des Gottes Wischnu. 129

Juvenal (Decimus Iunius Iuvenalis) (etwa 60 bis nach 127) römischer Satiriker. 241

Kaiser, Heinrich Wilhelm Verfasser von »Die Persönlichkeit des Eigentums«, 1843 in Bremen erschienen. 56

Kaiser von China siehe *Wen-zong*

Kamp (19. Jh.) Bürgermeister von Seraing. 171

Karl I. (1600–1649) König von England, Schottland und Irland (1625–1649); wurde während der englischen bürgerlichen Revolution hingerichtet. 31 51

Karl Wilhelm Ferdinand (1735–1806) Herzog von Braunschweig seit 1780; Oberkommandierender der österreichisch-preußischen Armee, die gegen das revolutionäre Frankreich kämpfte. 86

Klein, Johann Jacob (1817 bis etwa 1897) Arzt; Mitglied des Bundes der Kommunisten; Angeklagter im Kölner Kommunistenprozeß 1852; freigesprochen. 125–127 228

Königin (1837–1901) siehe *Victoria*

Kolb, Georg Friedrich (1808–1884) Statistiker, Publizist und Politiker; bürgerlicher Demokrat. 188

Korn, Adolf (1822–1904) Apotheker und Chemiker; bis 1845 preußischer Offizier; Teilnehmer der Revolution 1848/49; emigrierte 1850 in die Schweiz, 1857 nach Argentinien. 188

Kotzebue, August von (1761–1819) Bühnenschriftsteller und Publizist; Agent der zaristischen Regierung. 244

Kropp, Franz Peter (etwa 1800 bis nach 1852) Kaufmann; 1852 Geschworener im Kölner Kommunistenprozeß. 125 127

Küchenmeister, Gottlieb Friedrich Heinrich (1821–1890) Arzt, Parasitologe; Verfasser mehrerer wissenschaftlicher Arbeiten. 187

Laffitte, Jacques (1767–1844) französischer Bankier und Politiker, Orleanist; Vertreter der Finanzbourgeoisie; Ministerpräsident (1830/1831). 195

Lassalle, Ferdinand (1825–1864) Jurist, Schriftsteller; kleinbürgerlicher Sozialist und Arbeiteragitator; Teilnehmer der Revolution 1848/49; seitdem mit Marx und Engels bekannt; 1863 Mitbegründer und erster Präsident des Allgemeinen Deutschen Arbeitervereins. 229 252

Latour, Theodor, Graf Baillet von (1780–1848) österreichischer General; Anhänger der absoluten Monarchie; 1848 Kriegsminister, während des Wiener Oktoberaufstandes getötet. 93

Leiden, Kosmos Damian (etwa 1795 bis nach 1852) Kaufmann und Weinhändler; 1852 Geschworener im Kölner Kommunistenprozeß. 125 127

Lelewel, Joachim (1786–1861) polnischer Historiker; Teilnehmer am polnischen Aufstand 1830/1831 und Mitglied der provisorischen Regierung; ein Führer der polnischen demokratischen Emigration; 1847/1848 Vorstandsmitglied der Association démocratique in Brüssel. 92

Leßner, Friedrich (1825–1910) Schneider; Mitglied des Bundes der Gerechten und des Bundes der Kommunisten; Teilnehmer der Revolution 1848/49; 1852 im Kölner Kommunistenprozeß zu drei Jahren Festungshaft verurteilt; seit 1856 Emigrant in London; Mitglied des Generalrats der Internationalen Arbeiterassoziation (1864–1872); Freund und Kampfgefährte von Marx und Engels. 123 125–127 228

Leuckhart, Friedrich Rudolf (1823–1898) Zoologe und Parasitologe. 187

Lichnowski, Felix Maria Fürst von (1814–1848) Großgrundbesitzer, Offizier; 1848 Abgeordneter der Frankfurter Nationalversammlung (rechter Flügel); während des Septemberaufstandes 1848 in Frankfurt (Main) getötet. 238

Lincoln, Abraham (1809–1865) nordamerikanischer Staatsmann; Mitbegründer der Republikanischen Partei; Präsident der USA seit 1861; begann während des Nordamerikanischen Bürgerkriegs mit wichtigen bürgerlich-demokratischen Umgestaltungen und ging zur revolutionären Kriegführung über; wurde 1865 ermordet. 164 165

Locke, John (1632–1704) englischer Ökonom und Philosoph; Begründer des materialistischen Sensualismus; Aufklärer, Vertreter der Naturrechtsphilosophie. 120

Louis Bonaparte siehe *Napoleon III.*

Louis Napoleon siehe *Napoleon III.*

Louis Philippe I., duc d'Orléans (1773–1850) König der Franzosen (1830–1848). 82 194 195 198–200

Ludwig I. (1786–1868) König von Bayern (1825–1848). 60

Ludwig XVI. (1754–1793) König von Frankreich (1774–1792), wurde während der Französischen Revolution hingerichtet. 31

Ludwig XVIII. (1755–1824) König von Frankreich (1814/1815 und 1815–1824). 119

Luther, Martin (1483–1546) Theologe, löste die Reformation aus, Hauptvertreter der gemäßigten Richtung in der frühbürgerlichen Revolution. 118

Mac-Mahon, Patrice, comte de, duc de Magenta (1808–1893) französischer Offizier und Politiker; seit 1859 Marschall von Frankreich; Bonapartist; Oberbefehlshaber der Versailler Armee; Präsident der Dritten Republik (1873–1879). 204

Malthus, Thomas Robert (1766–1834) englischer Geistlicher und Ökonom; Hauptvertreter der Theorie von der Übervölkerung. 136 138 139

Maria Gestalt aus der Bibel. 61

Mars römischer Gott des Krieges. 40

Marx, Karl (1818–1883).

Marx-Aveling, Eleanor (1855–1898) Publizistin, 1884 Mitbegründerin der Socialist League, 1889 Mitorganisatorin von Gewerkschaften der Gas- und Hafenarbeiter sowie der Massenbewegungen der ungelernten Arbeiter Londons; Tochter von Karl Marx. 250

Mauser, Paul (1838–1914) Waffenfabrikant; konstruierte mit seinem Bruder Wilhelm ein nach ihnen benanntes Gewehr. 229

Mauser, Wilhelm (1834–1882) Waffenfabrikant, Bruder von Paul Mauser. 229

Megäre eine der drei griechischen Rachegöttinnen der Unterwelt. 202

Mephisto (Mephistopheles) Gestalt aus der Tragödie »Faust« von Johann Wolfgang von Goethe. 39 148

Metternich, Clemens Wenzeslaus Lothar Fürst von (1773–1859) österreichischer Staatsmann und Diplomat; Außenminister (1809–1821) und Kanzler (1821–1848); ein Begründer der Heiligen Allianz. 68

Miguel, Dom Maria Evaristo (1802–1866) Regent von Portugal (1826–1828), König von Portugal (1828–1834), scheiterte bei der Wiedererrichtung des Absolutismus. 86

Mirabeau, Honoré-Gabriel Riqueti, comte de (1749–1791) französischer Politiker, Ökonom und Publizist, Verfechter der Interessen der Großbourgeoisie und des verbürgerlichten Adels. 197

Moll, Carl Ludwig (etwa 1809 bis nach 1852) Kaufmann; 1852 Geschworener im Kölner Kommunistenprozeß. 125 127

Moll, Joseph (1812–1849) Uhrmacher; ein Führer des Bundes der Gerechten und des deutschen Arbeiterbildungsvereins in London; Mitglied der Zentralbehörde des Bundes der Kommunisten; Präsident des Kölner Arbeitervereins (Juli bis September 1848); 1849 Teilnehmer am badisch-pfälzischen Aufstand, fiel im Gefecht an der Murg. 117

Moloch Sonnengott der Phönizier und Karthager, dem Menschenopfer dargebracht wurden; später Inbegriff einer grausamen, alles verzehrenden Kraft. 156

Moschos griechischer Dichter (2. Jh. v. u. Z.). 261

Moses Gestalt aus der Bibel. 34

Müller-Tellering, Eduard von (geb. etwa 1808) Jurist und Publizist, kleinbürgerlicher Demokrat; Wiener Korrespondent der »Neuen Rheinischen Zeitung«; nach der Revolution Emigrant in London. 93

Napoleon I. (1769–1821) Kaiser der Franzosen (1804–1814 und 1815). 118 119 180 183 186 199

Napoleon III. (Louis Bonaparte) (1808–1873) Präsident der Zweiten Republik (1848–1852), Kaiser der Franzosen (1852–1870); Neffe Napoleons I. 118 177 178 180 188–193 198 199 221 240

Nikolaus I. (1796–1855) Zar von Rußland (1825–1855). 68 86 135

Nobiling, Karl Eduard (1848–1878) Beamter; verübte am 2. Juni 1878 ein Attentat auf Wilhelm I.; beging Selbstmord. 230

Nothjung, Peter (1821–1866) Schneider; 1847 Mitglied des Bundes der Kommunisten und 1848 des Komitees des Kölner Arbeitervereins; 1852 als einer der Hauptangeklagten im Kölner Kommunistenprozeß zu sechs Jahren Festungshaft verurteilt; später Bevollmächtigter des Allgemeinen Deutschen Arbeitervereins in Breslau. 123 125–127 228

Oranien Dynastie niederländischer Statthalter (1572–1795 mit Unterbrechungen) und Könige (seit 1815). 86

Otto I. (1815–1867) bayerischer Prinz, König von Griechenland (1832–1862). 86

Otto, Karl Wunibald (etwa 1810 bis nach 1862) Chemiker; 1848/1849 Mitglied des Kölner Arbeitervereins und des Bundes der Kommunisten; 1852 im Kölner Kommunistenprozeß zu fünf Jahren Festungshaft verurteilt. 123 125–127 228

Owen, Robert (1771–1858) englischer utopischer Sozialist. 54 157 223

Palmerston, Henry John Temple, Viscount (1784–1865) britischer Staatsmann; Tory, seit 1830 Whig; Außenminister (1830–1834, 1835–1841 und 1846–1851); Innenminister (1852–1855); Premierminister (1855–1858 und 1859–1865). 131–135 149 158

Papst siehe *Pius IX.*

Paulus Gestalt aus der Bibel. 118

Pecqueur, Constantin (1801–1887) französischer Ökonom; utopischer Sozialist. 168

Peil, Robert (etwa 1819 bis nach 1852) Kaufmann; 1852 Geschworener im Kölner Kommunistenprozeß. 125 127

Pertz, Georg Heinrich (1795–1876) Historiker; Herausgeber der »Monumenta Germaniae historica«. 185 186

Pfänder, Carl (1819–1876) Miniaturenmaler; führendes Mitglied des Bundes der Gerechten und des deutschen Arbeiterbildungsvereins in London; Mitglied der Zentralbehörde des Bundes der Kommunisten; Mitglied des Generalrats der Internationalen Arbeiterassoziation (1864–1867 und 1870–1872); Freund und Kampfgefährte von Marx und Engels. 114 115

Pfuel, Ernst Heinrich Adolf von (1779–1866) General, Vertreter der Militärkamarilla; im März 1848 Kommandant von Berlin; leitete im April und Mai 1848 die Niederwerfung des Aufstandes in Posen (Poznań); Ministerpräsident und Kriegsminister (September bis Oktober 1848). 97

Philipp II. (1527–1598) König von Spanien (1556–1598). 163

Philipp (1837–1905) Prinz und Graf von Flandern. 172

Piétri, Joseph-Marie (1820–1902) französischer Politiker; Bonapartist; Polizeipräfekt von Paris (1866–1870). 177

Pirmez, Eudore (1830–1890) belgischer Staatsmann; Liberaler; Mitglied des Parlaments; Innenminister (1868–1870); Direktor der Nationalbank. 171 172

Pius IX. (1792–1878) Papst (1846–1878). 68 228

Plato (Platon) (427–347 v. u. Z.) griechischer Philosoph; objektiver Idealist. 241

Prinz von Preußen siehe *Wilhelm I.*

Proudhon, Pierre-Joseph (1809–1865) französischer Schriftsteller, Soziologe und Ökonom; Anfang der vierziger Jahre Vertreter des utopischen Sozialismus, gewann bedeutenden Einfluß auf die Arbeiterbewegung; später Ideologe des Kleinbürgertums, ein theoretischer Begründer des Anarchismus. 57 213 223

Publicola (Publius Valerius Poplicola) (gest. 503 v. u. Z.) nach der Überlieferung Konsul im 1. Jahr der Römischen Republik. 119

Raspail, François (1794–1878) französischer Naturwissenschaftler, Politiker und Publizist; sozialistischer Republikaner; Teilnehmer der Revolutionen von 1830 und 1848; 1848 Deputierter der konstituierenden Nationalversammlung; 1849 zu sechs Jahren Gefängnis verurteilt, nach Abänderung des Urteils auf Verbannung zeitweilig in Belgien. 151

Reiff, Wilhelm (geb. etwa 1824) Kommissionär; Mitglied des Bundes der Kommunisten und des Kölner Arbeitervereins; 1852 im Kölner Kommunistenprozeß zu fünf Jahren Festungshaft verurteilt. 123 125–127 228

Reuter, Paul Julius Freiherr von (1816–1899) gründete 1851 die Telegraphenagentur Reuter in London. 229

Robespierre, Maximilien de (1758–1794) französischer Jurist und Staatsmann, Führer der Jakobiner in der Französischen Revolution, stand 1793/1794 an der Spitze der revolutionären Regierung; hingerichtet. 118/119

Robin Goodfellow Gestalt aus der englischen Sage; Helfer der Menschen. 153

Röser, Peter Gerhard (1814–1865) Zigarrenmacher; 1848/1849 Vizepräsident des Kölner Arbeitervereins; 1850 Mitglied des Bundes der Kommunisten und dessen Zentralbehörde in Köln; 1852 als einer der Hauptangeklagten im Kölner Kommunistenprozeß zu sechs Jahren Festungshaft verurteilt; später Lassalleaner. 123 125–127 228

Rosenblum, Eduard (19. Jh.) Student; kleinbürgerlicher Demokrat; 1849 Teilnehmer am badisch-pfälzischen Aufstand; emigrierte 1852 nach Australien. 188

Rothschild Finanzdynastie, begründet von Anselm Mayer Rothschild durch den Aufbau eines Bankhauses in Frankfurt (Main) im letzten Drittel des 18. Jahrhunderts und von dessen Söhnen durch die Errichtung von Bankhäusern in London, Paris, Wien und Neapel Anfang des 19. Jahrhunderts; wesentliche Stütze der Heiligen Allianz. 59–64

Royer-Collard, Pierre-Paul (1763–1845) französischer Philosoph und Politiker; Anhänger der konstitutionellen Monarchie. 119

Ruge, Arnold (1802–1880) Publizist, Junghegelianer; mit Marx Herausgeber der »Deutsch-Französischen Jahrbücher«; trat seit 1844 gegen Marx auf, nach 1866 Nationalliberaler. 29 30

Ruggiero Gestalt aus dem Epos »L'Orlando furioso« von Ludovico Ariosto. 131 132

Saedt, Otto Joseph Arnold (1816–1886) preußischer Justizbeamter, seit 1848 Staatsprokurator in Köln; 1852 Ankläger im Kölner Kommunistenprozeß. 123 125 127 128 228

Saint Just (St. Just), Louis de (1767–1794) französischer Revolutionär, führender Jakobiner; hingerichtet. 119

Saint-Simon, Henri, comte de (1760–1825) französischer utopischer Sozialist. 54 223

Sand, Karl Ludwig (1795–1820) Student; nahm an der liberalen Bewegung in Deutschland teil; wegen Ermordung des Schriftstellers Kotzebue hingerichtet. 244

Saul Titelgestalt eines Trauerspiels von Karl Beck. 62

Sax, Emil (1845–1927) österreichischer bürgerlicher Ökonom. 211–215

Say, Jean-Baptiste (1767–1832) französischer Ökonom, systematisierte und vulgarisierte die Lehre von Adam Smith. 119

Schapper, Karl (1812–1870) Schriftsetzer, ein Führer des Bundes der Gerechten und des deutschen Arbeiterbildungsvereins in London; Mitglied der Zentralbehörde des Bundes der Kommunisten; 1848 Korrektor der »Neuen Rheinischen Zeitung«; Präsident des Kölner Arbeitervereins (Februar bis Mai 1849); 1850 bei der Spaltung des Bundes der Kommunisten zusammen mit Willich Führer des gegen Marx gerichteten kleinbürgerlichen Sonderbunds; erkannte bald seinen Irrtum und schloß sich 1856 wieder Marx an; seit 1865 Mitglied des Generalrats der Internationalen Arbeiterassoziation. 117 125 126 226

Schill, Ferdinand von (1776–1809) Offizier; Anführer einer Freischar gegen die napoleonische Fremdherrschaft, versuchte 1809 einen bewaffneten Aufstand des deutschen Volkes zu organisieren; fiel im Kampf. 182–184

Schnapphahnski Gestalt aus »Atta Troll« von Heinrich Heine und Titelgestalt aus »Leben und Taten des berühmten Ritters Schnapphahnski« von Georg Weerth. 238

Schneider II, Karl (19. Jh.) Rechtsanwalt; kleinbürgerlicher Demokrat; 1848/1849 ein Leiter der Kölner Demokratischen Gesellschaft; 1849 Verteidiger von Marx und Engels im Prozeß gegen die »Neue Rheinische Zeitung«; 1852 Verteidiger im Kölner Kommunistenprozeß. 126

Schulz (gest. 1852) Polizeidirektor in Berlin. 125

Schwefelbande siehe *Becker, Max Joseph; Borkheim, Sigismund; Cohnheim, Max; Korn, Adolf; Rosenblum, Eduard*

Sébastiani, Horace, comte de (1772–1851) französischer Diplomat und Staatsmann, Orleanist; Marschall von Frankreich; Außenminister (1830–1832), Botschafter in London (1835–1840). 84

Senior, Nassau William (1790–1864) englischer Ökonom; wandte sich gegen die Verkürzung des Arbeitstages. 156

Seward, Frederick William (1830–1915) nordamerikanischer Journalist und Diplomat; Sohn von William Henry Seward. 165

Seward, William Henry (1801–1872) nordamerikanischer Staatsmann; ein Führer der Republikanischen Partei; ab 1849 Senator; Staatssekretär im Außenministerium (1861–1869). 164 165

Shaftesbury, Anthony Ashley Cooper, Earl of (1801–1885) britischer Politiker; Tory, seit 1847 Whig; in den vierziger Jahren Führer der aristokratisch-philanthropischen Bewegung für die Zehnstundenbill. 143

Shakespeare, William (1564–1616) englischer Dramatiker und Lyriker. 40 41

Shylock Gestalt aus der Komödie »The merchant of Venice« von William Shakespeare. 34

Sisyphus (Sisyphos) Gestalt aus der griechischen Sage; wegen Verrats an den Göttern dazu verurteilt, einen Felsbrocken bergauf zu wälzen, der stets wieder hinabrollt. 164

Soulouque, Faustin (etwa 1782–1867) Präsident der Republik Haiti (1847–1849); ließ sich 1849 unter dem Namen Faustin I. zum Kaiser ausrufen; berüchtigt wegen seiner Grausamkeit und Eitelkeit. 240

Stein, Lorenz von (1815–1890) Ökonom, Jurist und Historiker. 54 56 57

Stephan, Heinrich von (1831–1897) Generalpostmeister des

Deutschen Reichs; seit 1880 Staatssekretär des Reichspostamtes. 257
Stieber, Wilhelm (1818–1882) Polizeirat, Leiter der preußischen politischen Polizei; einer der Organisatoren und Hauptzeuge des Kölner Kommunistenprozesses 1852. 126 127 227 228
St. Just siehe *Saint-Just*
Stuarts Dynastie in Schottland (1371–1714) und in England (1603–1649 und 1660–1714). 31
Sulla (Lucius Cornelius Sulla) (138–78 v. u. Z.) römischer Feldherr und Staatsmann; Konsul (88 v. u. Z.); Diktator (82–79 v. u. Z.). 200 201

Theokrit (Theokritos) griechischer Dichter (1. Hälfte des 3. Jh. v. u. Z.). 261
Thiers, Adolphe (1797–1877) französischer Historiker und Politiker; Orleanist; mehrfach Minister (1832–1834); Ministerpräsident (1836 und 1840); 1848 Deputierter der konstituierenden Nationalversammlung; 1871 Chef der Exekutivgewalt; Präsident der Dritten Republik (1871–1873). 176 195–201 203 205
Timon Titelgestalt des Dramas »Timon of Athens« von William Shakespeare. 40
Treitschke, Heinrich von (1834–1896) Historiker und Publizist; Nationalliberaler; Abgeordneter des Deutschen Reichstags (1871–1888). 229
Trochu, Louis (1815–1896) französischer General und Politiker; Orleanist; nahm in den dreißiger und vierziger Jahren an der Eroberung Algeriens, am Krimkrieg (1853–1856) und am italienischen Krieg (1859) teil; Präsident der Regierung der nationalen Verteidigung und Oberbefehlshaber der Pariser Armee (September 1870 bis Januar 1871), sabotierte die Verteidigung der Stadt; Deputierter der Nationalversammlung von 1871. 194

Ure, Andrew (1778–1857) englischer Chemiker und Ökonom; Anhänger des Freihandels. 156
Urquhart, David (1805–1877) britischer Diplomat und Publizist; Tory; Turkophile; Mitglied des Parlaments. 229

Victor (eigtl. *Claude Perrin*), *duc de Bellune* (1764–1841) französischer General; seit 1807 Marschall von Frankreich; nahm an den Kriegen des napoleonischen Frankreichs teil. 183

Victoria (1819–1901) Königin von Großbritannien und Irland (1837–1901). 146

Vogt, Karl (1817–1895) Naturwissenschaftler; Vulgärmaterialist; kleinbürgerlicher Demokrat; 1848/1849 Mitglied der Frankfurter Nationalversammlung (linker Flügel); Juni 1849 einer der fünf Reichsregenten; emigrierte 1849 in die Schweiz; in den fünfziger und sechziger Jahren bezahlter Geheimagent Napoleons III. 187–195

Volker der Fiedeler Gestalt aus dem altgermanischen Volksepos sowie aus dem mittelhochdeutschen Nibelungenlied. 244

Voltaire (eigtl. *François-Marie Arouet*) (1694–1778) französischer Philosoph; Historiker und Schriftsteller; Hauptvertreter der bürgerlichen Aufklärung. 144

Weerth, Ferdinand (1774–1836) Geistlicher, Vater von Georg Weerth. 238

Weerth, Georg (1822–1856) Kaufmann, proletarischer Dichter und Publizist; Mitglied des Bundes der Kommunisten; 1848/1849 ein Redakteur der »Neuen Rheinischen Zeitung«; Freund von Marx und Engels. 238–241

Weitling, Wilhelm (1808–1871) Schneider; führendes Mitglied des Bundes der Gerechten; erster deutscher Theoretiker des utopischen Arbeiterkommunismus; emigrierte 1849 in die USA; näherte sich am Ende seines Lebens der Internationalen Arbeiterassoziation. 55 258–260

Welden, Franz Ludwig Freiherr von (1782–1853) österreichischer General; nahm 1848 am Feldzug gegen Italien teil; Gouverneur von Wien (Dezember 1848 bis April 1849); Oberbefehlshaber der zur Niederwerfung der Revolution in Ungarn eingesetzten österreichischen Truppen (April bis Mai 1849). 110

Wen-zong (Wön-dsung) (etwa 1831–1861) Kaiser von China (1851–1861). 203

Wilhelm I. (1797–1888) König von Preußen (1861–1888)

und deutscher Kaiser (1871–1888); 1848 als Prinz von Preußen Anführer der konterrevolutionären Hofkamarilla, 1849 Oberbefehlshaber der zur Niederschlagung des badisch-pfälzischen Aufstandes eingesetzten preußischen Truppen; erhielt den Schmähnamen Kartätschenprinz. 80 100 110 182 183 209

Willich, August (1810–1878) Offizier; Mitglied des Bundes der Kommunisten; 1849 Führer eines Freikorps im badisch-pfälzischen Aufstand; 1850 bei der Spaltung des Bundes der Kommunisten zusammen mit Schapper Führer des gegen Marx gerichteten kleinbürgerlichen Sonderbunds; emigrierte 1853 in die USA; im Nordamerikanischen Bürgerkrieg General auf seiten der Nordstaaten. 125 126 226

Windischgrätz, Alfred Fürst zu (1787–1862) österreichischer Feldmarschall; 1848/49 ein Führer der Konterrevolution in Österreich; leitete 1848 die Niederschlagung des Prager Juniaufstandes und des Wiener Oktoberaufstandes; 1849 an der Spitze der zur Niederwerfung der Revolution in Ungarn eingesetzten österreichischen Armee. 93 110

Wolff, Wilhelm (Lupus) (1809–1864) Lehrer, Publizist; Mitbegründer des Bundes der Kommunisten, seit März 1848 Mitglied seiner Zentralbehörde; 1848/1849 Redakteur der »Neuen Rheinischen Zeitung«; Abgeordneter der Frankfurter Nationalversammlung (äußerste Linke); emigrierte nach England; Hauslehrer in Manchester; Freund und Kampfgefährte von Marx und Engels. 123 125 126 128 240

Wrangel, Friedrich Heinrich Ernst Graf von (1784–1877) preußischer General; befehligte im November 1848 beim Staatsstreich Friedrich Wilhelms IV. die konterrevolutionären Truppen; seit 1856 Generalfeldmarschall. 97 98 100 113

Ypsilanti, Alexander (1792–1828) Führer der griechischen Freiheitsbewegung gegen die Türkenherrschaft; floh nach der Niederlage des Moldauer Aufstandes 1821 nach Österreich, dort bis 1827 eingekerkert. 86

Zar (1801–1825) siehe *Alexander I.*

Zar (1825–1855) siehe *Nikolaus I.*

Verzeichnis der erwähnten Zeitungen und Zeitschriften

Berliner Börsen-Courier – Tageszeitung; erschien von 1868 bis 1933. 181

Bieler Handels-Courier siehe *Schweizer Handels-Courier*

Brüsseler Deutsche Zeitung siehe *Deutsche-Brüsseler-Zeitung*

Critica Sociale (Milano) – Halbmonatszeitschrift; erschien von 1891 bis 1926; theoretisches Organ der Sozialistischen Partei; veröffentlichte in den neunziger Jahren Arbeiten von Marx und Engels. 258 261

The Daily News (London) – Tageszeitung; erschien von 1846 bis 1930; Organ der liberalen Industriebourgeoisie. 138 229

Deutsche-Brüsseler-Zeitung – erschien von Januar 1847 bis Februar 1848 zweimal wöchentlich; vertrat zunächst eine kleinbürgerlich-demokratische Richtung, wurde unter dem Einfluß von Marx und Engels ab Sommer 1847 zu einem Sprachrohr revolutionär-demokratischer und kommunistischer Ideen; veröffentlichte Artikel von Marx und Engels. 237

The Economist (London) – Wochenblatt für Wirtschaftsfragen und Politik; erscheint seit 1843; Organ der industriellen Großbourgeoisie. 136–138

Königlich-Preußischer Staats-Anzeiger (Berlin) – Tageszeitung; erschien von 1851 bis 1871; offizielles Organ der preußischen Regierung. 230

Leipziger Allgemeine Zeitung – Tageszeitung; erschien von 1837 bis 1843; seit Anfang 1842 Sprachrohr der liberalen Opposition; ab Januar 1843 in Preußen verboten. 61

La Marseillaise (Paris) – Tageszeitung; erschien von Dezember 1869 bis September 1870; Organ der linken Republikaner; veröffentlichte Dokumente der Internationalen Arbeiterassoziation. 177

Le Moniteur universel (Paris) – Tageszeitung; erschien von 1789 bis 1901; von 1799 bis 1814 und von 1816 bis 1868 offizielles Regierungsorgan. 98

The Morning Advertiser (London) – Tageszeitung; gegründet 1794; in den fünfziger Jahren des 19. Jahrhunderts Organ der radikalen Bourgeoisie. 123

The Morning Post (London) – Tageszeitung; erschien von 1772 bis 1937; Mitte des 19. Jahrhunderts Organ des rechten Flügels der Whigs. 149 151

National-Zeitung (Berlin) – Tageszeitung; erschien von 1848 bis 1915; Organ der Nationalliberalen Partei, unterstützte nach 1866 die Politik Bismarcks. 229

Neue Rheinische Zeitung. Organ der Demokratie (Köln) – erschien vom 1. Juni 1848 bis 19. Mai 1849 als erste selbständige Tageszeitung des Proletariats unter der Leitung von Marx; erfüllte faktisch die Aufgaben der Zentralbehörde des Bundes der Kommunisten; mußte nach der Ausweisung von Marx ihr Erscheinen einstellen. 114 237–241 256

New-York Tribune – erschien von 1841 bis 1924 als Tageszeitung unter dem Titel »New-York Daily Tribune« sowie unter abgewandelten Titeln als Wochen- und Halbwochenzeitung sowie in speziellen Ausgaben für den Westen der USA und für Europa; nahm in den vierziger und fünfziger Jahren eine fortschrittliche Haltung ein und bekämpfte die Sklaverei, vertrat später immer mehr rechte Positionen; veröffentlichte von August 1851 bis März 1862 regelmäßig Korrespondenzen von Marx und Engels. 237

Norddeutsche Allgemeine Zeitung (Berlin) – Tageszeitung; erschien von 1861 bis 1918; in den sechziger bis achtziger Jahren offizielles Organ der Regierung Bismarck. 190

Le Réveil (Paris) – Wochenblatt, seit Mai 1869 Tageszeitung; erschien von 1868 bis 1871; Organ der linken Republikaner, trat ab Oktober 1870 gegen die Regierung der nationalen Verteidigung auf; veröffentlichte Dokumente der Internationalen Arbeiterassoziation. 176

Rheinische Zeitung für Politik, Handel und Gewerbe (Köln) — Tageszeitung; erschien vom 1. Januar 1842 bis zum 31. März 1843; gegründet mit Unterstützung der rheinischen liberalen Bourgeoisie, wurde sie zunächst ein Sprachrohr der Junghegelianer; vertrat nach Marx' Eintritt in die Redaktion am 15. Oktober 1842 und unter seiner Leitung immer zielstrebiger revolutionär-demokratische Auffassungen; wurde ab 1. April 1843 von der preußischen Regierung verboten. 48 237

Sächsische Arbeiter-Zeitung (Dresden) — sozialdemokratische Tageszeitung; erschien von 1890 bis 1908; Anfang der neunziger Jahre das Organ der halbanarchistischen Gruppe der »Jungen«. 251—253

Schweizer Handels-Courier (Biel) — Tageszeitung; erschien von 1853 bis 1909; vertrat in den fünfziger und sechziger Jahren bonapartistische Ansichten; die Redaktion war eng mit Karl Vogt verbunden. 188 189

Der Sozialdemokrat (Zürich, seit 1888 London) — Wochenzeitung; erschien von 1879 bis 1890; Zentralorgan der deutschen Sozialdemokratie; wurde unter dem Einfluß und der Mitarbeit von Marx, Engels, Bebel und Wilhelm Liebknecht zur bedeutendsten revolutionären Zeitung der internationalen Arbeiterbewegung und trug maßgeblich zum Sieg über das Sozialistengesetz bei. 240 241 251 254 256 257

Staats-Anzeiger siehe *Königlich Preußischer Staats-Anzeiger*

Die Tages-Presse (Wien) — kleinbürgerliche Tageszeitung; erschien von 1869 bis 1878; Organ der Deutschen Volkspartei. 182 188

The Times (London) — Tageszeitung; gegründet 1785 unter dem Titel »Daily Universal Register«; erscheint seit 1788 unter dem Titel »The Times«. 127

La Tribuna (Rom) – liberale Tageszeitung; gegründet 1883. 258

Der Volksstaat (Leipzig) – erschien von 1869 bis 1876 anfangs zweimal, ab Juli 1873 dreimal wöchentlich; Organ der Sozialdemokratischen Arbeiterpartei (Eisenacher) und der Internationalen Gewerksgenossenschaften, seit Juni 1875 Organ der Sozialistischen Arbeiterpartei Deutschlands; Leiter der Redaktion war Wilhelm Liebknecht; Marx und Engels wirkten als Mitarbeiter des »Volksstaats« seit seiner Gründung. 222 225 226 246

Der Vorbote (Genf) – Monatsschrift; erschien von 1866 bis 1871; offizielles Organ der deutschen Sektionen der Internationalen Arbeiterassoziation in der Schweiz; gegründet und redigiert von Johann Philipp Becker; veröffentlichte regelmäßig Dokumente der Internationalen Arbeiterassoziation und publizierte Arbeiten von Marx. 230

Vorwärts! Pariser deutsche Zeitschrift – erschien von Januar bis Dezember 1844 zweimal wöchentlich in deutscher Sprache; bis Juni 1844 ein gemäßigt liberales Organ, entwickelte sich seit dem Sommer unter dem Einfluß von Marx zu einer revolutionären Zeitung; veröffentlichte Artikel von Marx und Engels. 237

Inhalt

Vorbemerkung 5
Ein schönes Fest, das rheinische Musikfest! 26
Die Scham ist schon eine Revolution 29
Krieg den deutschen Zuständen! 31
Das Geld ist der Kuppler zwischen dem Bedürfnis und dem Gegenstand 39
Kein Arbeiter in England hat mich je als Ausländer behandelt 43
Eine soziale Revolution ist der offene Krieg der Armen gegen die Reichen 47
Die Deutschen tun am besten, sich mit den Leistungen des Auslandes bekannt zu machen 53
Beck besingt die feige kleinbürgerliche Misère, nicht den revolutionären Proletarier 59
Der Sieg des Proletariats ist das Befreiungssignal aller unterdrückten Nationen 65
Die Bourgeoisie produziert vor allem ihren eigenen Totengräber 68
Überall steht hinter den Bourgeois das Proletariat 78
Die Kontrerevolution fühlt sich stark genug, um die Maske abzuschütteln 80
Die trikolore Republik trägt die Farbe des Bluts 81
Deutschland macht sich in demselben Maß frei, worin es die Nachbarvölker freiläßt 85
Die nationale Existenz Polens ist für niemand notwendiger als für uns Deutsche 88
Vae victis! 93
Die europäische Revolution beschreibt einen Kreislauf 96
Die preußische Bourgeoisie – knurrend gegen oben, zitternd gegen unten 100
Habt ein Herz für die Leiden Eurer besten Vorkämpfer! 112
Die entschiedensten Kommunisten waren die couragiertesten Soldaten 115
Die soziale Revolution kann ihre Poesie nur aus der Zukunft schöpfen 118
Die Revolution von 1848 bewegte sich in absteigender Linie 121

Ein Freispruch wäre einer Verurteilung der Regierung selbst gleichgekommen 123
Heuchelei und Barbarei der Bourgeoisie zeigen sich in den Kolonien unverschleiert 128
Palmerston ist als Staatsmann nicht jeder Aufgabe, doch als Schauspieler jeder Rolle gewachsen 131
Glänzende Gelegenheiten, die von der Arbeiterklasse vertan worden sind 136
Die Arbeiterklasse hat die Natur erobert; jetzt muß sie die Menschen erobern 139
Die modernen Heiligen kasteien den Leib der Masse für ihr eignes Seelenheil 142
Die neuen Kräfte der Gesellschaft bedürfen neuer Menschen, die ihrer Meister werden 151
Jeder neue Friedensschluß wird als neue Kriegserklärung gierig ausgebeutet 154
Politische Macht zu erobern ist jetzt die große Pflicht der Arbeiterklassen 155
Die Arbeiter müssen die Bourgeoisie auch gegen deren Willen vorantreiben 160
Ihm gelang es, groß zu werden, ohne aufzuhören, gut zu sein 163
Deutsche Arbeiter dürfen sich nicht zu willenlosen Landsknechten des Kapitals hergeben 165
Die Stunde des kapitalistischen Privateigentums schlägt 167
Belgien, das Paradies des Grundbesitzers, des Kapitalisten und des Pfaffen 170
Die Allianz der Arbeiter aller Länder wird schließlich den Krieg ausrotten 175
Anton Neithardt von Gneisenau, der Theoretiker des Freischärlertums 181
Aber der große Geist unseres Vogt hatte keine Ruhe 187
Thiers, ein Virtuose des Verrats 195
Das Paris der Arbeiter, mit seiner Kommune, wird ewig gefeiert werden 201
Die Umwälzung muß solidarisch sein 207
Woher kommt die Wohnungsnot? 211
Ist nun Organisation ohne Autorität möglich? 216
Der Sozialismus will wie eine Wissenschaft betrieben werden 221

Der Kommunistenprozeß zu Köln selbst brandmarkt die Ohnmacht der Staatsmacht 225
Bismarcks Vertrauter und rechte Hand 229
Ein gerechter Tagelohn für ein gerechtes Tagewerk? 231
Er ist gestorben, verehrt, geliebt, betrauert von Millionen revolutionärer Mitarbeiter 235
Der erste und bedeutendste Dichter des deutschen Proletariats 238
Der revolutionäre Arbeitersozialismus ist heute eine Macht 241
Becker war ein seltener Mann 243
Die Kronen werden zu Dutzenden über das Straßenpflaster rollen 246
Ich beneide alle, die an diesem Werke teilhaben können 250
Stände nur Marx noch neben mir, dies mit eignen Augen zu sehn! 250
Die »akademisch Gebildeten« haben mehr von den Arbeitern zu lernen als diese von ihnen 251
Man sieht, wie die Artikel einschlagen, als wären sie Granaten 254
In keiner Weise akzeptiere ich die Auslegung des ehrenwerten Bovio 258
Das nahende neue Jahrhundert wird das Proletariat zum Siege führen 261

Anhang 263
Anmerkungen und Zitatennachweis 264
Quellennachweis 285
Personenverzeichnis 292
Verzeichnis der erwähnten Zeitungen und Zeitschriften 316

Bildnachweis
Dietz Verlag Berlin, Bildarchiv
(Bilder 2–6, 8, 10–12, 15–17 und 19)
Institut für Marxismus-Leninismus beim ZK der SED,
Zentrales Parteiarchiv (Bild 14)
Die Befreiung der Menschheit.
Freiheitsideen in Vergangenheit und Gegenwart.
Hrsg. von Ignaz Ježower,
Berlin – Leipzig – Wien – Stuttgart 1921
(Bilder 7, 9 und 13)
Friedrich Wendel:
Das neunzehnte Jahrhundert in der Karikatur,
Berlin 1925 (Bilder 1 und 18)
Reproduktionsaufnahmen:
Dietz Verlag/Renate und Horst Ewald (19)

Marx, Karl: Mit gewandter Feder : publizistische Kostbarkeiten
aus fünf Jahrzehnten / Karl Marx ; Friedrich Engels.
Hrsg. von Heinrich u. Hilde Gemkow. - Berlin : Dietz Verl., 1988. -
323 S. : 19 Abb.
ISBN 3-320-01025-5

Dietz Verlag Berlin
Lizenznummer 1 · LSV 0046
Lektor: Almut Rieck
Typografie: Uwe Niekisch
Einband und Schutzumschlag: Joachim Hermann
Printed in the German Democratic Republic
Gesamtherstellung: Offizin Andersen Nexö,
Graphischer Großbetrieb, Leipzig III/18/38
Best.-Nr.: 738 405 6

00900